Gelistet in der Deutschen National-
bibliothek Leipzig und Frankfurt am Main /
Hessische Landes- und Murhardsche
Bibliothek, Kassel

Erscheinungsdatum: Anfang 2020
Bildquellen lt. Verzeichnis / Genehmigung
zur evtl. Verwendung nur einvernehmlich
mit den Urhebern bzw. Autoren -
Gesamtproduktion Region-Verlag
Alle Rechte vorbehalten
Ab- oder Nachdruck, Verwendung
in digitaler Form nur mit schriftlicher
Genehmigung des Verlages

Region-Verlag / region-verlag.com
biografie-text.eu

ISBN-Nr: 9783981874969

region
verlag

Castello di Vignola, Modena

RAINER F. BRUNATH

Spaghetti Brunatti

Das Glück spricht Italienisch

Leben im Land der Sehnsucht

Inhalt

Catch your dreams before they slip away
(The Rolling Stones)

Am Anfang war das Fernweh

Fernweh mag fast jeder schon mal verspürt haben. Ich meine nicht jenes der Art, das viele Pensionäre gepackt hat, die sich einen Camper zulegen, um damit durch die Welt zu reisen, so nach dem Motto: „Reise vor dem Sterben, sonst tun es deine Erben." Auch nicht jenen absoluten Drang, entweder mit dem Einbaum oder sonst einem kleinen Boot um die Welt zu segeln und meterhohen Wellen die Stirn zu bieten, oder mit dem Fahrrad herausfordernde Wüsten zu durchqueren.

Nein, es ist das simple Gefühl: Ich muss hier raus, ich muss nach Neuseeland, müsste einmal schauen, wie Elvis in Nevada vom Himmel segelt, ich sollte nach San Francisco, ob mit oder ohne Blumen im Haar, vielleicht ins Hotel California, ich muss, ich sollte.

Ja, die möglichen Gründe für solch eine Laune, Seelenlage, Stimmung oder Verfassung sind dabei so vielfältig wie das Leben selbst: Schule, verkorkstes Zuhause, Erzählungen von Eltern, väterlichen oder sonstigen Freunden oder Freundinnen, nicht endende Casting-Shows einer jeden Art, keine oder eine falsche Ausbildung bekommen, zerbrochene Beziehung und, und, und.

Wenn nun dann Erzählungen – von wem auch immer – auf eigene Sehnsüchte treffen, kann der Wunsch so stark werden, dass Vorbehalte, Scheu vor Unbekanntem, Hemmungen einfach fortgewischt werden. Es wird nicht mehr darüber nachgedacht über das „was ist, wenn?", sondern man packt seine Sachen, sagt einfach: „Ich mache mich auf und reise in ein Abenteuer, mit der Absicht zurückzukommen, oder in einen selbst bestimmten Neuanfang, der für Jahre oder immer fortführt von Gewohntem und heimischer Umgebung." Diese letzte Absicht vor Augen setzt aber voraus, dass man selbst etwas

Entscheidendes mitbringt: Sei es nun schlichtweg Geld, oder aber einen Beruf, der jenseits des eigenen Horizontes, in dem man sich bewegt, auch gefragt ist.

Ein Gemütszustand, irgendwo den Neuanfang zu wagen, stellte sich bei mir nicht von heute auf morgen ein. Speziell in jungen Jahren war mein Motiv eher die Lust, auf Entdeckung zu gehen, etwas zu erleben. Mit 18 Jahren, das Gymnasium mit Mittlerer Reife beendet, Lehre als Lacklaborant (kann sich jemand vorstellen, was das ist?) angefangen, die mir zunächst nicht gefiel, und als ich mit der Berufsausbildung fertig war, wollte ich niemals etwas anderes gemacht haben. So kann man sich ändern, oder allgemeiner: so ändern sich die Zeiten.

Am Beginn meiner Ausbildung hatte ich keine Vorstellung oder Idee von eigener Zukunft, träumte aber vom Süden Europas, über das mein Vater sich gelegentlich erging und wo er gerne als junger Mensch eine Bleibe gefunden hätte. Gebürtig vor dem ersten Weltkrieg in Pommern, trieb ihn die Arbeitssuche nach Westdeutschland ins Ruhrgebiet. Aber ich, Kriegskind des Weltkrieg II, hineinwachsend in eine Zukunft, die vielversprechend erschien, ich wollte das erleben, wovon mein Vater in seiner Jugend geträumt hatte.

Der zufällige Besuch der italienischen Brieffreundin Graziella bei meiner älteren Schwester, bei uns zu Hause in Nordrhein-Westfalen, war mir Anlass, mit ihr über meine Reiselust zu sprechen. Die Olympischen Spiele 1960 in Rom standen kurz bevor – und die wollte ich unbedingt besuchen und ansehen. Über das Wie hatte ich keine Vorstellung, aber die Gelegenheit zu nutzen, das lag mir. So bat ich sie, mir Kontakte zu vermitteln, die eventuell weiterhelfen könnten. Graziella versprach mir, sich zu kümmern – und sie hielt Wort. Wenige Wochen später kam ein Brief von Pietro, der in einem kleinen Ort südlich von Rom beheimatet war. Er lud mich zum 1. August 1960 zu sich ein. Man würde dann sicher einige Besuche zu den olympischen Veranstaltungen arrangieren können.

Die 1. Reise nach Italien

Innerlich jubelnd machte ich mich zur gegebenen Zeit als Pfadfinder auf die Reise, damals noch nicht ahnend, welch tiefer Gastfreundschaft ich begegnen würde – einer besonderen Herzlichkeit, die mir später im Leben in Italien immer aufgefallen ist.

Per Auto-Stopp bis Bozen und von dort mit dem Zug, kam ich mit fünf Stunden Verspätung nachts in Rom auf dem Bahnhof Termini an. Ich lag schlafend im Abteil und erst mitfahrende und mitfühlende Reisende weckten mich und halfen mir aus dem Zug – kurz bevor der nach Neapel weiterfuhr. Mein Brieffreund Pietro stand einsam auf dem leeren Bahnsteig, um mich zu empfangen und abzuholen. Mein erstes italienisches Abenteuer hatte begonnen.

Pietro war nicht das einzige Kind in der Familie. Er hatte noch zwei ältere Brüder und zwei ältere Schwestern. Er war der jüngste der fünf Kinder meiner Gasteltern. Der älteste Bruder Enzo, war schon verheiratet und hatte eine eigene Wohnung im gleichen Haus. Zum gemeinsamen Abendessen aber kamen er und seine schwangere Frau hinunter. Schließlich saßen acht Familienmitglieder und ich zusammen. Oft stand eine Riesenschüssel Spaghetti auf dem Tisch. Es gab reichlich, satt wurden alle. Mir erging es oft so, dass ich mich nicht traute, nein zu sagen, wenn mir die Mutter des Hauses mit einem gewinnenden Lächeln immer wieder Nachschlag gab. Pietro bemühte sich als Dolmetscher in Englisch, denn ich verstand kein Wort Italienisch.

Die Familie lebte von der Herstellung traditioneller Stühle. Der Vater drechselte mit einfachem Werkzeug die Gestelle, die Frauen flochten die Sitzflächen aus Schilf, das in den Sümpfen bei Latina geerntet wurde. Reich waren sie damit nicht geworden, man lebte also eher in einfachen Verhältnissen, was bedeutete, dass nur die beiden jüngsten Kinder, Pietro und die jüngere der beiden Schwestern eine volle schulische Ausbildung bekamen. Dafür musste die ganze Familie hart arbeiten.

Die Besuche der olympischen Veranstaltungen wurden zu meinen Highlights. Pietro besorgte die Karten, und mir wurde bedeutet, ich möge mich so profanen Dingen wie der Bezahlung nicht widmen. Den damaligen Stars in der Leichtathletik, wie dem deutschen Armin Hary, Gold in 100 m Hürdenlauf, dem Topstar und der Sprinterin bei den Frauen, der US-Amerikanerin Wilma Rudolph war ich ganz nah. Ich erlebte den Sieg der deutschen Ruder-Achter am Castel Gandolfo und durfte den Boxer Cassius Clay bejubeln, der später den Namen Muhammad Ali annahm.

Mit kleinen Souvenirs, wie zum Beispiel einer kleinen Kristallvase, versuchte ich mich zu bedanken. Mein kleines Mitbringsel fand seinen Platz auf dem Regal im Wohnzimmerschrank und wurde das ideale Aufbewahrungsgefäß für Bleistifte, Kugelschreiber etc. Dort stand es nach 24 Jahren noch. Man zeigte es mir voll Stolz, als ich zum zweiten Mal nach so langer Zeit wieder dort sein durfte. Ich war gerührt.

Der Funke springt über

Meine Liebe zu diesem Land war geweckt worden und hielt an. Pietro besuchte mich später einmal nahe Hamburg, als er und seine Frau Lilliana mit zwei Söhnen, Diego und Emiliano, mit einem Camper auf dem Rückweg von Finnland waren. Seine Familie kannte ich noch nicht, aber es entstand sofort ein herzliches und inniges Verständnis. So wunderte es mich nicht, dass Lilliana sofort das Regiment in der Küche übernahm.

Die Saat in mir ging langsam auf. Zusätzlich zu einigen zwischenzeitlichen Reisen nach „Bella Italia", belegte ich in der Abendschule Sprachkurse für Italienisch, mit der Absicht, irgendwann einmal Briefe mit Pietro in seiner Muttersprache auszutauschen, denn sein Englisch ließ, so wie meines, langsam nach. Sechs Jahre bemühte ich mich – opferte Zeit und Kursgebühren – aber ein Erfolg blieb mein frommer Wunsch. Die Tücken der italienischen Sprache blieben mir bis dahin ein unüberwindliches Hindernis. Ich brachte es – und lernfaul war ich auch noch – bestenfalls ungefähr dazu, eine Pizza in einer Pizzeria zu bestellen. An eine wirkliche Korrespondenz war nicht zu denken. Und meine italienische Lehrerin Theresa, in Hamburg verheiratet, prophezeite mir: „Du lernst niemals Italienisch!"

Aber mein Ehrgeiz, ihr zu zeigen, dass sie Unrecht behalten würde, wuchs. Dieser Zustand fiel zusammen mit einer unumstößlichen Wirklichkeit: mein Arbeitsplatz wurde wegrationalisiert. Die Firma, ein dänischer Konzern mit Sitz in Kopenhagen, hatte Filialen innerhalb und außerhalb Europas, welche nach und nach geschlossen und deren Produktion, die aus Lacken sowie Holzschutzmitteln bestand, ins Zentralwerk verlegt wurde.

IAbb. links: Rom, Olympia-Stadion 1960

Ein Wink des Schicksals

Als Techniker dieser Sparte bezog ich natürlich eine Fachzeitschrift, dessen Stellenanzeigen von mir nicht unbeachtet blieben. In der Situation, einem Ruf meines dänischen Arbeitgebers nach Kopenhagen folgen zu müssen, kam mir die Erinnerung, vor vielen, vielen Monaten ein italienisches Stellenangebot gelesen zu haben. Die Zeitschriften lagen im Archiv bergeweise herum, es waren hunderte. Aber welches Exemplar in diesen Stapeln war das richtige? Ratlos zog ich irgendeines heraus, öffnete es und hatte die Anzeige vor Augen. Mir erschien das wie ein Wink des Schicksals. Jetzt wollte und konnte ich handeln. Theresa half mir, die richtigen Worte für die Bewerbung zu finden.

Und erstaunlicherweise kam eine Antwort mit der Aufforderung, mich vorzustellen. Theresa war fassungslos. Sie bemerkte: „Das ist total verrückt, denn Arbeitsplätze in Italien werden immer unter der Hand vergeben. Du hast wirklich Glück gehabt."

Froh über diese Wendung und mehr meiner wunschbildhaften Idee verbunden als konkret Chancen und Risiken abwägend, mich also nach Süden statt nach Norden wenden zu können, bereitete ich mich auf meine Vorstellungsgespräche vor.

Dazu gehörten auch nächtelange, von Träumereien durchsetzte Gespräche mit Regina, meiner Lebensgefährtin. Sie lebte als frei schaffende Kunsthandwerkerin in Hamburg. Sie hatte dort ein Atelier, was bei Realisierung unserer Schwärmereien an einen Nachfolger oder eine Nachfolgerin übergeben werden musste. Das waren aber nur organisatorisch zu überwindende Hindernisse, die eher zweitrangig waren. Die wichtigste Frage war die der beiderseitigen Einigung.

Schon bald, nachdem wir uns kennengelernt hatten, kam in unseren Gesprächen hoch, Alternativen zur bestehenden Lebenssituation zu finden, was sich gedanklich bis hin zu einer möglichen Emigration entwickelte. Der gemeinsame Wunsch war im Grunde da, es fehlte nur die konkrete Gelegenheit. Und als sich Italien anbot, kam es uns fast wie ein Wunder vor, denn auch Regina hatte aus ihrer Kindheit starke Erinnerungen an mediterranes Leben, an Venezianische und Toscanische Küche. Wir brauchten uns daher eigentlich nicht einigen, wir waren es schon, noch bevor das Thema Inhalt unserer Diskussionen wurde. und beschlossen, den Schritt zu wagen.

Danach ging alles sehr schnell. Im Oktober des gleichen Jahres fand ich mich als Techniker in den Laboratorien einer Möbellackfabrik in der Po-Ebene bei Modena wieder. Mein Wunsch hatte sich erfüllt: Leben und Arbeiten in Italien, dessen Pulsschlag und die wirklichen Gewohnheiten dieses Landes kennenlernen. Dazu die Sorgen und Nöte der Menschen, den Geist der Autoritäten in Verwaltungen spüren, die Betriebsamkeit der italienischen Arbeit, die Achtsamkeit der Nachbarschaften und der Autofahrer. Ja natürlich auch das italienische Essen, nicht zuletzt die ewige Sonne, kurz die italienische Wirklichkeit. Wie ich es später in den Jahren meines beruflichen Lebens immer wieder hören konnte und es auch selber spürte: die italienische Realität ist *tutto un'altro mondo,* eine völlig andere Welt, die nicht an deutschen Gegebenheiten gemessen werden kann – in allen ihren Facetten. Mir kam es manchmal so vor wie eine Achterbahnfahrt. Vergleiche waren nicht zulässig, ich musste mich auf das einlassen, was ich vorfand.

Die italienische Bürokratie

Noch kurz vor der Abreise hörten wir, meine Lebensgefährtin Regina, freie Kunsthandwerkerin wie Künstlerin und ich, Bemerkungen von Freunden wie: „Oh, das ist ja großartig, wir beneiden euch." Eine andere aber auch von einer Frau mit italienischen Wurzeln, die es wissen musste: „Seid froh, dass ihr nur nach Norditalien, in die Emilia Romagna geht. Dort ist das Leben noch erträglich, weiter im Süden, so ab Rom wird es chaotisch."

Regina hatte selbst, wie bereits kurz angedeutet, eine italienische Vergangenheit. Sie war mit Ihren Eltern während ihrer Kindheit und frühen Jugend oft zu einem Campingurlaub in Italien gewesen. Venedig, Monte Argentario, Neapel – alles, was so angesagt war, der Vater als Architekt sehenswert fand. Sie hatte daher in sich ebenfalls eine gewisse stille Sehnsucht nach diesem Land bewahrt. Aber bei ihr ging es wohl später mehr um den leiblichen Genuss, die vielen maritimen und lokalen Köstlichkeiten, nachdem sie viel an Kultur, den Kirchen und sonstigen touristischen Sehenswürdigkeiten schon früh, vielleicht stoisch ihren Eltern folgend, vielleicht auch mit einiger Begeisterung in sich aufgenommen hatte. An neuerlichen Besichtigungen lag ihr nicht so viel. Deshalb waren wir uns quasi schon einig, noch bevor wir konkret einen Beschluss fassen konnten – hatten wir doch schon verschiedene Möglichkeiten diskutiert, wie und ob wir ein neues Leben, das nichts mit Tourismus zu tun hatte, beginnen könnten. Und daher war es eigentlich nur noch Formsache, dass wir entschieden: ja, wir machen das und vertrauen uns unserem Glück an. Alles weitere sollte die Zukunft bringen. Da bereits meine beiden erwachsenen Töchter schon ihr eigenes Leben hatten – sie studierten – Regina ohne Nachkommen war, konnten wir der kommenden Zeit gespannt entgegensehen.

Zu meiner Anstellung hatte mein zukünftiger Arbeitgeber, dessen Betrieb in Cavezzo in der Nähe von Modena gelegen war, einen zwanzigseitigen Arbeitsvertrag von mir unterschreiben lassen. Minutiös waren alle Bereiche meines Arbeitslebens in einer Art definiert, wie ich es in meinem Berufsleben in Deutschland nicht kennengelernt hatte. Darüber war ich sogar froh und dachte: „gar nicht so aufregend." Mir begegnete hier das Gegenteil dessen, was in Deutschland gerne mit italienischer Laxheit oder Zwanglosigkeit verurteilt wird, nämlich der Prägnanz und der Genauigkeit.

Danach sollten endlich auch meine Verhältnisse, wie die Aufenthaltsgenehmigung (Freizügigkeit, wie in den EU-Verträgen festgehalten, gab es noch nicht), zum Finanzamt – *Agenzia delle Entrate* – und den Sozialversicherungen geklärt werden.

Die notwendige Aufenthaltsgenehmigung, die in den frühen 90er Jahren auch für EU-Bürger erforderliche *permesso di soggiorno*, sowie eine Steuernummer – *codice fiscale* – besorgte mein Arbeitgeber. Probleme damit berührten mich nicht. Es gab allerdings eine *scadenza* – eine Verfallsfrist – nach deren Ablauf ich mich später persönlich in der *questura*, dem Polizeipräsidium, darum bemühen musste. Und das war zeitaufwändig: Reihen von Schaltern, überfüllte Warteräume, komplizierte Bearbeitungsverfahren. Jeder der zahlreichen Antragssteller wurde gleich behandelt, egal ob Afrikaner, Menschen vom Balkan, Nordeuropäer oder Asiaten.

Später aber, nach dem Inkrafttreten der Schengener Übereinkünfte, so ab 1996, hatte die *Questura* für EU-Bürger ein spezielles Büro in der Innenstadt von Bologna eingerichtet. So wurde die Fahrt dorthin für Regina und mich eher zu einem willkommenen Ausflug mit Shopping und Essengehen genutzt. Die italienische Bürokratie hatte für uns etwas von ihrem Schrecken verloren.

Über die Steuernummer, die mir gleich zu Anfang in 1990 verpasst wurde, wunderte ich mich. So etwas kannte ich nicht. Sie war und ist auch heute noch zusammengesetzt aus persönlichen Daten, versehen mit einem verwaltungstechnischen Anhängsel. Mein Erstaunen am Anfang wich aber schnell gewisser Wertschätzung, denn bald merkte ich, dass man mit dieser individuellen und einzigartigen Ziffer einfach und rasch den Zugang zu Lebensnotwendigkeiten bekommt. So ging damit eine Anmeldung z.B. bei *ENEL*, bei dem staatlichen Stromlieferanten oder auch dem regionalen Wasserversorger problemlos. Sie ist aber auch gefragt für den Beitritt zur Rentenversicherung und dem lokal organisierten, aber staatlichen Gesundheits-System. Und da hakte es gewaltig, denn trotz Assistenz durch meinen Arbeitgeber und trotz respektvoller Erfüllung aller (un)denkbaren Vorschriften, verursachte mein Beitrittsgesuch in die Sozialversicherungen erhebliche Diskussionen und emotionale Stürme.

Zunächst aber und zum Verständnis für das System: Die Rentenversicherung im heutigen Italien hat eine gewisse Ähnlichkeit mit jener in Deutschland. Die *INPS* (*Istituto nazionale della previdenza sociale*) ist die Rentenkasse. In ihr sind alle Residenten in Italien zwingend eingeschrieben – wenn sie denn gemeldet sind. Und das war die Krux für Nicht-Italiener (bis etwa 1996, auch für EU-Ausländer). Sie brauchten für die Anmeldung zum festen Wohnsitz die *permesso di soggiorno* – die Aufenthaltsgenehmigung. Und die bekam man nur, wenn eine Arbeit nachgewiesen wurde. Aber die hatte ich ja und wähnte mich meiner Sache sicher, ein Irrtum. Ich hatte eine Rechnung ohne den Wirt gemacht.

Mir wurde erklärt, dass, wenn ich erst mal in die Sozialkassen aufgenommen wäre, meine Beiträge als abhängig Beschäftigter paritätisch von beiden Seiten entrichtet und direkt mit der Steuer abgeführt würden. Das kannte ich ja und erschreckte mich nicht.

Später, als ich mich dann als Selbstständiger – *libero professionista* – (Dienstleister, Berater) durchschlug, lag mein Beitrag erheblich niedriger: etwa 5 % des Bruttoverdienstes. Das war keine Ungerechtigkeit gegenüber den Angestellten und Arbeitern, nein, der Beitrag floss in eine andere Kasse. Das Sozialsystem *INPS* ging davon aus, dass Selbstständige eher eine private Rentenvorsorge abschließen können. Eine schöne Illusion der politisch Verantwortlichen.

Zurück zum System der Sozialversicherungen in Italien. Die *INPS* – in Italien sagt man zusammengezogen *inps* und nicht *I.EN.PE.ES,* wie es Deutsche aussprechen – untersteht direkt dem Ministerium für

Arbeit und Sozialpolitik in der Hauptstadt Rom. Dieses System der Rentenversicherung hat eine fast einhundertjährige Geschichte, die von Bürokratismus einerseits und Wahlgeschenkpolitik andererseits seitens der Parteien an Staatsbedienstete gekennzeichnet ist.

Schon 1898 wurde die Nationale Sozialversicherungskasse gegründet, die nach der Einigung Italiens (Sardinien, Sizilien und der Stiefel) im Kielwasser Napoleonischer Interventionen entstand. Arbeiter konnten sich freiwillig gegen Berufsunfähigkeit und für eine Altersrente versichern, wobei Arbeitgeber und auch der Staat einen gewissen Beitrag leisteten. 1919, nach Ende des Weltkrieg I, wurde sie Pflichtversicherung. 1943, nach der Selbstbefreiung vom Mussolini-Faschismus wurde der Ausbau des Instituts weitergeführt, bis es in den 1990er Jahren zu tiefgreifenden und fälligen organisatorischen Reformen kam. In diesen Jahren wurden die großzügigen Altersversorgungs- und Sozialleistungsgeschenke an bestimmte besondere Berufsgruppen (Carabinieri, Staatsangestellte) langsam wieder nach und nach reduziert. Sie waren einfach nicht mehr bezahlbar. Auf Grund der demografischen und wirtschaftlichen Entwicklung Italiens reichte das Umlageverfahren nicht mehr aus. Defizite mussten und müssen ja bekanntlich immer noch durch Subventionen aus Steuermitteln ausgeglichen werden.

Für die Gesundheitsdienste gibt es den *SSN – Servizio Sanitaria Nazionale*. Er ist eine von den Ländern verwaltete Behörde. Für koordinierende und zentrale Aufgaben ist aber in Rom das Gesundheitsministerium zuständig. Der *SSN* wurde erst im Jahr 1980 eingerichtet. Die Gesundheitsdienste basierten bis dahin auf einem lückenhaften und unausgewogenen System von privaten und öffentlichen Krankenkassen, was nach und nach umgebildet wurde in ein allumfassendes einziges Gesundheitssystem. Daher wurden nun alle Krankenhäuser, auch jene, deren Träger wohltätige Organisationen waren, zusammen in die regionale Gesundheitsplanung einbezogen.

Der Leistungsumfang des *SSN* ist geprägt durch dessen den Ländern obliegende Verwaltung, was dazu führt, dass die Qualität der Dienstleistungen von Region zu Region (Bundesland zu Bundesland) sehr unterschiedlich sein kann, denn der *SSN* wird durch die Steuereinnahmen der Regionen finanziert. Jeder Staatsbürger, das heißt

Steuerzahler und auch Rentenempfänger in Italien, ist somit im *SSN* eingeschrieben. Im Norden Italiens sind die Gesundheitsleistungen vergleichbar mit jenen in Deutschland. Denn dort gibt es eine quasi gleiche Wirtschaftsleistung, was dazu geführt hat, dass ein Nord-Süd-Gefälle zu verzeichnen ist. Das wiederum hat zu einer gewissen Art von innerem italienischen „Gesundheitstourismus" von Süden nach Norden geführt.

Auffällig für mich war die Strukturierung des heute bestehenden Gesundheitssystems. Niedergelassene Ärzte besitzen in den wenigsten Fällen eigene diagnostische Laboratorien. Terminabsprachen gibt es selten. Besonders die ländlichen Wartezimmer sind meistens zur Sprechstundenzeit überfüllt, dafür aber viel genutzte Foren zum Austausch von Neuigkeiten und Familientratsch, was ja absolut und im hohen Grade kommunikativ ist.

Abgesehen von Blutdruckmessungen erhalten die Patienten für die meisten Untersuchungen, und dazu gehören auch Blutentnahme, EKG, Verbandswechsel usw. eine Überweisung, mit der sie sich einen Termin in einem spezialisierten, zentralen Krankenhaus holen müssen. Den Termin wiederum lassen sie sich in manchen Regionen in der Apotheke geben, in anderen Regionen gibt es in Diagnosezentren dafür spezielle Schalter. Es ist das alles ganz einfach, wenn man mit dem System vertraut ist, dem Nichtitaliener jedoch gibt es Rätsel auf. Aber man kann ja fragen. Der Arzt allerdings hat keine Zeit für lange Erklärungen. So fragt man sich im Wartezimmer schlau, was wiederum menschlicher Begegnung förderlich ist. Was will man also mehr?

Ebenso verhält es sich für augenärztliche oder HNO-Diagnostik. Auch für Urologie und Orthopädie sind die Krankenhäuser zuständig. Das führt dazu, dass man auf eine ambulante Behandlung oft stundenlang in den Krankenhausgängen herumsitzen muss. Einmal erging es mir, dass ich selbst dort recht lange warten musste. Auf meine Bemerkung beim Krankenhauspersonal, dass man wohl unterbesetzt sei, erhielt ich die Antwort: „Nein, ihr seid zu viele." So kann man es allerdings auch sehen.

Alles in allem scheint mir dieses System durch Überorganisierung wenig effektiv. Die Bürokratie verschlingt Unsummen. Trotz dieser fast Deutsch zu nennenden Übersystematisierung stand das Gesundheitssystem im Jahr 2000 tatsächlich an zweiter Stelle der Weltrangliste der WHO (Weltgesundheitsorganisation) und sogar im Jahr 2014 an dritter Stelle, basierend auf Daten der Weltbank und der WHO. Das Land gibt viel Geld aus – etwa 10 Prozent des BIP – eigentlich für zu wenig Nutzen.

Meine Anmeldung in diesen beiden Diensten zu Beginn meiner Zeit in Italien machte für mich unerwartet erhebliche Schwierigkeiten. Einfach so wollte oder konnte man dort meine doch notwendige Mitgliedschaft trotz vorgelegter *permesso di soggiorno* und einem Arbeitsvertrag nicht anerkennen, denn da wusste man anscheinend nicht, wie das zu bewerkstelligen sei. Eine EU-Privilegierung gab es ja damals noch nicht. Die Angestellten dort taten lieber nichts, da der Paragraphenhimmel über ihnen wohl zu unübersichtlich war. Daneben gab es für meinen Fall kein Vorbild, denn welcher Deutsche kommt schon nach Italien der Arbeit wegen? Eher war es doch umgekehrt. Daher musste man eine Richtlinie für meinen Fall zuerst einrichten, inklusive einer Kommunikation mit dem Ministerium in Rom. Dafür sollten erforderliche Belege und Formulare vorgelegt werden. Man schickte meine Assistenz, die mir mein Arbeitgeber zur Seite gestellt hatte, von Behörde zu Behörde. Das dauerte. In der Zwischenzeit jedoch begann ich mit meiner Arbeit im Labor der Firma. Meine Aufgabe war die entwicklungstechnische Vorbereitung zur Erweiterung der Produktion von Möbellacken. Einen Monat lang war ich sozusagen illegal und bekam nach Ablauf der vier Wochen kein Gehalt, denn Steuern konnten nicht abgeführt werden. Ich intervenierte natürlich, worauf mir der Chef einen Briefumschlag in die Hand drückte. Der enthielt meinen Monatslohn, den er privat aus eigener Tasche auslegte. Versichert war ich damit aber noch nicht. Erst nach dem zweiten Monat meiner Anstellung bekam ich die offizielle Bestätigung für meine gesetzlich reguläre Beschäftigung.

Nimm's leicht!

Es begann die Zeit, in der ich mein bis dahin holpriges Italienisch schnell verbessern musste, denn mancher Kollege sah mir meine diesbezügliche Schwäche nicht nach. Und Englisch, was normalerweise einem Touristen weiterhilft, ist für den Normalitaliener genau so eine Unsprache wie Deutsch. Und meine Arbeit war nicht nur auf Kontakte mit Akademikern beschränkt, bei denen ich ja einige Fremdsprachenkenntnisse voraussetzen konnte. Kooperation mit einfachen Angestellten und Arbeitern war das tägliche Brot.

Andere Kollegen dagegen halfen mir. So bemühte sich Clem, der Clemente hieß, aber nur Clem gerufen wurde, ein Kollege im Labor, in liebenswürdiger Weise um mich – eine dauerhafte Freundschaft zwischen uns begann. Er kümmerte sich, machte mir und als später Regina hinzukam, Freizeitangebote. Er lud uns ein, an Ausflügen teilzunehmen, so etwa zu historisch bedeutsamen Sehenswürdigkeiten, wovon es in Italien unzählige gibt, oder zu Festivitäten, die von der Sektion der lokal bestimmenden politischen Wahlgruppierung organisiert wurde. Dort überraschte mich das zahlreiche Engagement der Mitglieder dieser Parteifraktion, wozu auch Clem gehörte. Selbst der Bürgermeister des Ortes Cavezzo, in der Provinz Modena, servierte mir den Wein.

Das imponierte mir, fand es äußerst sympathisch und sagte ihm das und auch, welches Unmaß an Bürokratie ich in den letzten Tagen und Wochen erlebt hatte. Deutete an, überzeugt zu sein, dass das mit dem, was ich jetzt sähe, nicht zusammen passe – und erntete damit ein Lächeln. Mir wurde liebenswürdig mit einem Glas Lambrusco in der Hand erklärt, dass Bürokratie und Kontrolle für Italien durchaus eine Berechtigung haben. Mafia und Korruption hätten ohne bürokratische Hürden eher noch stärkeren Einfluss bei den Autoritäten des Landes, außerdem beuge man so möglichem Missbrauch und Betrug vor. Nicht jeder Arbeitgeber, aber auch nicht jeder Arbeitnehmer halte sich an die gesetzlichen Vorgaben. Und er erklärte mir weiter und schaute mich dabei freundlich an: „Aber das ist nur eine kleine Seite des Lebens im Lande. Außerhalb dieser Wirklichkeit ist der größere Raum italienischen Getümmels, gefüllt mit Menschen, die wissen zu arbeiten, aber auch zu feiern und Unwichtiges zu ignorieren, z.B. die Bürokratie." Ich musste das wohl erst mal glauben und wendete mich amüsiert dem Treiben des Festes zu.

Ich befand mich auf dem „*Festa Unitá*", das damals in der *Emilia Romagna* im Frühjahr eines jeden Jahres in fast jeder Gemeinde mit großem Getöse stattfand. Es war das Fest der *PCI* sowie anderer politisch linker Bewegungen, die ohne jede politische Agitation einmal im Jahr ihr Dasein feierten, gemeinsam zu Tisch saßen, speisten, klönten und tanzten.

Bei diesen Gelegenheiten hockte man an recht langen Tischen in bunter Reihe, meist in einem nach allen Seiten offenen Zelt – neben Freunden und Fremden gleichermaßen. Man verspeiste beispielsweise *Polenta* – in Dialekt mehr *poulèn* ausgesprochen, französisch klingend, mit genäseltem „*n*"– und saftiges *stracotto d'asino* in einer köstlich schmeckenden Sauce. Das war beliebt: ein stundenlang geschmortes Ragout aus Eselsfleisch, oder es gab Pasta in tausend Variationen.

Die örtliche Wirtschaft, Geschäfte genauso wie das Handwerk, beteiligten sich oft durch Spenden für eine Tombola. Es gab Hüpfburgen und andere Abenteuer für Kinder, natürlich Eisverkauf und die Tanzfläche. Erst nach dem Abendessen spielte die Musik auf – eine Art Volksmusik, im Stil einer Polka mit Akkordeon und Klarinetten als Leitinstrumente. Getanzt wurde dabei *ballo liscio,* Polka - ein Gesellschaftstanz, der typisch ist für jene Feste.

Nach Beginn der Musik war die Tanzfläche sofort voll. Alle, Jung und Alt begannen zu tanzen, fast alle im gleichen figürlichen Stil. Das war ungewohnt für meine Augen, kannte ich bis dahin nur offene Tanzweise, Rock'n Roll und Disco-Tanz – und ich traute mich nicht dazwischen.

Oder man spielte ein Massen-Bingo, an dem hundert oder mehr

Personen teilnahmen. Verlost wurde ein ganzer Schinken. Manchmal ein lebendes Ferkel oder eine Gans.

Über das Fehlen von Debatten oder Befragungen der Festgäste über Zukunftsprojekte, die in den politischen Resolutionen der lokalen Parteigruppierung ihren Ausdruck hätte finden können, sprach ich mit Clem, denn Gerüchte über eine Neuausrichtung der Politik der Parteiführung waren bekannt geworden.

Wir hatten gerade den historischen Zusammenbruch der Staaten Osteuropas und der Sowjetunion sowie die von Kanzler Kohl trickreich eingeleitete Vereinigung der beiden deutschen Staaten BRD und DDR erlebt. Im Fernsehen gesehen, wie die Mauer fiel, wie in Rumänien gewalttätige Massen das Regierungsgebäude stürmten.

Es lag eine Spannung in der Luft, die niemanden unberührt ließ. Die Scorpions komponierten das schnulzige Lied „Wind of Change", dessen Titel an die berühmte Rede des britischen Premiers Macmillan erinnerte, der 1960 auf einer Reise in die Kolonien Afrikas andeutete, es wehe der wind of change, der Wind des Wandels über Afrika. Und in der Apartheid-Republik Südafrika wiederholte er diesen Terminus und fügte hinzu: „Ob wir es wollen oder nicht: Dieses wachsende Nationalbewußtsein ist eine politische Tatsache. Wir alle müssen dies akzeptieren und unsere eigene Politik entsprechend ausrichten."

Clem war sicher, dass nach den Umwälzungen in Osteuropa eine Öffnung der Partei nach rechts auf der Tagesordnung stehen würde. Berlinguer (der Parteiführer der *PCI*) habe schon immer den *compromesso storico* – den historischen Kompromiss zwischen den Klassen – gefordert und die meisten Parteianhänger würden diese neue Richtung begrüßen.

Mir kam diese Einstellung flüchtig, ja leichtfertig vor und führte ihm den Terroranschlag im Hauptbahnhof von Bologna vor Augen, bei dem fünfundachtzig Menschen starben. Mir war noch sehr genau in Erinnerung, dass es zwingende Indizien dafür gegeben hatte, dass Neofaschisten dafür verantwortlich waren, und dass diese wiederum Kontakte zum Militärgeheimdienst pflegten. Von dort nämlich kamen Behauptungen, dass die Urheberschaft für den Anschlag bei der linksautonomen Szene zu suchen sei.

Das war der Stand, als ich mit Clem diskutierte. Ich versuchte ihn davon zu überzeugen, dass ein Entgegenkommen in der Art, wie es von seinen Partei-Leadern propagiert wurde – Berlinguer lebte zu jener Zeit nicht mehr – von den politischen Gegnern der Partei nicht honoriert werden würde und dass es eher ein infames Manöver interessierter Kreise wäre, um die starke Linke Italiens zu schwächen oder zu zerstören. Leider hatten sie Erfolg damit, wie sich später zeigen sollte.

Es blieb nicht das einzige „*Festa Unitá*", das ich besuchte. Später, als ich in Zappolino, einer Fraktion der Gemeinde Castello di Serravalle, einem kleinen Ort in den ersten Hügeln das Apennin zwischen Bologna und Modena, wohnte, ließ ich kein „*Festa Unitá*" aus, und lernte noch eine Besonderheit kennen: freie Gesangsdarbietungen von Männern, hauptsächlich aus dem Publikum. Da wurden Popstars wie Lucio Dalla, Vasco Rossi aus Modena oder andere *cantautori* – Liedermacher – imitiert, oder man schmetterte temperamentvoll klassische Arien. Beifall gab es immer, egal wie gut oder weniger gut der Beitrag war.

Bedauerlich in dieser Zeit war für mich, dass der Zerfall der politischen Linken fortschritt, ein Rückzug der Mitglieder aus der Partei eintrat. Die Partei konzentrierte sich jetzt mehr auf das nationale *Unitá*-Fest in Bologna. Dort präsentierte man Reden neuer politischer Leithammel, Karrieristen, die glaubten, es besser zu wissen und die traditionelle Methoden der Partei in den Mülleimer warfen.

Und so erlebte ich in den folgenden Jahren den Zusammenbruch der italienischen politischen Linken, was meinem Empfinden nach ein Ausdruck der Führungslosigkeit der Partei war. Ein Phänomen, das mutmaßlich mit der Krise der gesamten italienischen politischen Mitte zusammenfiel. Die Partei der Christdemokraten löste sich auf, eine Folge der Bewegung *mani pulite* (saubere Hände), hinter der Mailänder Staatsanwälte standen. Diese hatten Anklagen erhoben gegen hohe und höchste Staatsbedienstete wegen Korruption, bis hinauf zum Ministerpräsidenten Craxi, der vorgab, Sozialdemokrat zu sein. Das wirkte sich auch auf das Engagement von Mitgliedern in der linken Partei aus. Die *Unitá*-Feste wurden seltener. Ich fand das schade um diese Institution, ebenso wie das Verschwinden der ehemals größten Tageszeitung in Italien, der *L'Unitá*.

Etwas Neues bahnt sich an

Mein Freund Clem weinte, als mein Arbeitgeber mich schon nach einem halben Jahr fristlos entließ. Der Anlass: Ich hatte das Gespräch mit der Geschäftsleitung gesucht, weil meiner Meinung nach die Voraussetzungen für meine Arbeit weder maschinell noch logistisch gegeben waren. Ich erwartete eine Diskussion über meine Einwände, stattdessen wurde ich von einem Tag auf den anderen freigestellt, erhielt eine Abfindung, wie vertraglich vorgesehen, und es gab noch für vier Jahre Beiträge für die Sozialkasse obendrauf. Ich war von einem Tag auf den nächsten für vier weitere Jahre sozialversichert und kam mir vor wie ein Beschenkter. Wie generös, dachte ich, obwohl das nur Vertragsgegenstand war.

Nach Deutschland zurück? Das war die Frage. Nein, die Blöße wollte ich mir nicht geben und machte mich auf die Suche nach einer Arbeit. Mein ehemaliger Arbeitgeber, der dänische Farbenkonzern, hatte in Italien Filialen, bei Piacenza und eine Beteiligung bei Venedig. Ein Ex-Kollege aus Piacenza, den ich gut kannte, und der mir noch vor nicht langer Zeit angeboten hatte, ich solle doch zur Arbeit zu ihm kommen, gab mir zu verstehen, es gäbe seit Kurzem einen Einstellungsstopp. Mir wurde es flau. Er schlug vor, ich sollte es doch in dem Werk bei Venedig versuchen. Gesagt, getan! Der technische Leiter dort aber meinte, ich sei für die Arbeit, die er habe, überqualifiziert. Quintessenz: Ich musste weitersuchen und putzte Klinken bei noch weiteren Unternehmen, ebenfalls mit negativem Ergebnis. Vierzehn Tage hatte ich noch, dann musste ich raus aus der Firmenwohnung, die mir mein Arbeitgeber aus Cavezzo anfänglich überlassen hatte.

Jetzt merkte ich, wie Recht meine Italienischlehrerin gehabt hatte, dass in Italien Arbeitsplätze nur auf Zuruf vergeben werden. Meine

Stelle, die ich freigemacht hatte, angelte sich ein Techniker aus einer Firma, bei der ich mich beworben hatte. Das berichtete mir mein Freund Clem. Aber das Zuruf-System funktionierte nun zum Glück auch bei mir. Wenige Tage nach der letzten Bewerbung erhielt ich einen Brief von einer Firma in der Nähe von Bologna, die Klebstoffe herstellt. Ich solle mich melden. Man hätte gehört, ich suche Arbeit.

Da die Chemie der Klebstoffe mit jener der Lackchemie verwandt ist, nahm ich optimistisch das Stellenangebot an. Außerdem passte mir die Örtlichkeit. Bei meiner Vorstellung fragte ich noch, wie man auf mich gekommen sei. Es stellte sich heraus, dass der Technische Leiter des Werkes aus Venedig mit dem Inhaber des Klebstoffbetriebes befreundet war.

Ich lernte nun italienische Verhältnisse kennen. Kein schriftlicher Arbeitsvertrag, ich wurde auf mündliche Zusicherung hin für drei Tage in der Woche eingestellt, aber nicht als Angestellter sondern als freier Mitarbeiter, *libero professionista,* wie es im italienischen Arbeitsleben so hieß. Die Sozialabgaben musste ich jetzt ab sofort selbst entrichten, ebenso meine Steuern.

Ich akzeptierte, denn ich hatte im Augenblick wirklich keine andere Möglichkeit. Die Firma sollte für die nächsten sechs Jahre meine Überlebensgrundlage sein. Meine Aufgabe wurde nun die Qualitätskontrolle der Klebstoffe und Dichtungsmassen, die man selbst herstellte oder im Vertrieb hatte.

Nachdem ich die Wohnung bei Cavezzo geräumt hatte, zogen wir, Regina war inzwischen nachgekommen, in ein Hotel, und nachdem dieses uns auf Dauer zu teuer wurde, auf den Campingplatz in Sasso Marconi bei Bologna. Von dort begaben wir uns auf die Suche nach einem geeigneten Haus für uns, das wir kaufen wollten. Es sollte nicht allzu weit von meinem neuen Arbeitsplatz entfernt sein, vielleicht fünfzehn Autominuten.

Dino, Mitinhaber der Firma in der ich nun arbeitete, gab sich Mühe, uns bei der Haussuche zu helfen. Er besuchte Makler mit uns, wie auch Freunde und Verwandte und konfrontierte diese mit unserem Anliegen.

Sechs Wochen waren Regina und ich täglich unterwegs, auf der Suche nach einem geeigneten Objekt.

In der Zwischenzeit lieh uns Freund Clem seinen großen Camper, ein auf einem Anhänger fest installiertes, ausklappbares geräumiges Zelt. Wir waren froh darüber, obwohl wir in den Nächten laute tierische Konzerte erlebten. Unter uns, wir schliefen ja auf dem Anhänger, versammelten sich in den Nächten die Katzen des Platzes für ihre lautstarken Liebesspiele. Vertreiben reichte nicht. Sie kamen wieder. Das motivierte uns, noch intensiver nach einem Haus zu suchen, obgleich es ein warmer trockener Frühsommer war und wir glaubten, reichlich Zeit zu haben.

Indirekt hatte uns die Suche mit meinem Chef Dino geholfen, der mit uns auch nach Castello di Serravalle gefahren war. Dort lebte sein Cousin Costantino, der dort eine Schinkenproduktion betrieb und dem er unser Anliegen vorlegte. Costantino wusste sogar von einer Gelegenheit, die aber leider außerhalb unserer Möglichkeiten lag.

Der Ort gefiel uns und Regina meinte, wir sollten daselbst noch einmal hinfahren. Ihr Hinweis war, einen Aushang für den Verkauf eines Hauses gesehen zu haben.

In der Tat findet man in Italien nahe an Häusern, die zum Verkauf stehen, Plakate an den Straßen, die darauf hinweisen. Und tatsächlich fanden wir es, befestigt an dem rudimentären Rest einer alten Garage. Ein Makler bot dort ein halbes Bauernhaus an. Eine einfache, aber bewohnbare Behausung. Strom, Gas und Wasser waren vorhanden, es gab fünf Zimmer plus Küche und Bad. Das Grundstück umfasste sechs Hektar Land. Wir entschlossen, es zu kaufen, denn der Preis lag für uns im richtigen Rahmen. Ein Notartermin wurde verabredet. Zum Vertragsabschluss komme ich später.

Auch in dieser Firma, zwischen Bologna und Modena, traf ich liebenswürdige Kollegen. Inzwischen war auch mein Italienisch besser geworden, wobei mir allerdings die Mundart der Gegend recht große Schwierigkeiten machte. Wie in Deutschland gibt es auch in Italien regional unterschiedliche Dialekte. Damit hatte ich anfangs nicht gerechnet – obwohl das einleuchtend gewesen wäre. Aber nun musste ich auf Nachsicht im Umgang mit Kollegen hoffen.

Der besorgte Buchhalter der Firma, dessen Büro die Berechnungen für meine Steuerabgaben übernahm, fragte mich nach einem halben

Jahr: „Für wie viele Unternehmen arbeiten Sie als *libero professionista* – als freier Mitarbeiter?"

Es gab für mich nur diese eine Firma und meine Antwort brachte den guten Mann in Not. Ich sah es ihm an. Er verzog etwas gequält das Gesicht.

„Stimmt etwas nicht?", wollte ich wissen.

„Ja, es ist ungesetzlich!", bekam ich zu hören. „Sie müssen mindestens drei Kunden haben, denen Sie Rechnungen ausstellen."

„Und was mache ich jetzt? Ich arbeite hier drei Tage die Woche, wie soll ich da noch zwei weitere Kunden haben!", erklärte ich ihm.

„Ich denke darüber nach. Sie hören von mir!", beendete er das Gespräch.

Wenige Tage darauf rief mich die Geschäftsleitung und teilte mir mit, eine Lösung für mein Problem zu haben. Meine Arbeitsstelle könne man umwandeln. Wenn ich statt eines *libero professionista* ein technischer Geschäftsführer sein könnte, dann würde ich in das Unternehmerlager wechseln und wäre somit frei vom Zwang, mir weitere Kunden suchen zu müssen. Bedingung sei, dass ich keine weiteren Lohnforderungen stellen würde, und dass auch ich Geschäftsberichte unterschreiben müsse.

Das bedeutete für mich, ich würde wieder nicht mit der entsprechenden sozialgesetzlichen Sicherung angestellt. Soll ich das ablehnen, fragte ich mich? Aber mir wurde auch gleichzeitig bewusst, dass ich in dem Moment nichts in der Hand hatte. Würde ich ablehnen, bekäme ich sicherlich die Kündigung und stünde somit vor dem Zwang, mich noch einmal auf Stellensuche begeben zu müssen. Ich hatte inzwischen mein Haus bei Hamburg verkauft und mir mit dem Geld den Teil eines Bauernhauses in Zappolino zugelegt, einer Gemeinde des Ortes Castello di Serravalle. Dazu gehörten einige Hektar Land.

Ich unterschrieb, mit einem Hintergedanken, und es blieb erst einmal alles so wie es war. Da ich so zwei Tage – außer dem Wochenende – für mich hatte, konnte ich mich in Eigenhilfe notwendigen Renovierungen an unserem Neuerwerb widmen. Und das war nicht wenig Arbeit.

Dankbar war ich, dass es in der Firma einen Schweizer Kollegen gab, der mir manchen Tipp und Hinweis gab für den Umgang mit der Geschäftsleitung gab. Seine Frau, ebenfalls aus der Schweiz, hatte sich im Tierschutz bei einem *canile* – Tierheim – ehrenamtlich engagiert. Wir saßen oft bei den beiden auf der Terrasse, sprachen viel über Haustiere, weniger über die Arbeit und genossen den Wein der *Emilia Romagna*: So den Lambrusco oder den Pignoletto, einen Weißwein, der gewisse Ähnlichkeit hat mit dem deutschen Riesling, aber *frizzante* – perlend – ist.

Bäuerliches Wohnen

Wir waren also Besitzer eines halben Bauernhauses, und auch einer *fienile* – Scheune – sowie von bäuerlichem Land geworden. Das war aber verbunden mit einigen Überraschungen. Die erste war, dass sich uns mit dem Tag unseres Einzugs eine Katze anschloss. Was folgte, waren Jahre, in denen uns Katzen begleiteten.

Da das Tier sich nicht wieder wegschicken ließ, erlaubten wir ihr, Quartier in der Scheune zu beziehen. Wir ahnten da noch nicht, dass sie uns bald fünf Katzenkinderchen bescheren und zweitens, dass sie uns erobern würde. Wir nannten sie Milli. Drei ihrer Kinder konnten wir später weggeben, zwei verloren wir aber leider auf der Straße, die bei uns vorbei führte. Milli ließen wir sterilisieren. Wir hatten noch acht Jahre Freude an ihr, oder besser sie an uns. Dass sie später ganz selbstverständlich unser Sofa eroberte und dort regierte, ist eigentlich schon nicht mehr erwähnenswert. Sie blieb aber eine Draußenkatze und es kam schon mal vor, dass sie Tage nicht auftauchte. Sie war sehr selbstständig. Und so nahm sie es auch sehr gelassen hin, dass wir im Laufe der nächsten Jahre weitere drei zugelaufene Katzen aufnahmen. Wir bekamen das Gefühl, dass man in unserer Umgebung wusste, wir *tedeschi* – wir Deutschen – würden sie schon aufnehmen. Es war auch so.

Einer dieser drei war ein kleiner mutiger Kater. Wir nannten ihn Friemel, weil er alles, aber auch alles untersuchen musste und flüssiger war als Wasser. Er kam überall hin und überraschte uns immer wieder mit neuen Kunststücken. Neben der *fienile* – Scheune – stand eine Robinie, deren Höhe er ausgiebigst ausprobierte. Ein langer Ast des Baumes ragte über das Dach des Gebäudes. Also musste der natürlich auch bestiegen werden.

An einem Morgen, als wir da auf den Hof kamen, hörten wir ein jämmerliches Miauen. Gewohnt, dass der Kater mal wieder etwas angestellt hatte, suchten wir ihn auf dem Hof. Aber dort war er nicht – das Miauen hörte nicht auf. Es kam von oben. Friemel saß auf dem Ende des Firstbalkens, der ein Stück weit aus der Mauer herausragte. Glücklicherweise hatten wir schon eine Leiter, die lang genug war. So konnten wir unser Löwenherz retten und glaubten, er hätte etwas gelernt. Aber Irrtum. Er wiederholte das Spiel ein paar Tage später. Und erst dann begriffen wir, wie er auf das Dach gekommen war. Zunächst meinten wir, er hätte einen Riesensatz vom Baum auf das Dach gemacht. Aber das musste er nicht. Der Ast, der über das Dach hinaus ragte, war dick und stark genug, dass er den Kater trug. Aber er neigte sich am Ende herab, sozusagen als Einladung dafür, doch bitteschön auf das Dach zu springen. Und dann zeigte der Ast seine ganze Tücke: er schnellte wieder hoch und blieb danach für die Kater unerreichbar. Dafür habe ich ihn abgesägt und Friemel brauchte nicht mehr auf das Dach zu klettern.

Die letzte kleine Katze, die wir fanden, war eine Siam, lebhaft und zutraulich. Sie trug ein Halsband, konnte also nicht ausgesetzt worden sein. Wir gingen also zu unserem Dorfbäcker – über ihn berichte ich noch – und baten ihn, einen Zettel an die Tür zu heften: *trovatella Siam* – Siamkatze zugelaufen.

Das Katzenkind war – wie alle Katzenkinder – sofort zu Hause bei uns, so als wenn es schon immer zu uns gehört habe. Und in dem Moment, als es aus dem Haus auf den Hof purzelte, kam eine Frau auf den Hof und fragte nach der Siamkatze. Sie hatte beim Bäcker unseren Zettel gelesen. Es war wie ein Theaterstück. Die Katze erscheint, die Frau stößt einen Jubelschrei aus.

Es stellte sich heraus, dass das Katzenkind der Tochter des Hauses gehörte, die nun zutiefst betrübt war über den Verlust. Die Mutter verließ überglücklich unseren Hof, so glücklich, dass sie vergaß – wenn auch nur der Form halber – zu fragen, ob wir Kosten gehabt hätten, und überhaupt sich zu bedanken. Wir sahen ihr das nach. Später erfuhren wir, dass das Katzenkind zu einem wunderschönen und stolzen Kater herangewachsen war.

Der Kaufvertrag

Zurück zu den Überraschungen: Eine zweite war für uns der notarielle Kaufvertrag. Beim Notartermin lernte ich, wie dort und in den 90er Jahren des 20. Jahrhunderts solche Verträge abgeschlossen wurden. Der Notar fragte nämlich, was er als Kaufpreis einzutragen habe und erhielt vom Verkäufer einen Betrag genannt, der deutlich nach unten von der Summe abwich, die mit dem Makler besprochen war. Zweitens fragte er, was ich denn mit dem Land zu tun gedenke.

Gezahlt wird – auch heute noch – während des Notartermins mit bankverbürgten Schecks. Ich legte Euroschecks einer deutschen Sparkasse vor und bekam lange Gesichter zu sehen. So etwas kannte man nicht, und erst nach vielen Telefonaten wurden meine Schecks akzeptiert. Einer davon enthielt dann die offizielle, vom Notar im Vertrag aufgenommene Verkaufssumme. Der Rest ... hm!

Die zweite Frage des Notars, nämlich bezüglich meiner Absicht, wie ich das Land nutzen wolle, beantwortete ich: als Kleinbauer, denn ich wollte Wein anbauen, gegebenenfalls auch Weizen. Das wurde festgehalten und man informierte mich darüber, dass ich meine Absicht auch umzusetzen habe. Später, viel später, begriff ich, dass ich das auch mit einer speziellen Steuererklärung hätte nachweisen müssen. Es kam nämlich drei Jahre nach dem Kaufakt vom Finanzamt eine Steuernachforderung auf den in zwei Jahren theoretischen, tatsächlich aber nicht erzielten Ertrag des erworbenen Ackers. Man hatte mich als Landwirt eingestuft.

Ein Schulterzucken von Freunden und selbst vom Bürgermeister, den ich um Auskunft bat, ob das denn rechtens sei, belehrte mich. Es war nichts zu machen, und ich merkte, Gesetze, Direktiven und

Vorschriften sind wichtig in diesem Land. Sergio, unser bäuerlicher Nachbar war noch *coltivatore diretto* – ein selbstständiger Kleinbauer – mit gewissen steuerlichen Privilegien, der das Land und den Ertrag daraus nicht oder nur gering versteuern musste. Das ist auch eine Besonderheit in Italien, die ich erst so nach und nach begriff. Zum Schutz der Kleinbauern wurden diese steuerrechtlich anders als große Landwirte behandelt, die erhebliche Erträge erwirtschaften.

Aber wieder zurück zu meinem Steuerproblem: Meine Einnahmen als *libero professionista* und die Versteuerung derselben war ab sofort eine Seite meines Lebens auf dem Lande. Die andere Seite, nämlich mein Dasein als Mini-Bauer, wurde nun auch Bestandteil meiner Einkommensteuererklärungen.

Einen naiven Versuch, mit Weizenanbau Geld zu verdienen, starteten wir, Regina und ich. In Ermanglung von Maschinen ließen wir pflügen und die selbst erworbene Saat ausbringen. Angst um die Ernte hatten wir sofort, denn im Spätherbst kamen Schwärme von Tauben, die sich über die vielen Körner freuten. Sooft es ging vertrieben wir sie und waren froh, als sich schließlich im Winter eine Schneedecke auf das Feld gelegt hatte. Im Frühjahr sahen wir mit Genugtuung, dass

der Weizen wuchs. Der Sommer kam und mit ihm der Mähdrescher. Das Ergebnis: 3.700 kg Weizen. Stolz wie Oskar boten wir die Ernte dem Mühlenbetrieb im Ort an und bekamen ein Angebot. Mein anfängliches Hochgefühl wich abgrundtiefer Enttäuschung, denn die Abrechnung ergab, dass wir eine Million-Fünfhunderttausend Lire – etwa 1.500 DM – zugelegt hatten. Eine Summe, mit der wir uns ein Jahr lang unser Brot vom Bäcker mit einem Taxi aus Bologna hätten bringen lassen können. Es war ein herber, aber lehrreicher Missgriff gewesen, der Grund: fehlender Maschinenpark. Das hätten wir uns denken können.

Statt nun selbst anzubauen, verpachteten wir das Land an einen Bauern, der es für die Heu-Produktion nutzte und zwei Mal im Jahr etwa 25 Rollen Heu abtransportierte. Das brachte damals noch 500. 000,- Lire (damals ca. DM 500,00) pro Jahr ein und das war etwas, womit wir rechnen konnten.

Aber etwas Gutes hatte dieses lehrreiche Experiment für uns doch. Wir behielten einen Teil des eigenen Weizens, verkauften ihn nicht und Regina begann, eigenes Roggenmischbrot zu backen. Wie wir an den Roggen in Italien kamen, ist eine eigene Geschichte. Denn Roggen wird in Italien nicht für Brot verwendet. Man konnte ihn auch nicht kaufen. Auch in Bio-Läden nicht.

Grano tenero oder *grano duro* – Weichweizen oder Hartweizen – sind die allgemein verwendeten Getreidesorten in Italien. Gelegentlich kommt auch noch weißes Maismehl zur Anwendung, unter anderem in dem Brot *alta mura*. Den Roggen fanden wir bei einem Deutschen, der wie wir nach Italien emigriert war. Der hatte sich bei Arezzo, südöstlich von Florenz, ein größeres Stück Land gekauft und baute sich dort einen alternativen landwirtschaftlichen Betrieb auf.

Ich war an seine Adresse über eine Anzeige in einer nonkonformen deutschen Zeitung gekommen, die ich regelmäßig bezog, um informiert zu bleiben. Seine kleine Anzeige warb für Ferien auf dem Bauernhof. Er bot an, man könne eigene Arbeit einbringen, wie Zäune bauen, im Gegenwert für Kost und Logis.

Solche Anzeigen fand ich mehrfach in dieser Zeitung. Ein Alternativer in der Toscana bot an, man könne bei ihm im Urlaub auf seinem Hof einen Esel reiten. Das also wollte ich nicht. Wir beschlos-

Unsere Kirschbäume im Frühling

sen den deutschen Landwirt bei Arezzo zu besuchen und blieben da ein ganzes Wochenende. Nicht, dass wir Roggen von ihm zu kaufen beabsichtigten, sondern es war pure Neugier. Wir wollten jemand kennenlernen, der wie wir ohne Rückversicherung einfach emigriert war und sich im Land seiner Wünsche ein neues Leben aufbaute.

Und wir konnten miteinander und stellten fest, dass wir unterschiedliche Erwerbsinteressen hatten, aber dennoch gleiche Ideale verfolgten. Das gab reichlich Gesprächsstoff. Dabei erfuhren wir, dass Herbert – wir sagten bald du zueinander – unter anderem Roggen anbaute, den er über verschiedene Kanäle nach Deutschland an alternative Händler verkaufte.

Wir erwarben von ihm einen Sack Roggen und bekamen ein Rezept für ein Sauerteig-Mischbrot gratis dazu. Jetzt konnten wir beginnen, unseren selbst gezogenen Weizen zu verarbeiten, den wir nur noch reinigen mussten. Da wir ihn roh, direkt nach dem Dreschen abgezogen hatten, enthielt er jede Menge Unkrautsamen, Spelzen, auch Lehmkrümel oder Steinchen. Die Reinigung besorgten wir von Hand. Spelzen flogen im Wind davon, Steinchen und Unkrautsamen sortierten wir aus dem auf einem Tisch ausgebreiteten Weizen heraus. Das Brot war so schmackhaft wie keines jemals gekauftes, dank einer von Regina speziell selbst zusammengestellten Gewürzmischung.

Wir richten uns ein

Eine dritte Überraschung für uns war die erworbene Bausubstanz. Sie bestand aus dem halben Wohnhaus und der Scheune vor dem Wohnhaus. Im Gegensatz zu vielen Scheunen in Deutschland war unsere nicht aus Holz, sondern in Feldstein- und Ziegelbauweise errichtet. Sie hatte zwei Etagen – unten ehemalige Ställe für Schweine und Kühe und darüber den Raum für Stroh und Heu. Sie stand an einem Hang, so dass sich die eineinhalb geschossige Bauweise von selbst ergab. Ein wunderbares und ideales Gebäude zum Umbau zu einer Wohnung – so fanden wir damals. Es sollte viel Arbeit bedeuten.

Unsere Wohnhaushälfte bestand aus einem eingeschossigen Anbau, einem Treppenhaus dahinter hinein in das Haupthaus und dort einer kompletten Etage, bestehend aus vier Zimmern im zweiten Geschoss. Sergio bewohnte mit seiner Frau Maria die erste Etage. Im Erdgeschoss wohnte Fernanda, eine betagte Verwandtschaft von Sergio und Maria mit ihrem Kater Theo. Ihr hatten wir zu verdanken, dass wir das Objekt hatten kaufen können, denn Sergio wollte es selbst erwerben – natürlich zu einem ortsüblichen Preis, der deutlich unter dem lag, das wir bezahlt hatten. Wir lernten daraus, dass es zwei oder vielleicht mehrere Marktpreise gibt: den lokalen und den internationalen. Fernanda hatte, wie wir später von ihr erfuhren, in der Familie ein Machtwort gesprochen und dafür gesorgt, dass in der Familie endlich der Streit beendet wurde.

Nun gingen wir daran, uns einzurichten: Küche und die Zimmer. Das schwedische Möbelhaus, das später nahe Bologna eine Filiale eröffnete, gab es damals noch nicht. So suchten wir in Kleinanzeigen für gebrauchte Möbel das heraus, was wir brauchten. Stühle, Tisch,

Schränke für die Küche.

Eine Spühlmaschine hatten wir mitgebracht, ja schon in Hamburg bei einem Techniker erworben, der solche defekten Geräte reparierte und sie per Kleinanzeige anbot. Man könne besichtigen bevor man kaufe, hieß es. Das nahmen wir wahr, fuhren zu der Adresse in Hamburg, die wir in einer Siedlung fanden. Die Maschine wurde vorgeführt und es war nichts auszusetzen. Wir sagten dem Kauf zu und kamen so ins Gespräch. Man lud uns in das kleine Siedlungshaus zu einem Kaffee ein und erfuhren eine wirklich erstaunliche Geschichte, weil wir uns über die Beengtheit im Haus wunderten.

„Wir haben Platz genug", hörten wir, und man zeigte uns einen geräumigen Keller, den man sich nachträglich ausgeschachtet hatte. Wir waren baff. „Und wie habt ihr das gemacht?", wollte ich wissen. „Eimer für Eimer", war die Antwort. „Das Haus hatte nur ein Ringfundament, keine Betonsohle und so haben wir im Wohnzimmer einfach gegraben und so nach und nach das Fundament unter den Außenmauern je nach Fortschritt Stück um Stück nach unten verlängert." Man muss sich nur zu helfen wissen, war unser Kommentar, als wir die Spülmaschine im Gepäck hatten.

Der Umzug nach Italien konnte beginnen. Ein Freund hatte uns angeboten, unsere Sachen in einem 7,5-Tonner Lkw von Hamburg nach Italien zu schaffen. Nach dem Packen passte keine Maus mehr in den Laderaum. Dann Zollabfertigung – ja, die war damals noch notwendig – sowie Verplombung der Türen und ab ging es. Heike, eine Mitarbeiterin meines Freundes, war Pilotin des Gefährtes. Sie kannte die Technik, die Leistung des Fahrzeugs und fuhr entsprechend vorsichtig. In den Kasseler Bergen ging es manchmal nur mit Tempo 30 den Berg hinauf. Das war wohl einer Polizeistreife suspekt und hielt uns an, wollte die Ladung sehen.

Ich weigerte mich, den Laderaum zu öffnen und erklärte den Beamten: „Wenn Sie selbst die Verplombung aufmachen und sie auch hinterher wieder anbringen, gerne."

Das wollten die beiden Streifenpolizisten nun aber nicht riskieren und ließen uns fahren. In der Schweiz, Grenzübergang Chiasso nach Italien, wurde es noch einmal dramatisch. Nicht, dass der Schweizer Zoll uns festgehalten hatte. Nein, Heike hatte in der Aufregung vor der Zollprüfung die Wagentür verriegelt und den Schlüssel innen stecken lassen. Wir waren ausgesperrt. Nachdem die Zollprozedur unproblematisch überstanden war, versuchten wir, das Türschloss mit Haken und Ösen zu überlisten. Nichts gelang. Wir baten einen Fahrer um Hilfe. Der holte einen dicken Schraubenschlüssel und zertrümmerte die Scheibe in der Tür auf der Fahrerseite. Glücklicherweise war das Wetter warm und die Sonne schien, so dass der Zug beim Fahren eher angenehm war. Und es hatte noch einen amüsanten Effekt. Da Heike unser Gefährt eher bedächtig fuhr, wurden wir des öfteren von Lkws überholt. Manche dieser Fahrer sahen beim Überholen in unseren Rückspiegel und sahen auch Heike. Das war ihnen Anlass, beim Vorbeifahren zu hupen, um auf gleicher Höhe zu winken. Wir hatten etwas, über das wir uns belustigt unterhalten konnten und machten daraufhin Wetten, wenn wieder mal ein Lkw vorbeifuhr: hupt er oder nicht? Danach kamen wir schließlich unbehelligt in Castello di Serravalle an.

Erste Betriebsamkeiten

Die vierte Überraschung war die geringe Kapazität des hausinternen Stromzählers. Drei Kilowatt gab es nur. Das reichte vielleicht für einen einfachen Haushalt ohne Spühlmaschine, Waschmaschine, den Kühlschrank, das Bügeleisen und vielleicht diverse Küchenmaschinen. Aber nicht für Reginas Keramikbrennofen, der alleine schon zehn Kilowatt benötigte. Sie hatte ihre Keramikwerkstatt mit der Absicht mitgebracht, in Italien weiterhin als Kunsthandwerkerin

Nachtansicht, Borgo Castello di Serravalle

zu arbeiten.

So beantragten wir bei *ENEL*, dem italienischen Stromlieferanten eine Erweiterung. Die Antwort war die fünfte Überraschung. „Das ist möglich, ist aber mit einer drastischen Erhöhung der Grundgebühr verbunden", erfuhren wir. Als wir die Zahlen sahen, entschieden wir uns für einen zehn Kilowatt Zähler, denn alles darüber war uns für einen Privathaushalt zu teuer. Dann musste eben alles warten, wenn der Brennofen in Betrieb war. Und endlich stand er betriebsbereit in der Scheune, die wir zu einer Werkstatt mit Drehscheibe, Trockenregalen, Tonlager usw umgeräumt hatten.

Nun wollten wir unserer neuen Umgebung unseren Stempel aufdrücken, wollten bekannt machen, dass wir jetzt hier unser Domizil haben. Regina plante in der Scheune eine kunsthandwerkliche Ausstellung, um damit bekannt zu werden. Dazu lud sie Kunsthandwerker-Freundinnen ein, uns zu besuchen. Es kamen Gisela, eine Quilt-Künstlerin und Barbara, eine Seidenmalerin, die je ihre Kunstwerke

mitbrachten. Gemeinsam bauten sie die kleine Ausstellung auf, die sie in der Scheune arrangierten. Ein Raum in der Scheune wurde eingerichtet, Licht installiert. Und zuletzt stellten wir ein Werbeplakat auf, verteilten Flyer.

Clem kümmerte sich rührend um uns, machte erste Video-Filme von der Ausstellung, machte Werbung innerhalb seines Freundeskreises. Ansonsten lockte unser Plakat, das wir an der Straße aufgestellt hatten, vier ältere Damen aus Zappolino in unsere Scheune. Fernanda, unsere Nachbarin im Erdgeschoss unter Sergios Wohnung, hatte sie angeschleppt. Insgesamt kamen in den acht Tagen zweiunddreißig Besucher. Regina ahnte schon bald, dass modernes Kunsthandwerk nicht in ein italienisch-dörfliches Leben passt.

Osteria in Ponzano

I n Ponzano, nur wenige Kilometer oberhalb von Zappolino, gab es eine Osteria, die uns bald auffiel. Sie lag direkt an der *strada provinciale* nach Savigno, dem nächsten größeren Ort in den Hügeln des Apennin. Nicht weit von unserem neuen Domizil gelegen, kamen wir bald dazu, sie auszuprobieren. Und sie gefiel uns. Regina, in der Beurteilung von Keramikwaren geübt, stellte gleich fest, dass Teller und Becher auf den Tischen handgemacht waren. Auf unsere Frage diesbezüglich kamen wir ins Gespräch mit Sandra und Dario und erfuhren, dass die Künstlerin Sandra im gleichen Haus eine Keramikwerkstatt betrieb.

Es blieb nicht aus, dass wir gleich einen ihrer bemalten Teller erwarben, und es blieb auch nicht aus, dass sich gleich eine dauerhafte Freundschaft zwischen Regina und Sandra entwickelte. Das Lokal in Ponzano wurde schnell zu unserem Stammlokal. Dario wusste als Musiker manchmal seine Gäste mit Darstellungen auf der Gitarre zu unterhalten. Das konnte sogar bis tief in die Nacht hinein dauern. Natürlich schleppten wir auch unsere Gäste in die Osteria. Und einmal überraschte uns Dario auch mit seinem Talent als Komiker. Er kümmerte sich um die Getränke und die Kasse. Sandra servierte und Sandras Mutter war die Köchin.

Dario kam zum Tisch, hatte eine etikettierte Flasche Wein in der Hand und fragte: „Soll es ein Markenwein sein oder ein Wein *del contadino* – vom Bauern – sein?" Und präsentierte die Flasche.

Wir schauten uns das gar nicht an. Unisono erhielt er die spontane Antwort: „Vom Bauern!" Dario griff mit der anderen Hand auf die Flasche, rupfte das Etikett, das nur mit Wasser aufgeklebt war, herunter und zeigte uns die Flasche ohne Etikett. Es dauerte zwei Sekunden, bis wir begriffen und endlich lachen konnten.

Zur Erklärung: Weine vom Bauern – also nicht Weine von einem Weinbauern – haben dort kein Etikett. Es sind ungepanschte und ehrliche Weine, meist von einer Rebsorte und kommen aus einem bestimmten Weinberg. Dario hatte dieses Etikett präpariert. Er glaubte wohl unsere Antwort im voraus zu kennen und hatte Recht behalten.

Als Sandra und Dario das Haus in Ponzano räumen mussten, weil sie aus privaten Gründen die Osteria aufgaben, boten wir Sandra Platz in unserer Scheune an, wo sie ihre Ausweichwerkstatt einrichten konnte. Sandra und Regina empfanden sich nicht in Konkurrenz zueinander, denn ihre Arbeiten und Techniken waren sehr verschieden. Regina arbeitete mit geometrischen Formen und mit einer eher irdenen Glasur, während Sandras Werke blumig bemalt waren – manchmal stellte sie auch Madonnenbilder im Stil einer Faenza Ikone her.

Sandra blieb etwa ein Jahr bei uns, und in der Werkstatt lief seitdem ununterbrochen das Kofferradio, in dem ein Sender eingestellt war, der sich *latte e miele* – Milch und Honig – nannte. Nur unterbrochen von Werbung brachte der Sender *solo musica italiana*. Als Regina mal fragte, was die berichten, meinte Sandra: „Sei froh, dass du das nicht verstehst. Es ist sooo banal."

Natürlich hörten wir aber zu, wenn italienische Schlagerinterpreten wie Zucchero „Blue Sugar" sang, den Zucker für die Ohren, wie es die italienische Moderatorin ankündigte. Richtig in das Herz und Kopf trafen damals Al Bano und Romina Power, Umberto Tozzi und andere. Spliff machte schrägen Rock und mit „Spaghetti Carbonara" die Fans glücklich. Gianna Nannini röhrte: „Profumo-", „Scandalo" oder „Bello-bello impossibile", mit einer Stimme, die in den Bauch ging, die rebellisch machte. Was ein Unterschied zu deutschen Schlagern wie „Zwei kleine Italiener", „Beiß' nicht gleich in jeden Apfel", oder aus den 90ern „Küssen verboten". Da hörten wir uns doch lieber die Banalitäten an, so wie Sandra es formulierte.

Mit dem Fernsehen war es nicht anders. Inzwischen hatten wir auch eine Parabolantenne, mit der Empfang aus Deutschland möglich war. In den Abendsendungen so eine gefühlsselige „Peter-Alexander-Show", eine auf kernig getrimmte Hitparade mit dem Schnellsprecher Dieter-Thomas Heck. Die italienische RAI II war da auch nicht besser:

eine Ratesendung mit Striptease leicht bekleideter CinCin-Girls. Am Sonntag-Vormittag wurden wir allerdings entschädigt: Eine Sendung über Agrarfragen bannte uns vor den Bildschirm, denn wir waren ja jetzt – zumindest zur Hälfte – Agrarier geworden.

Irgendwann hatte Sandra mit ihrer Familie im hohen Apennin ein eigenes Haus gefunden und verlegte danach ihre Werkstatt dorthin. Wir besuchten sie noch oft in ihrem neuen schönen Domizil, mit einer unglaublich beeindruckenden Bergkulisse vor dem Haus.

Andere Seiten italienischer Wirklichkeit

N eben den tatsächlich vielen neuen Eindrücken, die wir ken-
nenlernten und uns beschäftigten, lernten wir auch spezielle Seiten der italienischen Wirklichkeit kennen. Und das
waren nicht wenige.

Direktiven und Regeln

Als Erstes fiel uns auf, dass es unüberschaubar viele Direktiven, Regeln oder Empfehlungen gab. Leider sind es aber so viele, so kam es
uns vor, dass selbst der Italiener ihnen nicht zu 100 Prozent gerecht
werden kann.

Für die Einhaltung aller dieser Vorschriften sind diverse Staatsdiens-
te zuständig: so die *polizia finanzaria,* die *carabinieri,* diverse kommu-
nale *vigili,* die *polizia provinciale.* Deren Dienste werden zum einen
geschätzt, andererseits aber auch gefürchtet. Die *carabinieri* und die
polizia finanzaria – die Steuerfahnder – sind kaserniert, die *vigili* – die
Gemeindepolizei – und die *polizia provinciale* sind meist im Rathaus
– zumindest in den kleineren Städten. Im Allgemeinen geben sich die
Beamten der verschiedenen Dienste volksnah, wenn sie nicht von der
Politik als Schlägertrupp missbraucht werden, wie beispielsweise in
Genua bei einem G20-Treffen geschehen. Den Diensten steht der
Normalitaliener, der so tut, als sei er zu einem folgsamen Staatsbürger
geworden, in Wirklichkeit jedoch als *furbo* – Pfiffikus – gegenüber, der
dem Staat immer wieder ein Schnippchen schlägt, sogar manchmal
wenn er neben dem *carabiniere* steht.

Unser Kopfschütteln erzeugte immer wieder die Pflicht, Kassenbons unbedingt mitzunehmen und nicht im Supermarkt, in der *caffébar,* in der *pizzeria, trattoria, osteria* liegen zu lassen. Und in der Tat

zu einer Zeit, als es in Deutschland an den Kassen der Supermärkte noch Berge von liegengelassenen Kassenbons gab, war davon in Italien nichts zu sehen. Jeder nahm brav seinen Kassenbon mit, denn seit geraumer Zeit gab es ein Gesetz dazu.

Der Hintergrund war, dass jeder Handel bezüglich Versteuerung von Waren und Dienstleistungen in die Kasse eingebucht werden muss. Das wurde aber anscheinend oft ignoriert, vergessen oder bewusst nicht gemacht. Und dem wollte der italienische Gesetzgeber auf jeden Fall entgegenwirken. Der Kassenbon wurde obligatorisch für jeden Geldverkehr und der Gesetzgeber belegte Nichtbeachtung mit höchsten Bußen. Dazu gehörte auch, dass selbst der Kunde den Kassenbon dabei haben musste, wenn er einen Handel getätigt hatte. War das nicht der Fall, und wenn er von Staatsdiensten zur Vorlage aufgefordert wurde, so hatte selbst er – und natürlich der Verkäufer – mit drakonischen Strafen zu rechnen.

Wir haben es zwar nie erlebt, aber theoretisch hätte die *polizia finanzaria* oder die *carabinieri* vor der Tür des Marktes, der Bar oder des Restaurants stehen können, um die Vorlage des Kassenbons zu verlangen. Und furchtsam ermahnte man uns jedes Mal, folgsam zu sein, also hielten wir uns daran.

Natürlich entwickelten wir im Laufe der Zeit zum Inhaber eines Restaurants oder einer Pizzeria ein freundschaftliches Verhältnis. Denn man geht ja nicht nur einmal dahin. Einmal stand auch ein *carabiniere* am Tresen und trank einen Espresso – *caffé*, mit der Betonung auf dem é – wie es dort unten heißt, als wir unseren Verzehr bezahlen wollten. Am Tresen zu zahlen ist da üblich. Am Tisch wird, außer in den Touristenzentren, niemals bezahlt. Der Mensch in Uniform hielt jedenfalls einen Plausch mit der Wirtin, die in seinem Beisein auf- oder abgerundete Beträge in der Schublade unter dem Kassentisch verschwinden ließ. Vielleicht hatte der *carabiniere* wohl gerade Dienstschluss gehabt und befand sich auf dem Weg nach Hause.

Auch besuchten wir gern einen *agritourismo*. Diese so bezeichneten Betriebe sind bäuerliche Restaurants oder Bewirtungen, die auf Verwertung ihrer eigenen landwirtschaftlichen Produktion basieren. Per Gesetz genießen diese Aktivitäten besondere steuerliche Vorteile, wenn ein gewisser Umfang ihres Umsatzes aus eigener Herstellung stammt. Eingerichtet wurde diese Steuerregelung, um so kleine bis mittlere Landwirtschaften indirekt zu subventionieren. Natürlich verselbstständigte sich diese Chance, Steuern zu sparen. Bald bedienten sich nicht nur kleine bis mittlere Landwirte dieser Idee.

In einem solchen Restaurant bestaunten wir einmal die Kreativität italienischer Wirtsleute. Zum 150. Jahrestag der Ausrufung der italienischen Republik – das hat nichts mit der Selbstbefreiung vom Faschismus 1944 vom Diktator Mussolini zu tun, das ist ein anderes Kapitel – besuchten wir da erwartungsvoll den *Agritourismo delle Rose* bei Civitanova Marche an der Adria. Die Wirtin hatte zu dem beschriebenen Jubiläum extra alle elektrischen Lichter gelöscht und dafür hunderte von Teelichtern aufgestellt. Nicht nur auf den Tischen, sondern auch auf dem Gesims rund um den Saal und auch auf den Kapitellen der Säulen. Und in den Toilettenräumen schwammen Teelichter im Wasser, eingelassen in ein Handwaschbecken. Es war eine romantische, friedvolle, ja fast paradiesisch anmutende Stimmung im Lokal. Zur Essenswahl gab es *à la carte*. Natürlich brachte uns die Atmosphäre im Lokal dazu, mehr auszugeben als wir ursprünglich planten. Bereut haben wir es aber nicht.

Selbige Wirtin war besonders pfiffig. Wir mochten sie, waren öfter bei ihr. Sie strahlte eine natürliche Freundlichkeit aus, wirkte zu keinem Zeitpunkt geschäftsmäßig, verwöhnte uns und andere Gäste mit essbaren Kleinigkeiten und – sie hatte ihren Koch geheiratet. Letzteres fanden wir besonders vergnüglich wie auch konsequent.

Sie rundete immer ab bei uns. Statt 54 Euro tippte sie 50 Euro ein. Das machten andere Wirte auch, aber bei ihr wirkte es für uns so, als ob wir ihre Lieblingsgäste wären. Natürlich waren das alle, und dennoch brachte es uns dazu, abzuwinken, als wir zahlten. Wir meinten einmal, sie solle nichts in die Kasse eintippen. Und da zeigte sich ihre fixe Anpassungsfähigkeit. Sie drückte uns eine Visitenkarte des Restaurants in die Hand, mit der Bemerkung: „Sage bitte den Carabinieri, sollten sie dich anhalten, du hättest einen Tisch-Termin für den nächsten Tag gemacht."

Körpersprache und Gestik

Eine uns bisher unbekannte Seite der italienischen Wirklichkeit war die Körpersprache der Italiener. Schnell lernten wir, dass die Gestik in Italien im Gespräch immer dabei ist und eine große Rolle spielt. Ja, man könnte glauben, dass dort etwas Gesagtes immer der Bestätigung durch Gestik bedarf, oder umgekehrt das Gehörte nichts gilt, wenn es nicht durch Gebärden bestätigt wird. Und es war merkwürdig, irgendwie fehlte uns bald etwas, wenn in einem Gespräch die Gestik ausblieb, so wie in manchen Filmen, die in Italien spielen und deren Rollen aber nicht von Italienern besetzt waren. Sie wirkten auf uns auf die eine oder andere Weise nicht authentisch, ja unecht.

Zwar gibt es zahlreiche, international bekannte einfache Zeichen, zum Beispiel das Victory-Symbol, die zu einem V geformten Zeige- und Mittelfinger, oder den nach oben oder unten gewendeten Daumen, ja neu im internationalen Maßstab den Stinkefinger.

Dafür haben die Italiener allerdings eine spezielle Geste, die nicht so anzüglich ist: Daumen, Zeige- und Mittelfinger sind zusammengelegt und weisen nach oben. Dabei wird der Unterarm leicht nach oben und unten bewegt. Kann bedeuten: ja was willst du eigentlich? Man sollte jedoch Vorsicht walten lassen, wenn man als Ausländer diese Geste verwendet. Sie kann zu Missverständnissen führen.

Ohne Bilder etwas kompliziertere Gebärden der Italiener zu beschreiben, ist halb so viel wert. Nur ein Video gäbe genaue Auskunft. Dennoch möchte ich versuchen, einige der ganz typischen Gesten zu beschreiben, denen man in Italien immer wieder begegnet. Die *mano cornuta* ist eine freche Anzeige. Der Zeigefinger und der kleine Finger werden nach oben von der Faust abgespreizt, der Daumen liegt dabei auf dem Ring- und Mittelfinger. Es bedeutet, geh' doch zum Teufel, kann aber auch heißen, dass demjenigen, dem dieses gezeigt wird, Hörner aufgesetzt wurden. Noch frecher ist es, man kann es aber auch als Scherz verstehen, wenn jemandem bei einem Fototermin die Hörner von hinten über den Kopf gehalten werden. Öffentlich und in peinlicher Weise zeigte einmal der ehemalige Staatsmann Berlusconi diese Geste.

Das gleiche Zeichen, mit jedoch nach unten gerichteten Hörnern, die Hand auf und ab bewegend, drückt völlig etwas anderes aus: Es ist eine Gebärde, die Schrecken, Tragödien abwenden soll. Sie soll gegen *il malocchio* – das böse Auge – gegen dämonische Kräfte beschützen.

Ein mehr verwendetes Glückszeichen in Italien ist das Kreuzen von Zeige- und Mittelfinger: *„Ti incrocio le dita"*, was dem deutschen „ich drücke dir den Daumen" gleichzusetzen ist.

Oft sieht man, dass ein Sprecher die waagerechte Hand mehrfach gegen die senkrecht gestellte Handfläche der anderen Hand klatscht, wie als wenn er applaudiert, jedoch mit verdrehten Händen. Es bedeutet nicht etwa: genug geredet, basta. Nein, es heißt: *„vattene"* – „mach dich davon, geh' weg." Interessant ist, dass diese Geste nicht unbedingt wörtlich gemeint ist, sondern den Anderen auch auffordern kann, seine Haltung, seine Argumente zu revidieren.

Im Restaurant fragt der Kellner, der Koch oder der Inhaber den Gast, ob er zufrieden war. Und der Gast hat die Möglichkeit, wenn er nichts auszusetzen und wenn es ihm geschmeckt hatte, zwischen zwei Handbewegungen: Er legt Daumen und Zeigefinger der rechten Hand zu einem Kreis zusammen, streckt Mittel-, Ring- und den kleinen Finger ab, hält die Hand senkrecht (kleiner Finger unten) und zieht die Geste von links nach rechts vor seinem Oberkörper durch die Luft. Das bedeutet nicht etwa, „ich schneide dir die Gurgel durch", nein, es heißt: *„Perfetto."* Das kann man bei allen Gelegenheiten anwenden, auch beispielsweise bei der Beurteilung irgendeiner Situation, Arbeit oder eines Events.

Anders dagegen sieht es bei Tisch aus. Wenn man als Gast nach dem Essen und als Antwort auf die Frage, ob es so recht gewesen sei, den rechten Zeigefinger in die rechte Wange drückt und dreht danach so, als ob man dort etwa ein Loch bohren wolle, dann drückt das höchstes Lob aus.

Wenn jemand in gewissen Gegenden Norddeutschlands „moin moin" als Form der Begrüßung sagt, nicht nur einfach „moin", dann sieht man ihn gelegentlich als Schwätzer an. In Italien gibt es dafür eine Gebärde: Den Daumen nach unten haltend und die vier Finger auf- und abklappen. Das kann man auch mit beiden Händen machen – also: „Blablabla."

Die Handfläche nach oben haltend, die Finger öffnen und dann gemeinsam und mehrfach gegen den schräg nach innen stehenden Daumen drücken, hat nichts mit Geld zählen zu tun. Es heißt: *„Paura?"* – „Hast du Angst?"

Den Zeigefinger nach vorne weisend, Daumen nach oben gerichtet, Mittel-, Ring- und den kleinen Finger auf die Handfläche geklappt und dann den Arm drehen oder leicht schütteln, ist eine Geste von vielfältiger Anwendung. Es heißt also: „*Non, c'é niente*" – „Es gibt nichts (mehr)", bzw. auf dem Parkplatz: „Nein, ich fahr' nicht weg" und viele andere Verneinungen. Eine das Bedauern ausdrückende Miene gehört dazu. Der Sinn ergibt sich jeweils aus dem Zusammenhang.

Sonnenblumenfeld in unserer Nähe

Ferragosto – 15. August

Der Tag Mariä Himmelfahrt ist ein wichtiger kirchlicher, aber auch familiärer Feiertag in Italien. Ursprünglich war der Tag ein Feiertag des römischen Kaisers Augustus gewesen, der an drei Tagen, nämlich am 13, 14. und 15. August, im Jahre 29 vor Christus, seinen Sieg feierte. Er hatte über seine Rivalen Marc Antonius und Kleopatra triumphiert, hatte endgültig Ägypten in das Römische Reich einverleiben können. Später blieb der 15. August im ganzen römischen Reich Feiertag, der *feriae Augusti*.

Beim Übergang zum Christentum blieb der Tag was er war, ein Feiertag, wurde aber zu Mariä Himmelfahrt umgewidmet. Gleichzeitig sah man ihn als den Wendepunkt des Sommers an, da er als der heißeste Tag des Jahres galt und sich als der ideale Ferientag anbot.

Das wiederum hatte Einfluss auf jeden Italiener in der Moderne, denn im ganzen Land ist der Monat August der Monat des Urlaubs, eines Urlaubs im eigenen Land – zwar dort, wo es kühl ist: am Meer oder in den Bergen. So wurde der 15. August zu einem Synonym für den *ferragosto*, den gesamten Urlaub, der einem Fremden fast wie eine staatlich verordnete arbeitsfreie Zeit anmutet.

Das gesamte öffentliche Leben kommt damit quasi zum Erliegen. Alle Fabriken schließen und entlassen ihre Arbeiter und Angestellten in die ersehnte freie Zeit. Dann füllen sich die Straßen am Beginn des Monats in Richtung Meer oder Berge mit Blechlawinen. Alle Pensionen, die Hotels und Campingplätze sind ausgebucht. Das Leben verlagert sich. Plötzlich sind Promenaden in Ferienorten, die das ganze Jahr leer und traurig vor sich hindämmerten, gefüllt mit Menschen, mit Autos und zweirädrigen *motos*, auf denen leicht bekleidete junge Menschen sich abenteuerlich ihren Weg durch das Gewühl bahnen.

Es ist der Mittelpunkt der Hochsaison, ein Tag, an dem überall gefeiert wird, privat wie auch in jeder Strandbar, jedem Restaurant. Gerade die Betriebe, die in diesen Wochen ihr Geld für das ganze Jahr verdienen müssen, bieten Events und andere Veranstaltungen an. Das Leben ist bunter und lebendiger geworden als sonst, aber auch teurer. Musik tönt aus jeder Bude. Abends sprüht Feuerwerk am Strand, es werden Feuer entzündet, so wie in Deutschland das Osterfeuer, oder private Gruppen lassen hunderte von Papier-Mongolfieren am Strand in die Lüfte steigen, die dann wie UFOs übers Meer treiben.

In den Städten dagegen und Orten außerhalb der Ferienregionen gähnt die Leere, ist nichts los. Restaurants und andere Stätten der Begegnung sind geschlossen. Wir mussten in diesem Monat, wenn wir ausgehen wollten, uns in einem lokalen Anzeigenblatt darüber informieren, welche Gaststätten nicht geschlossen waren. Diese hatten nämlich annonciert: „siamo aperti" – „wir haben geöffnet."

Ganz am Anfang, als meine Bekanntschaft mit Clem noch frisch war, hatte ich ihm angeboten, mit Regina und mir in der Ferienzeit im August eine Deutschlandrundfahrt zu machen. Nicht ahnend was uns erwartete, begab ich mich auf die Autobahn. Schon in Verona saßen wir fest: vor uns war die Straße mit Autos zugemauert. Es ging nur noch stoßweise vorwärts – stop and go. Auch auf der Landstraße, auf die wir auswichen, war die Situation ähnlich. So ging das bis zum Brenner. Für eine Strecke, die ich sonst in zwei Stunden bewältigte, brauchten wir fünf Stunden.

In Deutschland besuchten wir Reginas und meine Verwandtschaft. Wir hatten das Glück, jeweils nachmittags anzukommen. Kaffee und Kuchen stand hier wie da schon auf dem Tisch. Clem war höflich: ja der Kaffee hatte ihm geschmeckt, erklärte er mit dem Brustton der Überzeugung. Aber dennoch, ein klein wenig Misstrauen auf meiner Seite blieb, wusste ich doch, der Italiener liebt seinen caffé – Espresso – über alles. Nun denn, ändern konnte ich es sowieso nicht. Wir kamen bis Hamburg, besuchten dort noch Freunde von Regina und mir. Wieder gab es Kaffee und Kuchen. Käsekuchen, wie schon vorher bei meiner und Reginas Verwandtschaft.

Dann begann die Rückfahrt. Wir hatten alles gut überstanden, die Fahrt verlief dieses Mal problemlos. Wir kamen zum Brenner und machten eine kleine Pause. Tanken war angesagt, denn in Italien war damals schon das Benzin teurer als in Österreich und Deutschland. Als das überstanden war, konnten wir aber noch nicht weiter fahren. Clem war verschwunden und wir hatten keine Ahnung, wo er war oder was er gerade machte. Nach zehn Minuten tauchte er wieder auf – mit einem breiten und zufriedenen Grinsen im Gesicht: „*finalmente*" – „endlich", gab er bekannt.

Ich fragte: „was *finalmente*?"

„Ja, endlich habe ich einen richtigen *caffé* bekommen", gab Clem zu, dieses Mal etwas kleinlauter. Er hatte sich heimlich in eine *caffé-bar* geschlichen.

Urlaub machen im Lande

Nach ein paar Jahren in Italien machten wir es wie die Italiener: wir blieben zum Urlaub im Land. Zwei Mal sollte es Sizilien sein. Das erste Mal hatten wir uns mit Freunden aus Deutschland in Santa Flavia, bei Palermo, verabredet. Angelika und Joachim hatten dort ein paar Jahre hintereinander einen Sprachkurs belegt. Nachdem die beiden einige Male in Zappolino unsere Gäste gewesen waren, sprang der Funke, die italienische Sprache zu erlernen, besonders bei Angelika über. Nun wollten wir sie auf Sizilien besuchen und nahmen den Flieger von Bologna aus nach Palermo.

Joachim holte uns am Flughafen von Palermo ab und geleitete uns mit dem Vorortzug nach Santa Flavia, am östlichen Horn der Bucht von Palermo. Nach Ankunft, Quartier nehmen und Umziehen ging es gleich hinunter zu den felsigen Klippen, wo es sogar Stahlrohrtreppen ins lauwarme und kristallklare Mittelmeerwasser gab. Joachim hatte uns dahin geführt, weil es dort ruhiger sei als an den belebten Strandabschnitten. Keine lauten Cityblaster, keine unangenehmen Verkäufer von Sonnenbrillen, Cremes usw.. Und es gab sogar etwas zu bestaunen. Einige sehr Wagemutige sprangen von Felsvorsprüngen ins Wasser, was mich natürlich auch juckte. Oben stehend, den Grund unter der Wasseroberfläche erkennend, befiel mich doch ein flaues Gefühl. Eine Blöße wollte ich mir aber auch nicht geben, also plumpste ich in Hocke hinein und stellte fest: das ist ja geil. Dann also noch einmal und noch einmal ...

Abends, als wir ausgehen wollten, schimmerten vor uns im ruhigen Wasser des Meerbusens die Lichter der Stadt Palermo, einer Metropole, die wir in den nächsten Tagen besichtigen wollten. Uns interessierten besonders die Spuren von dem in Italien verehrten Federico secondo, wie der Stauferkönig Friedrich II dort heißt.

Der war im Jahre 1194 in Jesi bei Ancona geboren worden, wurde 1212 Kaiser des Römisch-Deutschen Reiches und starb 1250 im Castel Fiorentino in Apulien. Er wurde nur 56 Jahre alt und lebte genau die Hälfte davon in Italien.

Imperator Friedrich II residierte, wenn er einmal nicht für die Einigung seines italienischen Territoriums unterwegs war, in Süditalien, unter anderem auch in der Stadt Palermo. Er führte als Kaiser erstmalig eine weltliche Rechtskodifizierung ein, die er als Instrument in seiner Auseinandersetzung mit dem Klerus nutzte. Er sah sich damit in der Nachfolge römischer Kaiser, womit er seinen Machtanspruch legitimierte. Gleichzeitig beendete er auch die arabische Besiedlung von Sizilien. Die dort ursprünglich arabischstämmigen Siedler machte er zu seinen Verbündeten, anstatt sie töten zu lassen. In Süditalien besetzte er mit ihnen ein Netz von Kastellen zur Überwachung der Ebene bei Foggia.

Gemäß seinem Interesse für Wissenschaft und Forschung gründete er die Universität Neapel, begann eine lebhafte Korrespondenz mit Wissenschaftlern im arabischen Raum und unterstützte die Verbreitung der arabischen Zahlen in Italien, von wo sie nach und nach in Handel und Wissenschaft das römische Zahlensystem ersetzten.

1251 wurde er in der Kathedrale von Palermo in einem Sarkophag beigesetzt. Uns überraschte doch, als wir unsere Aufwartung vor seinem Grab machten, wie körperlich klein der große Kaiser gewesen sein musste.

Angelika, schon erfahren, was die Eigenheiten der Örtlichkeit betraf, führte uns eines Abends den Berg hinauf, in den Ort zu einer kleinen Pizzeria. Sie nannte sich Il Barone di Münchhausen. Das fanden wir ja nun gelungen und vermuteten, der Wirt habe sicher in Deutschland in der Nähe der Wirkungsstätte dieser Sagengestalt gearbeitet, bevor er wieder nach Sizilien zurückgekehrt sei.

Dort kehrten wir also ein, beziehungsweise wir suchten uns im Freien einen Platz. Die junge Servicekraft, die gleich kam, und sich nach unseren Wünschen erkundigte, bestätigte unsere Vermutung: *„Si, papa tornava che mama era in cinta con me."* – „Ja, Papa kam wieder zurück, weil Mama mit mir schwanger war. Er wollte eigentlich, dass Mama auch nach Munkausen käme, weil es ihm so gut dort gefallen hatte. Mama hat das auch versucht, aber dann so starkes Heimweh bekommen, dass sie wieder hierher zurückgekehrt ist. Papa hat dann aus Nostalgie die Pizzeria Munkausen genannt."

Das löste natürlich Heiterkeit bei uns aus, zum einen, weil sie den Ort der Abenteuer des bekannten Münchhausen Munkausen aussprach, zum andern, weil unsere Freunde eben in der Stadt des Barone di Münchhausen, also Bodenwerder, zu Hause waren.

Wir erbaten danach von ihr die Menü-Karte. Statt dessen schlug sie uns vor, sie könne uns mündlich vorstellen, was im Angebot sei. Nein, wir wollten eine Karte. Etwas ratlos drehte sie sich um und verschwand im Lokal und kam nach einer Weile mit einer einzigen Menü-Karte zurück. Wir suchten uns nacheinander, jeder für sich, ein Pastagericht aus und erfuhren, jeder für sich, bei der Bestellung: „Haben wir nicht." Erstaunt fragten wir: „Ja, aber ... warum haben Sie etwas auf der Karte, das nicht lieferbar ist?"

Worauf sie uns antwortete: „Ich wollte es Ihnen doch sagen, was im Angebot ist, aber Sie wollten ja unbedingt die Karte. Die ist bei uns nur bei besonderen Gelegenheiten in Verwendung."

„Und was gibt es bei Ihnen?", wollten wir wissen.

„*Pizza al pizzaiolo*" – ganz nach Art des Pizza-Kochs – erwiderte sie stolz.

Ok, wir waren überzeugt, bestellten vier mal Pizza und einen Liter Rotwein in der Karaffe und freuten uns darauf, auf den Urlaub und das Leben anzustoßen. Aber daraus wurde so schnell nichts. Dafür

Palermo, Quattro Canti

konnten wir beobachten, dass der Sohn des Gastwirtes wie ein geölter Blitz auf seinem Mofa aus der Toreinfahrt herausgeschossen kam und die Straße hinab knatterte. Nun, das war spannend und wir rätselten, was das wohl zu bedeuten habe. Ob man erst noch den Wein aus der Kellerei besorgen müsste, vermuteten wir lästerlich?

Nach fünf Minuten kurvte der Junge wieder in die Toreinfahrt hinein. Unsere Spannung stieg und wir hofften, nun endlich den Wein serviert zu bekommen, der dann auch bald kam – in einem 1-Liter Bierhumpen.

Die junge Kellnerin meinte dazu: „Wir haben keine Karaffen, der Wein kommt bei uns in Flaschen auf den Tisch. Man nimmt daraus die Menge, die man will, was dann abgerechnet wird. Tut uns leid, aber wir wollen zufriedene Gäste. Nachdem wir Sie schon mit der Menü-Karte enttäuschten, wollten wir das nicht noch ein zweites Mal. Deshalb haben wir meinen Bruder Luigi losgeschickt, eine Karaffe zu holen. Er hat aber leider nur das Bierglas bekommen."

Erst etwas ratlos, dann aber amüsiert nahmen wir das hin und versuchten, den Wein nun in die Gläser zu schütten. Das jedoch war mit einer kleinen Überschwemmung auf dem Tisch verbunden.

Nachdem uns Sizilien so gut gefiel – immerhin hatten wir einige Rundfahrten gemacht, natürlich auch zum Ätna – wollten wir uns das zweite Mal in die Nähe des Vulkans einlogieren, der uns faszinierte. Unsere Wahl fiel auf die Stadt Taormina, etwa 30 km Luftlinie nördlich des Ätna gelegen. Malerische Landschaft, historische Sehenswürdigkeiten, wie das antike Theater mit Blick auf den Vulkan, lockten uns.

Dieses Mal mussten wir zum Flughafen Fiumicino bei Rom fahren, da wir inzwischen nach Torre San Patrizio, in der Nähe von Civitanova umgezogen waren. Dazu später.

Um also von Torre San Patrizio zum Flughafen Fiumicino zu kommen, mussten wir mit dem Auto quer über den Stiefel fahren, was nicht problematisch war, denn es gab eine Autobahn, die auch den Gran Sasso, den höchsten Berg des Apennin-Gebirges unterquerte. Dieser Teil des Südens von Italien hat alpinen Charakter, in dem es Naturreservate gibt, wo isolierte Biotope locken, die einmalig auf der Welt sind. Aber das wollten wir auf der Durchreise nicht besichtigen, sondern unser Sinn stand danach, in der Nähe des Flughafens ein Hotel zu finden, wo wir auf dessen Parkplatz unser Auto lassen konnten.

Der Flug ging nach Catania, am Fuße des Ätna gelegen. In Taormina angekommen nahmen wir eine Herberge mit einer wunderbar großen, mit Terracottafliesen belegten Terrasse und mit Aussicht auf den Vulkan, der während der Tage unseres Aufenthalts mehrmals dicke Wolken spuckte.

Ein Ausflug auf den Vulkan sollte Höhepunkt unserer Reise werden. Ausgerechnet an jenem Tag gab es Regen. Der Berg hüllte sich in Nebel, so dass absolut nichts zu sehen war. Zum Zeitpunkt der Abfahrt mit dem Ausflugsbus war es schön, der Fahrer meinte, er wolle noch schnell in die Waschanlage mit dem Bus. Dort angekommen, mussten alle Reisegäste aussteigen und wir durften zusehen.

Dann ging es endlich los. Aber leider trübte das Wetter plötzlich ein, schließlich begann es zu regnen. Das Waschen hätte der Fahrer sich sparen können, war die einhellige Meinung. Der Ausflugsbus brachte uns bis zu einem Parkplatz auf halber Höhe. Dort gab es natürlich auch einen Souvenir-Shop. Der stand genau neben einem erkalteten Lavastrom, der wirklich auf Tuchfühlung an der Hütte vorbeigeschrammt war. Beeindruckend von innen zu sehen, wie man die Fenster mit Betonstahl verstärkt hatte, direkt vor die Glasscheiben geschweißt. Die Lava war am Fenster wie auf einer Rutschbahn außen vorbeigeschlittert.

Das war bedauerlicherweise die einzige Sehenswürdigkeit. Der Nebel blieb so dicht, dass es weder Fernsicht gab noch der Vulkan sich zeigte. Wir waren froh, endlich wieder in Taormina im Hotel zu sein und trösteten uns abends mit einem üppigen Pastagericht alla Norma, einem sizilianischen Nudelgericht.

Basis sind meist Makkaroni, manchmal auch Penne. Weitere Zugaben sind Auberginen, Tomaten, frisches Basilikum und salziger Ricotta aus Schafsmilch – eine für Sizilien typische Pastavariante.

Das Rezept: Die Aubergine wird in kleine Würfel oder Streifen ge-schnitten, auf Küchenpapier ausgelegt und mit Salz bestreut. 25-30 Minuten ziehen lassen.

Gleichzeitig Olivenöl in einer Pfanne erhitzen, darin eine geschälte und gepresste Knoblauchzehe mit einem Basilikumstiel etwa zwei Minuten anschwitzen. Danach Pfanne entleeren, also die Zehe und den Stengel entnehmen. Das Gericht soll nur einen Hauch an Knoblauch enthalten. Dann die Zwiebel würfeln und in der gleichen Pfanne glasig werden lassen, gehäutete und entkernte Tomatenstücke dazugeben. Würzen und 15 Minuten lang köcheln, Basilikum in Streifen schneiden und der Tomatensoße zugeben.

Wenn das fertig ist, in einer weiteren Pfanne die Auberginenstücken frittieren. Wenn sie leicht angebräunt sind, herausnehmen und nochmals auf dem Küchenpapier auslegen, um überschüssiges Öl abtropfen zu lassen.

Die Penne oder Makkaroni ankochen, dann abgießen und in die Pfanne zur Tomatensoße schütten, Auberginenstücken hinzugeben, vermengen und nochmals kurz erhitzen. Anrichten, schließlich den Ricotta darüber krümeln. Einfach grandios.

In der Nacht regnete es wieder – so deuteten wir ein Knistern auf den Fensterscheiben. Es hörte sich an, als wenn Wind dicke Regentropfen an die Scheiben bläst. Morgens aber schien die Sonne wieder, und wir freuten uns darauf, zum Frühstück auf der Terrasse zu sitzen. Als wir hinaustraten, waren wir überrascht über das, was wir sahen. Die schöne rotbraune Färbung der Terracottafliesen hatte sich ins Schwarz verändert. Und als wir darüber gingen, knisterte es. Wir gingen auf einer Schicht Vulkanasche.

Jetzt erst erkannten wir, was geschehen war. Der dreißig Kilometer entfernte Vulkan hatte in der Nacht einen Ausbruch gehabt, und die Asche war vom starken Wind die Strecke bis Taormina durch die Luft geweht worden. Die Wolke war dann abgeregnet und nun überzog eine Schicht schwarzer Krümel den Ort. Inzwischen hatte man überall begonnen, das Zeugs zusammenzufegen und zu beseitigen. Da wir so etwas nicht alle Tage sahen, sammelten wir ein wenig von der Vulkanasche in einem Glas – sozusagen als Andenken. Das stand dann eine Weile bei uns in einem Regal rum, bis es eines Tages von alleine verschwand. Irgend jemand bei uns war wohl überzeugt gewesen, das es genug Staub in unserer Wohnung gab.

Haustiere

*C*anile bedeutet eigentlich Hundezwinger, aber es ist oft mehr ein Tierheim, in das aufgefundene Tiere eingeliefert werden können. Solche, auch besser eingerichtete, gibt es in einigen Orten Italiens. Betreiber sind gelegentlich die Gemeinden, es gibt aber auch private Tierheime, die engagierte Tierschützer leiten.

Das Thema Tierschutz ist in Italien deutlich widerspruchsvoller als in Deutschland. Wie überall gibt es dort Extreme in Bezug auf das Verhältnis zwischen Mensch und Tier, aber uns schien es, dass der in Deutschland ausgeprägte Tierschutzgedanke dort weniger wirksam ist, zumindest bei einer bestimmten Gruppierung von Menschen.

Betrachten wir beispielsweise die Jagd, deren Situation grundverschieden ist von jener in Deutschland. In Italien gibt es keine Jagdpachten, dafür aber kann dort jeder, der sich das Recht zur Jagd einkauft, im Herbst in den Monaten September und Oktober mit der Flinte auf Kleintierjagd gehen. Deshalb gibt es zu viele *cacciatori* – Jäger – und somit folgerichtig zu wenig zu erbeutende Fasanen, Wachteln oder Hasen. Wildschweine dürfen nur von wenigen konzessionierten Jägern erlegt werden.

Um den Mangel an Jagdstrecke aufzufüllen, setzen die Herren *cacciatori* im Frühjahr die selbst gezogenen Fasanen oder Wachteln in die Freiheit aus, damit sie im Herbst auf den Feldern etwas zu schießen haben. Natürlich sind dann auch die Jagdhunde dabei, die glücklich sind, endlich frei laufen zu können und nicht angebunden zu sein. Den Rest des Jahres vegetieren diese Hunde an der Leine.

Die zerstreute Besiedelung in Italien ist natürlich für die Jagd ein Problem, denn die Herren *cacciatori* sollten mindestens die gesetzlich vorgeschrieben 150 Meter Distanz zu bewohnten Häusern, Bauernhöfen einhalten. Fasanen könnten sich, wären sie klug, in die Nähe der Häuser oder in Jagdverbotsgebiete flüchten, um nicht abgeschossen zu werden. Aber das ist für sie auch keine Garantie. Einmal klatschte ein abgeschossener Fasan direkt vor unserem Haus auf die Straße. Bedauerlicherweise kam mir der Gedanke zu spät, den Vogel im Haus verschwinden zu lassen.

Natürlich gelingt es den *cacciatori* nicht immer, ihre Hunde zurückzupfeifen, wenn diese lebend Kleinvieh, wie Hühner oder Gänse auf den Höfen riechen. Das gab dann jedes Mal ein höllisches Gekeife der von den Hunden gejagten Tiere. Unsere Katze rettete sich im letzten Augenblick auf einen Baum. Mir war das zu viel, notierte mir die Nummer des am Straßenrand abgestellten Autos des Herrn in Grün und wollte bei den *carabinieri* Anzeige erstatten. Noch nicht einmal ein Protokoll hat sich der Beamte gemacht. Der riet mir, ich sollte den *corpo forstale* – die staatliche Försterei – benachrichtigen.

Das Telefonat mit dem Beamten dauerte eine halbe Stunde, in der er mir umständlich erklärte, er habe nur drei Kollegen, mit denen er die gesamte Provinz zu beaufsichtigen habe. Der größte Teil der eingehenden Klagen über die *cacciatori* sei vergleichbar mit dem, was ich ihm berichtet hatte und er hätte täglich mehrere solcher Vorfälle zu bearbeiten. Fatalerweise wisse er aber nicht, wie er solch einen

Berg an Arbeit bewältigen könne, ich solle froh sein dass unsere Katze die Hatz durch den Hund lebend überstanden habe.

Aber es gibt auch die andere Seite der Medaille, die man als Tierliebe bezeichnet, wie sie unser Nachbar Sergio repräsentierte. Er hielt eine wirklich kleine Straßenmischung, einen männlichen, winzigen und freundlichen Hund mit kurzen Beinen, langer Schnauze und zotteligem Fell. Er hieß allen Vorstellungen zum Trotz Pluto. Aufhalten durfte er sich wo er wollte, kommunizierte bellend mit seiner Freundin oben im Dorf, besuchte sie, indem er schön rechts am Rand der befahrenen Provinzialstraße den Berg hinauf lief.

Einmal am Tag ging Herrchen in die *caffé-bar*, Pluto kam mit, begrüßte in der Zeit, wenn Sergio seinen *caffé* trank, draußen auf der Piazza alle Leute, die er kannte. Und wenn man Pluto sah, wusste man, Sergio war auch nicht weit.

Einmal kam Sergio auf unseren Hof, stolz wie ein Pfau, um seinen *principe* – seinen ersten männlichen Enkel – vorzustellen. Pluto war natürlich dabei. Zu uns gesellte sich noch unsere Katze. So standen wir im Kreis auf dem Hof. Sergio und sein Enkel, Regina, ich und in der Mitte standen sich unsere Katze Milli und Pluto gegenüber und stahlen dem Enkel die Show. Sergio meinte halb scherzend, halb verzweifelt: „*Una bella sqadra che siamo*" – „Was für ein tolles Team sind wir doch."

Mit einem großen Hund erlebten wir einmal etwas Ungewöhnliches, als wir bei einem Weinbauern unseren, durch Besuche erheblich gestiegenen Weinbedarf decken wollten. Die Frau auf dem Hof warnte uns, wir sollten das Auto schließen. Der Hofhund sei zwar friedlich, er klaue aber aus jedem offen stehenden Auto alles, was darin lose herumläge. Aber es war schon zu spät. Der Hund schnüffelte schon auf unseren Sitzen herum. Glücklicherweise gab es nichts, mit dem er verschwinden konnte und ließ sich wieder herauslocken.

Ursi, die Frau meines Schweizer Kollegen erzählte uns viel von ihrem ehrenamtlichen Dienst im *canile* – dem Tierheim. Dort ging sie zwei Mal die Woche zu freiwilligem Dienst hin. Sie hatte eine Vorliebe für Katzen und deshalb versuchte sie, Katzenkinder in ihrem großen persönlichen Umfeld unterzubringen. Ganze Katzen-Familien kamen

Unsere Terrasse in Zappolino

gelegentlich im Frühjahr und im Herbst im *canile* an, um die sie sich sorgte und die sie auch zu sich nahm. So kam es, dass bei ihr zu Hause die einäugen und nicht vermittelten Tiere verblieben. Sie liebte sie genauso wie die anderen.

Einmal wurde ihr ein Wurf Katzenkinder gebracht, den jemand in einer Plastiktüte in einem Müllcontainer per Zufall gefunden hatte. Dabei lag – glücklicherweise – auch ein Kassenbon, auf dem sich eine Kundennummer vom Supermarkt Coop befand. Ursi ließ den Sünder über die Geschäftsleitung des Marktes ausfindig machen und nahm ihm unter Androhung, bei den *carabinieri* Anzeige zu erstatten, die Mutterkatze weg, damit diese ihre Kinder versorgen konnte. Nur in Venedig genießen Katzen einen besonderen Respekt. Das hat aber mit der Lage der Stadt in der Lagune zu tun und mit der dort üblen Verbreitung von Ratten und andern Nagern.

Katzen in Venedig

Tanja, eine Kollegin von Regina aus Hamburg, hatte es nach Venedig gezogen, hatte dort ihren Mann Ernesto gefunden, wohnte nun in der Stadt ihrer Sehnsucht. Sie war schon da, noch bevor Regina und mich es nach Italien zog. Aber kaum hatten wir uns eingerichtet, mussten wir sie besuchen. Es war einer unserer ersten Ausflüge, noch bevor wir unsere endgültige Bleibe in Zappolino gefunden hatten.

Und es blieb nicht bei diesem ersten Besuch bei Tanja. Das erste Mal allerdings hatten wir uns mit ihr an der Rialto-Brücke am Canale Grande verabredet. Es war ein kühler Tag im Januar, aber über der Serenissima strahlte blauer Himmel. Unser Auto parkte ich natürlich schon in Mestre auf dem Festland, und wir nahmen den Bus nach Venedig hinein.

Tanja lud uns ein zu einer Gondelfahrt, mit der Begründung, sie kenne den Gondoliere und deshalb bekämen wir einen Spezialpreis für Freunde. Weiter argumentierte sie, es sei Winter, der Gondoliere hätte sowieso nichts zu tun, denn nur ein paar unermüdliche japanische Touristen bevölkerten die *canali*. Außerdem hätten wir auf der Gondel Ruhe und Muße, uns auszutauschen, unsere Erlebnisse zu berichten, seit wir Hamburg hinter uns gelassen hatten. Das nahmen wir natürlich mit Freuden an.

Der Gondoliere fuhr mit uns also die Stellen ab, an denen Film-Comissario Brunetti gewirkt hatte. Tanja ergänzte augenzwinkernd, dass man sicher niemals, so wie in den Brunetti-Filmen, eine venezianische Familie, zu *pranzo* oder *cena* – Mittag- oder Abendessen – auf der Dachterrasse am Tisch sitzend, entdecken würde. Außerdem kenne man in Italien die Filme nicht. Sie seien in Venedig speziell für Nordeuropa und USA gedreht worden.

Gegen Nachmittag kam Nebel auf und ich beschloss abzubrechen, da noch eine lange Rückfahrt nach Bologna vor uns lag. Tanja brachte uns zum Auto nach Mestre. Eine dumme Überraschung erwartete mich dort. Ich hatte das Licht angelassen, jetzt war die Batterie leer. Aber die praktische Tanja erschütterte das nicht. Forsch sprach sie drei junge Männer an und bat sie, beim Anschieben mitzuhelfen. Die zögerten jedoch, aber Tanja muss ihnen irgend etwas gesagt haben, das sie umstimmte. Ich hatte es nicht verstanden, Tanja verriet es uns auch nicht. Jedenfalls, die Jungs schoben kräftig und mit Erfolg.

Die Fahrt nach Bologna wurde uns zur Geisterfahrt. Der Nebel wurde so dicht, dass jeweils nur ein weißer Straßenmittelstreifen vor dem Auto sichtbar war. Wir brauchten Stunden und erlebten damit zum ersten Mal die Po-Ebene im Winter quasi als ein Nebel-Eldorado. Und das wollten wir ja nicht. Ich wohnte noch übergangsweise in der Einzimmerwohnung der Firma, bei der ich in Cavezzo arbeitete. Unsere zukünftige Wohnung sollte in den Bergen zwischen Modena und Bologna sein.

Weitere Venedig-Besuche bei Tanja und Ernesto folgten dem ersten Wiedersehen. Das Paar wohnte im Sommer in einer Gartenlaube auf der Insel Mesole. Diese ist Venedig bei Tre Porti vorgelagert. Es war eine winzige Hütte, in der wir auch übernachteten. Bei sommerlichen Temperaturen kein Problem. Ernesto, der aus einer begüterten Familie stammte und von Beruf Lebenskünstler war, erlebten wir als einen schmächtigen, aber stimmgewaltigen Mann. Er bekochte uns gekonnt, vorzugsweise mit Fisch. Der Garten gab alles Weitere her, was notwendig war. Ein Paradies!

Und noch einmal kamen wir nach Venedig. Tanja hatte uns ihre kleine Einzimmerwohnung, direkt an einem *canale* gelegen, im Sestiere Dorsoduro zur Nutzung angeboten. Das nahmen wir gerne an. Sie holte uns dort ab, um uns der Familie von Ernesto vorzustellen. Wir gingen in Richtung Ristorante San Trovaso. Schon von Ferne, sozusagen um die Ecke tönte uns die gewaltige Stimme Ernestos entgegen. „Das ist er, wundert euch nicht", lachte Tanja, die uns anschließend der kompletten Familie vorstellte. Man begrüßte uns in der Wohnung mit einem Glas Wein und stellte uns auch die beiden Katzen des Hauses vor, die jedoch in getrennten Zimmern gehalten wurden. Sie vertrügen sich nicht, wurde uns erklärt. Eine der beiden Haustiere residierte im Sessel während Ernesto sich auf dessen Armlehne niederließ. Auf unsere verwunderte Frage, warum er der Katze den gemütlicheren Platz überließe, belehrte er uns, dass die Tiere dafür das Haus frei von Ratten und Mäusen hielten.

Zu den Tieren in Zappolino

Dort begegneten wir überrascht Fabelwesen, die wir so in freier Natur aus Deutschland nicht kannten. Schon bald nach unserem Einzug entdeckten wir in freier Natur, auf dem Feld, aber auch in unserer Scheune sehr scheue Nattern, die nach dem griechischen Gott Asklepios benannt sind. Sie finden sich im Symbol der Mediziner, dem Äskulabstab. Ähnliche Symbole kommen auch bei den Apothekern, Pharmazeuten, Veterinärmedizinern und sogar in der Flagge der Weltgesundheitsorganisation (WHO) vor.

Unsere lokale Variante, die allerdings völlig ungiftig ist, war fast einheitlich schwarz glänzend. Manchmal konnten wir beobachten, wie sie sich im Untergeschoss unserer Scheune an der rauen senkrechten Wand hoch schlängelte. Störten wir sie, versuchte sie, sich so schnell wie möglich zu verstecken, gelegentlich gab sie dabei auch zischende Laute von sich.

Leider ist die deutliche Angst der Menschen vor diesen Tieren, speziell im Süden, weit verbreitet. Unsere Besucher, wie auch italienische Freunde oder Nachbarn reagierten oft entsetzt und panikartig, wenn sie diese Schlangen in unserer frisch fertig gestellten Wohnung im Untergeschoss unserer Scheune erblickten.

Da die Tiere auf einem gefliesten Fußboden nicht fliehen können, denn auch sie geraten in Panik, wenn sie spüren, entdeckt worden zu sein, habe ich sie sanft mit dem Besen aus der Tür herausgekehrt. Erst einmal draußen, waren sie im Augenblick verschwunden. Regina und ich versuchten immer wieder zu erklären, dass es nützliche Tiere sind, die alle Arten von Mäusen vertilgen, sich aber auch an Siebenschläfer oder Wiesel heranwagen. Und wir versuchten sie zu schützen. Ja, wo es uns möglich war, trieben wir sie von der Straße, wenn wir sie dort zufällig erblickten.

Ein anderes Tier, dem wir massenhaft begegnet sind, waren Skorpione in der Größenordnung von 5 mm bis zu 5 cm Länge. Dieses Insekt trafen wir an unter feuchten Steinen an der alten Begrenzungs- und Hausmauer oder allen feuchten und versteckten Stellen. Sie waren gelegentlich auch im Haus zu finden, dort, wo es Spinnen gab, auf die sie Jagd machten. Neugierig beschafften wir uns Literatur über diese Tiere und lasen, dass Skorpione auf alle Gliederfüßler Jagd machen wie Asseln, Ohrwürmer, Feldgrillen oder Hundertfüßler. So ein Stich, den ich mir einmal einfing, als ich unvorsichtig und ohne Handschuhe Steine aufhob, fühlte sich an wie ein Wespenstich. Kurz und heftig – eine Schwellung und sonstige Reaktionen blieben aber aus.

Als Städter kannten wir natürlich auch die Fledermaus nicht, die wir dann in der Dämmerung massenhaft um unsere Scheune fliegen sahen – gemeinsam mit den Rauchschwalben, die ebenfalls dort nisteten. Tagsüber hingen sie hinter den zurückgeklappten Fensterläden unserer Wohnung im Obergeschoss. Zwei von diesen Läden gab es direkt über der Eingangstür zu Sergios und Marias Wohnung. Die dort schlafenden Fledermäuse schämten sich aber nicht, ihren Kot einfach auf die Türschwelle fallen zu lassen. Maria bat mich mehrfach, die Fensterläden etwas abstehen zu lassen, dann würden die Tiere dort nicht ihr Quartier nehmen. Es war eine recht kleine Sorte Fledermäuse, nicht einmal einen Handteller groß.

Irritierend waren Hornissen, obwohl sie harmlos sind, denn sie waren nicht lästig wie Wespen, die oft den gedeckten Tisch auf der Terrasse besuchten und sich leider nicht vertreiben ließen. Hornissen sind auch nicht aggressiv wie manche Bienenarten, die regelrechte Verfolgungsjagden veranstalten können, wie wir einmal erlebt hatten. Wir beobachteten, dass Hornissen Jagd auf alle Arten von Insekten machen, aber auch unser Obst an den Bäumen nicht verschmähten. Süße und weiche Feigen waren besonders beliebt.

Wespen ziehen sich rechtzeitig am Abend in ihr Nest zurück und bleiben da. Das taten unsere Hornissen nicht. Die flogen auch in der Dunkelheit und sammelten sich wie Motten an unseren Lichtquellen, wenn ein Hornissennest in der Nähe unserer Terrasse war.

Über der Eingangstür zu unserer Wohnung gab es eine Lampe, die natürlich auch von den Hornissen angeflogen wurde. Da die Insekten schwerfällig sind, stürzten sie oft ab, wenn sie um die Lampe schwirrten. Und wenn man durch die Tür ging, konnten sie einem auch auf den Kopf fallen. Mir passierte es mal, dass mir plötzlich eine Hornisse in den Haaren saß. Glücklicherweise fiel sie gleich heraus und ich kam mit einem Schreck davon. Seit dem Moment machten wir im Sommer die Lampe abends nicht an.

Die Hornissenköniginnen, die wir an ihrer Größe deutlich erkannten, sahen wir schon im Frühjahr fliegen. Sie suchten bevorzugt dunkle Hohlräume als Standort für ihre Nester. Gerne klebten sie ihr Nest auch unter Dachpfannen an Sparren. Das waren Räume, die ihr leicht zugänglich waren, denn die Mönch- und Nonnepfannen lagen nicht lückenlos. Das änderte sich erst, als wir das Dach unseres Anbaus von Guerrino, unserem Haus- und Hofmaurer (zu ihm später), neu machen ließen. Aber bis dahin mussten wir mit den Hornissen unter dem Dach leben und versuchten, abends auf der Terrasse mit so wenig Licht wie möglich auszukommen. Nur Maria klagte, denn sie öffnete regelmäßig abends ihr Küchenfenster – und hatte prompt die Hornissen in ihrer Küche. Ob wir das Nest nicht entfernen könnten, bat sie. Ich wusste nicht, wie ich ihr helfen konnte, worauf sie Guerrino fragte, was zu tun sei. Er half, als wir abwesend waren.

Eidechsen in verschiedensten Färbungen und Größen, mit und ohne Schwanz, liefen uns permanent über den Weg und natürlich auch unseren Katzen. Und die ließen sich dann oft von dem abgeworfenen Schwanz der Eidechse narren, wenn sie unbedingt meinten, jagen zu müssen, obwohl sie satt waren.

In unserem Gemüsegarten zwischen den Begrenzungssteinen hauste ein besonders schönes Exemplar, das wir manchmal auch an der Hauswand sahen, oder es kletterte außen am Fliegengitter vor dem Fenster hoch. Es war smaragdgrün, maß etwa dreißig Zentimeter und der Schwanz war mindestens doppelt so lang wie ihr Körper.

Calanchi, bei uns in der Nähe

Und dort im Garten erblickten wir auch einmal eine mit Beinen etwa 6 Zentimeter lange Zebraspinne. Sie war schwarzgelb gestreift wie eine Wespe. Wahrscheinlich sollte diese Zeichnung Fressfeinde abschrecken. Sie saß inmitten ihres radförmigen Netzes und wartete auf Heuschrecken. Im unteren Bereich des Netzes hatte sie mit dicken Fäden eine Zickzack-Band gewebt, dessen Bedeutung wir nicht erkennen konnten.

Überhaupt schien uns die wilde umgebende Natur in den Hügeln das Apennin vielfältiger, doch anders als wir sie aus Deutschland kannten, oder der näheren Po-Ebene, wo jeder Quadratzentimeter Boden kultiviert oder bebaut war. In der etwas schroffen Landschaft bei Zappolino war Ackerbau nicht so leicht. Viele Hänge blieben daher unbearbeitet, oder es standen einfach nur Kirschbäume darauf. Knicks bzw. Begrenzungen waren reichhaltiger mit Buschwerk bewachsen als scheinbar notwendig. Erst recht die Täler, wo Eichen oder Esskastanien standen und den Hirschkäfer beherbergten. Der hatte Anfang Juli seine Paarungszeit. Die Männchen flogen in den Abendstunden auf der Suche nach Weibchen schwerfällig durch die Luft.

Oder die *calanchi*. Das waren abgewitterte, ausgewaschene tonerdehaltige Abhänge, Flanken an den Hügeln, auf denen nichts wuchs, die aussahen als wären es Felsen, aber an denen Wind und Wasser unbarmherzig nagten und sie täglich ein bisschen veränderten. Wir sahen hier eine Mannigfaltigkeit der Natur, die uns immer wieder erstaunte.

Unser Gemüsegarten

Gleich zu Beginn unserer Zeit, als wir gerade in unsere neu erworbene Bauernhaus-Portion eingezogen waren, sollte auch ein schöner und großer Gemüsegarten angelegt werden. Das Gelände war nach Süd-Westen abschüssig, zog sich im Bogen wie eine Arena. Unten lief es flach aus. Es war ideal. Aber mit dem Spaten knochenharten Boden umgraben? Unser Bauernhaus-Nachbar Sergio erbarmte sich. Er war uns auch, glaubten wir, etwas schuldig, denn wir hatten ihm beim Erwerb des Hauses und des Landes etwa 1,5 Hektar Land geschenkt. Sergio sah sich als rechtmäßiger Eigentümer des gesamten Hofes, auch des Teils, den wir erworben hatten. Und das hatte eine Vorgeschichte, die uns im Dorf berichtet wurde.

Die Hälfte, die wir erworben hatten, gehörte einst ebenfalls unserem Nachbarn Sergio. Und das kam so: Er hatte in der Jugend Geld gemacht, war als Schafhirte aus dem Elternhaus gegangen, war durchs Land gezogen und hatte im Auftrag Schafherden reicher Herren gehütet. Dabei bildete sich so nach und nach seine eigene Herde, die er von Schafen, die ihm geschenkt worden waren, Schritt um Schritt heranzog. Zum Schluss hütete er eine eigene große Herde, die er auf Weiden trieb, die abgegrast werden sollten und für diesen Dienst Bezahlung kassierte. Am Ende verkaufte er die Herde, erwarb mit dem Erlös den Hof in Zappolino und nahm seine Eltern und seinen Bruder zu sich, der zu Hause geblieben war und sich um die alternden Eltern gekümmert hatte. Familiär, wie die Italiener sind und auf Bitte von seiner Mutter, hatte Sergio vor vielen, vielen Jahren seinem Bruder und dessen Frau die Hälfte übereignet, die wir nun inzwischen erworben hatten.

Leider war der Bruder und dann etwas später seine Frau früh verstorben und sie hatten vier Kinder hinterlassen. Drei Söhne, von denen einer schon erwachsen war und eine Tochter, die jüngste der vier Kinder. Diese lebte noch alleine in der Wohnung. Als sie einen Verlobten fand, wollte sie ausziehen und verkaufen. Für Sergio war das Gelegenheit, sein ehemaliges Eigentum zurückzufordern. Er bot seinen Neffen und der Nichte seinen Kaufpreis an. Diese akzeptierten aber nicht, da das Angebot ihrer Meinung nach zu niedrig war. Da tauchten wir auf. Man warnte uns, dass es Ärger geben könnte, denn gemäß eines Nachbarschaftsgesetzes habe der direkte Nachbar immer Vorkaufsrecht.

Um des Friedens halber suchte ich daher das Gespräch mit dem Nachbarn – Sergio – und fragte, was ich einer guten Nachbarschaft halber tun könnte. Er ging darauf ein, und gab mir zu verstehen: „Übertrage mir ein Stück Land."

Der Acker, um den es ging, lag im hügeligen Gelände, war durch ein kleines Tal geteilt, das noch ihm gehörte. Den Hang gegenüber hatte früher sein Bruder bewirtschaftet, das Stück sollte nun an mich fallen. Er bat um diesen Hang, den ich ihm überließ und gewann damit einen liebenswürdigen Nachbarn – Sergio – der mir in vielen landwirtschaftlichen Dingen Ratgeber und Helfer wurde.

In der Situation, den Gemüsegarten anlegen zu wollen, fragte ich ihn, ob er uns vielleicht ein Stück durchpflügen könne. Er hatte einen Ketten-Traktor, geeignet für abschüssiges Gelände. Abends, als ich von meiner Arbeit nach Hause kam, war der Hang hinter dem Haus gepflügt, die Pflugrillen eingeebnet und geeggt. Es war perfekt.

Die Jahreszeit für die Anlage eines Gartens war schon etwas fortgeschritten. Wir befanden uns im Juli, Hochsommer. Schon seit Wochen bemerkten wir morgens, nach dem Aufstehen, wenn wir aus dem Fenster schauten, blitzte uns die Sonne entgegen. „Schon wieder schönes Wetter", lästerte ich anfangs, doch im Laufe der Zeit ahnte ich, dass das nicht nur schön war. Tagsüber stieg das Thermometer auf 33 bis 40 Grad und erst abends nach 20 Uhr wurde es wieder erträglich, was wir weidlich auf der Terrasse nutzten. Und so kam es, dass die Arbeiten im Garten nur schleppend vorangingen. Auch die Anschaffung breitkrempiger Strohhüte brachte unter der brennenden Sonne nur wenig Linderung.

Erwünschten Besuch aus Deutschland bekamen wir anfangs oft. Natürlich auch von meinen Kindern, die manchmal mit Heerscharen von Freundinnen einfielen. Meine beiden erwachsenen Töchter waren in Deutschland geblieben und befanden sich noch im Studium, was natürlicherweise ein Zustand war, der bei ihnen, wie bei allen Studentengenerationen zu einer überproportionalen Erweiterung des Bekanntenkreises geführt hatte.

Solche Besuche waren uns sehr willkommen, Platz war ja genug da und später, als in der Scheune richtige Zimmer mit Betten entstanden waren, konnte man sich sogar ungeniert und frei bewegen ohne einander zu nerven. Und da meine Töchter nur Freundinnen mitbrachten, war ich bald im Dorf „der Mann mit den vielen Frauen".

Ja, eine der ersten Truppen, die bei uns zu Besuch einfielen, verbreitete sich glücklicherweise auch im neu angelegten Garten, und so kam es, dass wir doch bald etwas zu ernten hatten – das schnell zu viel des Guten wurde. Aber wir konnten ja abgeben und unsere Schweizer Freunde freuten sich über wöchentliche Korblieferungen von Gemüse, Wurzeln und Kartoffeln, aber auch Küchenkräutern.

Unser Kartoffelanbau brachte uns besondere Freude. Wir hatten eine reiche Ernte – aber erst dank eines speziellen und arbeitsintensiven Einsatzes. Wir stellten nämlich fest, dass es Kartoffelkäfer gab. Obwohl meilenweit rings herum kein Kartoffelfeld war, gab es die Käfer. Es war zum Mutloswerden. Warum nur, fragten wir uns. So standen wir jeden Morgen um sechs Uhr auf und sammelten die Käfer und die Larven ab – solange, bis die Kartoffeln erntereif waren. Wir haben nie wieder so gut schmeckende Kartoffeln gegessen.

Der Gemüseanbau in dieser trockenen Jahreszeit funktionierte natürlich nicht ohne tägliches Wässern – mit Wasser aus dem Netz. Aber da das Wasser für uns nur halb so teuer war wie in städtischen Ballungsgebieten, hatten wir auch kein schlechtes Gewissen dabei. Abwassergebühren gab es für uns nicht.

Regen kam selten, zumindest jener typische, so wie der Hamburger ihn kennt, fein, sanft und dauerhaft. Nein, wenn Regen kam, war es meist ein Gewitterregen mit Sturzbächen von Wasser und dann war Not im Garten. Am Hang gelegen, gab es fast keine Möglichkeit dagegen, dass sich tiefe, vom abfließenden Wasser ausgegrabene Rinnen in die Beete gruben. So begannen wir nach und nach, die Beete treppenförmig anzulegen.

Mein Weinanbau

Kirschen ernten und die Bienen

Blühende Kirschbäume sind ein Eldorado für Bienen und von den Bäumen hatten wir einige – es waren etwa zehn alte und wirklich hohe Gewächse, eine edle Sorte. *Duroni* seien das, sagte mir Nachbar Sergio. Auch er hatte Kirschbäume – allerdings waren die jung und frisch gesetzt. Man konnte sie auf dem Boden stehend beernten.

Natürlich wollten wir unsere Kirschen nicht den Staren überlassen, daher bemühte ich mich, uns Leitern zu besorgen, mit denen ich in die Bäume steigen wollte. Es gibt dort zwar professionelle Kirsch-Erntekolonnen, die arbeiten aber immer nur am Boden oder in geringer Höhe. Für die Beerntung meiner zehn Meter hohen Bäume musste ich selber sorgen.

Also fand ich im Dorf jemand, der Leitern herstellte und bat ihn, mir zwei zu verkaufen. Der meinte, er hätte das Gewerbe aufgegeben, und ich kehrte unverrichteter Dinge zurück, darüber nachdenkend, ob ich nicht lieber Kirschen Kirschen sein lassen sollte. Abends kam die Überraschung. Mit einer zehn und sechs Meter langen Leiter auf dem Dach eines Fiat 500 (!) fuhr der Ex-Leiterhersteller bei uns vor und meinte, er habe sich das überlegt und wolle uns diese Leitern als Dauerleihgabe überlassen.

Es waren massive und stabile Leitern aus Eschenholz, nicht leicht aufzustellen. Dennoch befasste ich mich in den nächsten Wochen mit der Kirschernte. Nachbar Sergio nahm mich mit auf den zentralen Großmarkt in Vignola, dem Kirschenzentrum der Provinz Modena, wo die Ernten der Kirschbauern an die Großhändler verkauft wurden. Die Kirschen waren mit Stiel und in Standardschachteln zu je 500 oder 1.000 Gramm abzuliefern.

Meine Kirschernte war abenteuerlich. Die Leitern mussten immer wieder umgesetzt werden, um an die Äste heranzukommen, in denen die reichsten Vorkommen waren. Oben stehend stellte ich fest, dass die vollen Äste sich weiter weg erstreckten als mein Arm lang war. Aber die musste ich unbedingt doch noch bepflücken. Also wieder umstellen. Und abends, müde und zerschlagen vom Klettern und Balancieren auf der Leiter, kam noch die Fahrt zum Großmarkt. Und dort musste ich mir die Qualitätsmängel meiner Lieferung anhören. Ich stellte fest, dass es eher ein Sport gewesen war als wirklich eine Quelle des Verdienstes.

In den folgenden Jahren ließ ich die Kirschen Kirschen sein und beschränkte mich auf die Ernte jener Äste, die ich gerade vom Erdboden aus erreichen konnte – für unseren eigenen Obstbedarf. Unser Nachbar beorderte seine große Familie zur Ernte. Bei ihm lohnte sich der Aufwand, denn er hatte zwei Dutzend kleiner Bäume, die seine Kinder und Enkel vom Erdboden aus leer pflücken konnten. Aber sein Geschäft rechnete sich auch nur so, denn für das Anmieten einer professionellen Pflück-Kolonne hätte der Ertrag auch nicht gereicht. So saßen Maria, Sergios Frau, die bei uns nur Signora hieß sowie die drei Kinder drei Wochen lang nachmittags im Hof und sortierten und verpackten die Früchte, während ich in der Scheune mit Restaurierungsarbeiten begann. Die ehemaligen Ställe im Erdgeschoss waren besonders attraktiv, mit Gewölbe und Natursteinmauern. So nach und nach entstand darin eine Wohnung.

Die Kirschblüte sollte bei uns aber doch noch einmal für Aufregung sorgen. Wir hatten einen Imker kennengelernt. Dieser fragte uns in einem Frühjahr, ob er nicht Bienenkästen bei uns aufstellen könnte. Gutgläubig oder leichtsinnigerweise erlaubten wir das, so hatten wir in der Nähe unseres Gemüsegartens eines Tages zwei Bienenkästen stehen. Der Imker meinte, die Bienen seien harmlos, wir sollten uns nur nicht in ihrer Flugschneise aufhalten. Bedauerlicherweise flogen die Bienen aber direkt über unseren Gemüsegarten. Aber auch das machte uns zunächst keine Sorgen. Die Einflugschneise hatte eine gewisse Höhe und wir glaubten, darunter könnten wir im Garten problemlos arbeiten.

Als die Erdbeeren geerntet werden sollten, bot sich Tanja an, die Freundin Reginas aus Venedig, zu kommen und zu helfen. Abends, als ich von meiner Arbeit im Labor nach Hause kam, hörte ich eine haarsträubende Geschichte: Die beiden Frauen hatten sich mit Körben bewaffnet und in das Erdbeerfeld begeben. Es dauerte wohl nicht lange, dass sie schon von Bienen umflogen wurden. Sie gingen etwas abseits. Aber auch da entwickelte sich das Verhalten der Bienen in gleicher Weise. Und es wurden immer mehr, bis Tanja eine Biene in ihren Haaren hatte. Voller Panik lief sie davon und in die Wohnung. Regina folgte ihr und merkwürdigerweise wurde sie sofort von den Bienen bis zur Haustür verfolgt, die noch lange auf der Terrasse vor der Eingangstür ihre Runden drehten.

Das hatten wir nicht gewollt. Ich bat den Imker, die Bienenkästen wegzuschaffen, was auch bald geschah. Aber offensichtlich hatte er sie nicht weit genug gebracht. Die Bienen kehrten zurück an die Stelle, wo ihre Kästen nahe unserem Gemüsegarten gestanden hatten. Auf dem leeren Platz saßen am nächsten Tag in dicken Polstern die Bienen. Wir hielten uns fern, denn einen weiteren Bienenüberfall wollten wir nicht riskieren.

Der Imker, den wir umgehend riefen, war selbst verwundert über dieses Verhalten des Bienenvolkes, oder zumindest tat er so. Uns war es einerlei. Er sollte die Bienen fortschaffen. So kam er abends ein drittes Mal, wieder mit seinen Kästen, und nachts entfernte er sie, brachte sie fort an eine Stelle, die weit genug war, dass die Bienen nicht zurückkommen konnten. Wir konnten wieder in unseren Garten zurückkehren.

Landestypische Tigelle und Crescentine

Der Sommer ging, die Tagestemperaturen sanken wieder auf ein erträgliches Niveau, es kam der Herbst. Unsere Wohnung hatten wir inzwischen einrichten können. Jetzt wollten wir mit unserem bäuerlichen Nachbarn im Haus, Sergio und seiner Frau Maria, die zwischenmenschliche Beziehung, die sich gebildet hatte, auch festigen. Wir luden die beiden zu uns ein, zu einem Abendessen und gemütlichem Zusammensitzen. Wir wollten zeigen, wie wir Norddeutschen so leben und was es bei uns so zu Essen gibt, dachten, dass Grünkohl mit Mettwurst genau das Richtige sei. Da es das in Italien nicht gibt, hatten wir uns Konserven besorgt.

Ungeübt als Gastgeber in Italien, stellten wir das Gemüse, die Kartoffeln und die Wurst auf den Tisch, mit der Aufforderung, unsere Gäste mögen sich bedienen. Später begriffen wir, dass das in Italien überhaupt nicht geht. Der italienische Gastgeber will eine *bella figura* machen – er füllt die Teller für den Gast. Die Signora hatte sofort begriffen, dass uns dieser Einblick in italienische Gewohnheiten fehlte und füllte sich selbst – aber sehr, sehr sparsam – den Teller, und tat das nach Aufforderung auch für ihren Mann.

Wir hatten uns danach selbst an den Kopf gefasst, wie wir nur auf die grandiose Idee verfallen waren, ausgerechnet Grünkohl zu servieren. Aber immerhin, der Nachbar hatte uns ein Kompliment gemacht und gesagt, dass er es keinem anderen Käufer als uns gestattet hätte, die Portion des Bauernhauses zu erwerben, da wir uns, im Gegensatz zu seinem Neffen, auch um das Land bemühten, Restaurierungen an Haus und Scheune in Angriff nahmen. Das glaubten wir ihm sogar.

Natürlich bekamen wir eine Gegeneinladung zu einem für die Gegend zwischen Modena und Bologna typischen Abendessen: *tigelle*.

Das sind kleine, etwa wie Handteller große Teigfladen aus einer Art Pizzateig. Sie wurden früher auf dem Ofenfeuer gebacken, eingeklemmt in einer Zange aus zwei Eisentellern an langem Handgriff, so dass man wenden konnte. Heute erfolgt die Erhitzung elektrisch – und so lernten wir es bei unseren Nachbarn. Die frisch gebackenen *tigelle* legte uns die Signora auf den Teller, für die Füllung mussten wir selbst sorgen.

Die *tigelle* werden üblicherweise aufgeschnitten wie ein Brötchen und dann mit dem köstlichen luftgetrockneten Schinken der Gegend belegt. Alternativ kann man auch Salami oder *coppa*, einen Schinken aus Schweinenackenfleisch, nehmen. Bestrichen werden die *tigelle* mit *strutto* – das ist Griebenschmalz. Für den Nachtisch steht auch eine Nuss-Nougatcreme auf dem Tisch, mit dem die *tigelle* gefüllt werden können. Und dazu gab es hauseigenen Wein, angebaut und gekeltert von Sergio.

Das den *tigelle* verwandte Gebäck sind die *crescentine*. Der Teig ist der gleiche, er wird aber frittiert. Dadurch bläst er sich etwas auf, die Teile wachsen im Volumen. Das Wort kommt vom Verb *crescere* – heißt: wachsen. Gegessen werden sie wie *tigelle* mit Schinken oder Salami. Da die Fladen vom Frittenöl schon fettig sind, entfällt der Aufstrich mit Griebenschmalz. Für die Kinder allerdings werden die halbierten *crescentine* auch mit Nutella bestrichen.

Der Herbst war auch die Zeit des lokalen Festes des *gnocco fritto*. Diese Bezeichnung wird in der Gegend bei Vignola alternativ für das Wort *crescentine* verwendet. Es handelt sich bei diesem Gebäck um identisches Rezept und Machart.

Natürlich gibt es kein Fest ohne Anlass. Da man in Italien, wie überall, gerne feiert, wurde ein ortsbezogener Anlass erfunden: der längste *gnocco fritto* der Welt. Und damit das Ganze auch Stil und Format habe, wurde behauptet, dass alles bei Erfolg in das Guinnes Buch der Rekorde eingetragen würde. Ein unabhängiger Notar trat auf (so wurde behauptet), der die Herstellung genau beobachten und sein Votum abgeben solle. Alles perfekt inszeniert. Natürlich mussten wir dahin. Die 30 Meter lange Frittöse hatte ihren Platz auf der *piazza*. Es war eigentlich eine Frittösenrinne, die auf Füßen stand. Unter ihr verlief das Gasrohr mit Löchern zum Erhitzen des Fettes. Auf der Fritte lag ein Gitter, auf dem der *gnocco* Stück um Stück zusammen geknetet wurde. An der langen Frittenrinne standen im Abstand von zwei bis drei Metern je ein Teilnehmer des Spektakels, die das Gitter von der Länge der Frittöse auf ein Kommando gemeinsam zusammenklappten und dann in das Fett absenkten. Nach fünf Minuten wurde das Gitter zusammen mit dem langen *gnocco fritto* aus dem heißen Fett wieder herausgehoben, aber vorsichtig, damit das gute Stück nicht zerbrach. Denn das war die Spielregel: der *gnocco* musste ganz bleiben.

Das Spektakel war gefragt und wurde in den späteren Jahren wiederholt, allerdings jeweils mit einem um einen halben Meter verlängerten *gnocco.*

Zum Höhepunkt des Festes gab es Gedränge auf der *piazza,* denn jeder wollte die Geburt des *gnocco* genau sehen und fotografieren. Danach ging man zum gemütlichen Teil über und verzehrte *gnocco fritto,* ergab sich der Musik mit *ballo liscio,* der Tombola, oder freute sich über jauchzende Kinder auf dem Karussell.

Wir waren in dem Ort Castello di Serravalle angekommen, hatten Freunde wie Michele gewonnen, ein junger Pizzabäcker mit Pferd, der uns den Pferdedung für unseren Garten brachte, Mirando, Tuxon oder Secondo, der Bürgermeister, der uns versprochen hatte, Regina und mich zu verheiraten.

Secondo gehörte zur *PDS – partito democratico della sinistra.* Diese politische Gruppierung war inzwischen aus der *PCI* – den italienischen Kommunisten – hervorgegangen. Er erzählte, dass der Ort Castello di Serravalle seit 1913 ununterbrochen – mit Ausnahme der Zeit der Mussolini-Diktatur – immer einen kommunistischen Bürgermeister gehabt habe und gleichsam das Vorbild für den berühmten Klassiker „Don Camillo und Beppone" abgegeben hätte.

Maggiociondolo – Goldregen im Mai

Ein Maifest ohne Maibaum. Wie in vielen – vielleicht den meisten – Orten Süddeutschlands, gab es in Castello di Serravalle ein Fest im schönen Monat Mai. Ein Fest mit zahlreichen Veranstaltungen: Kunstausstellungen, Demonstrationen alten Handwerks, wie Weberei, Feldschmiede, eine Kesselflickerei, Schuhmacherei und viele andere Gewerke, ergänzend mittelalterliche Musikdarbietungen, Reiterspiele und anderes mehr. Jedes Wochenende im Mai war was los – und immer im mittelalterlichen *borgo*. Dort wohnten noch ein paar Familien – es waren aber eher die Großeltern der ursprünglichen Bewohner, die inzwischen in den modernen Ort Castelletto umgesiedelt waren, wo auch das Rathaus war, das *municipio*.

Im *borgo* gab es noch einen *conte* – Grafen, eine Familie, welche die alte Burg bewohnte. Für Secondo, unserem Bürgermeister, war es während des Festes *maggiociondolo* ein ganz besonderes *piacere* – ein Vergnügen – uns *tedeschi* der Familie des *conte* vorzustellen. Eine zwanglose Führung durch die Gemäuer der Burg und Gemächer der Familie schloss sich an. Wir erfuhren, dass Einnahmen aus Vermietungen des Burgsaales für Hochzeiten und sonstige Festivitäten für die Erhaltung des mittelalterlichen Bauwerkes ausreichten. Die *contessa*, stand, als sie uns über die Geschichte der Burg berichtete, unter den Bildern ihrer Ahnen und sah dabei so aus, als sei sie gerade einem der Gemälde ihrer Vorfahren entstiegen. Sie erzählte gerne davon, dass die Geschichte ihrer Familie zurückreiche bis in die Zeit der Mathilde von Tuszien, auch Canossa genannt. Dabei war es uns, als ob uns ein Hauch Mittelalter umwehte. Wir freuten uns über das friedliche und harmonische Nebeneinander zwischen den Vertretern weltanschaulich weit unterschiedlicher Menschen – zwischen dem parteipolitisch kommunistischen Bürgermeister Secondo und der Familie des *conte*. Regina und mir schien es, das gäbe es nur in Italien.

Dorfschmied Agosto wollte es, als ich das Fest besuchte, genau von mir wissen, warum ein Deutscher nicht nur des Urlaubs wegen nach Italien komme, sondern sogar hier zu leben versuche, mit allem was dazu gehört, z.B. mit einer korrupten Politik, mit nicht oder schlecht arbeitenden öffentlichen Verwaltungen usw.? In Deutschland sei das doch alles viel geordneter, man habe dort einen besseren Lebensstandard, und vieles andere wäre vorteilhafter?

Natürlich wollte ich dem nicht zustimmen und fragte: „Wo gibt es in Deutschland eine Adria, an deren Küste ein Venedig liegt, aber auch 1.000 km weiter südlich ein Brindisi? Wo gibt es in Deutschland die unvergleichlichen ligurischen Cinque Terre, wo gibt es in Deutschland einen Apennin an dessen Flanken Städte wie Bologna, Modena, Parma oder auch Piacenza liegen, ein Apennin, auf dem sich, etwa 15 km westlich von Castello di Serravalle, die Burg Canossa, der Sitz jener Mathilde von Tuszien, befindet, wo Heinrich IV den Papst um Lösung vom Kirchenbann anflehte? Sind das nicht Gründe genug, um nicht nur vom überwiegend schönen Wetter in Italien zu reden?"

„Ja, aber es gibt in Deutschland doch auch Sehenswertes", wendete Agosto ein, worauf ich ihm beichtete, dass ich einfach verrückt sei auf dieses Land, und fragte ihn: „Würdest du dieses Land verlassen wollen?"

Agosto wiegte bedächtig den Kopf und sagte: „Nicht freiwillig", und lächelte mich an. Ich hatte einen Freund gewonnen. Agosto ging an seine Feldschmiede und schmiedete Regina einen Stahlbogen um zu einem überdimensionalen Angelhaken, an dem, wie er sagte, das Glück hängen bleibe.

Für unsere Freunde in Deutschland war dieses *grappolo di feste*, dieses Bündel von Veranstaltungen auch Grund, uns zu besuchen. So kam einmal auch Holle, eine Kunsthandwerkerin wie Regina, im Mai zu uns. Und natürlich nahmen wir sie mit auf den *borgo*, wo in einem der Tavernen, Osterias oder Bars Mirando mit seinen Freunden Musik machten. Es waren bekannte Melodien, die sie spielten und Holle trällerte laut und vernehmlich mit. Sie machte das sehr gut, fast professionell und Mirando bat sie, nach vorne zu kommen, zwischen die Musiker. Holle, nicht schüchtern, folgte der Aufforderung und Mirando ließ ein Stück von den Beatles spielen, das Holle wunderschön interpretierte. Man fragte mich: „Wer ist das?", worauf ich sagte: „Holle!" Kurz danach skandierten die Zuhörer: „Olle, Olle ..."

Regina suchte natürlich auf den Märkten des *maggiociondolo*, um etwas zu finden, das man als das berühmte, aus Mailand kommende Italian Design ansehen konnte. Leider blieb ihre Suche dort ergebnislos. Kommerz gab es selbstredend auch während des *maggiociondolo*, Marktstände verschiedenster Art, die sich immer eine ganze Woche lang auf der Piazza ausbreiteten. Das ist ähnlich einem italienischen Wochenmarkt, auf dem man alles – wie in einem Großkaufhaus – erwerben konnte. Sie fand weder modische Kleidung dort, noch Gegenstände für die häusliche Einrichtung. Wir hätten in das Zentrum von Mailand fahren müssen, um solches zu sehen. Das Einzige, was wir fanden, war der damals bekannt gewordene stilistisch moderne Wasserkessel von Alessi, der dann unbedingt gekauft werden musste.

Ein besonderes Ereignis auf dem *maggiociondolo* war die *raduno* – die Vorführung/Versammlung – von historischen Lamborghini-Treckern. Es gab im Ort jemand, der sammelte die alten Maschinen, richtete sie her, machte sie wieder fahrtüchtig. Es waren alles einzylindrige Ungetüme, mit Glühkopf und dem riesigen Schwungrad an der Seite. Und an einem Wochenende im *maggiciondolo* standen sie morgens plötzlich alle auf der Piazza und blubberten einer nach dem anderen vor sich hin, bis sie alle liefen, um dann in einer Parade durch den Ort zu fahren, eine blaue Wolke hinter sich herziehend.

Unser Weinanbau

Neben den Kirschbäumen auf unserer Weide fanden wir auch eine Reihe Weinreben einer Rotweinsorte vor, die Barbera hieß, ein perlender Wein, typisch für die Region am Nordhang des Apennin hin zur Po-Ebene. Sie waren leider ungepflegt, lagen teilweise schon auf dem Erdboden. Unser bäuerlicher Nachbar Sergio belehrte mich, dass diese Weinsorte köstlich und *frizzante* sei und dass die Reben reichhaltig trügen. Die vorhandene Reihe würde ausreichen, unseren gesamten Weinbedarf für ein Jahr zu befriedigen. Wenn ich wollte, würde er mich unterrichten, wie man Wein mache.

Das nahm ich gerne an, hatte ich schon lange den heimlichen Wunsch gehegt, einmal Weinreben mein Eigen nennen zu können. Und ich machte mich daran, zunächst die vorhandenen Rebstöcke zu sanieren. Das bedeutete: Neue Pfähle aufstellen, Drähte ziehen, die Pflanzen korrekt beschneiden. Sergio zeigte mir, wie man das macht und wo man die Pfähle aus Kastanienholz kauft. Am Ende des Winters hatte ich die siebenundzwanzig Rebstöcke fertig und vorbereitet für eine neue Saison.

Mit einem Hochgefühl der Erwartung, eigenen Wein zu keltern, sollte der Sommer und der Herbst kommen. Leider hatte ich nicht mit den Weinkrankheiten gerechnet, die speziell im Frühjahr Blätter und Trauben befallen können: wie zum Beispiel die verschiedenen Formen von Mehltau. Mit Bangen sah ich, wie die Trauben im Sommer vertrockneten, wie Blätter pockenförmige Krankeitserscheinungen zeigten. Sergio belehrte mich: *„devi dare del rame.“* Ja – ich musste mir kupfer- und schwefelhaltige Spritzmittel besorgen, kaufte mir eine Gartenspritze und legte los, alle zehn bis vierzehn Tage. Aber es war leider zu spät. Die befallenen Trauben konnte ich nicht mehr retten.

Unser Pignoletto

Was blieb, war ein kümmerlicher Rest, aus dem ich nur noch etwa vierzig Liter Wein keltern konnte.

Und wieder half mir Nachbar Sergio. Aus seinem Fundus grub er einen uralten *tino* – Kelterbottich – aus, den ich erst tagelang befeuchten musste, damit das Holz aufquoll und abdichtete. Er meinte, ich solle nasse Lappen darauf legen.

Dann kamen endlich die Trauben in den *tino*, ich wusch mir die Füße, zog mir frisch gekaufte Plastiksandalen an, stieg in den tino und trampelte los wie einst Adriano Celentano in seinem Film „Der gezähmte Widerspenstige".

Trotz des enttäuschenden Ergebnisses hatte ich Feuer gefangen und wollte unbedingt mehr. Regina und ich zogen los und kauften im Landhandel Reben: fünfundsiebzig der Weißweinsorte Pignoletto und fünfundsiebzig der Rotweinsorte Barbera. Und wieder war Sergio behilflich. Er zog mit seinem Kettentraktor und einem Pflug vier tiefe Rillen in unseren Hang. „*Devi piantare i viti profondi, profondi*", erfuhr ich. Ich musste etwa siebzig – achtzig Zentimeter tiefe Löcher für die Stöcke graben, einsetzen und gut wässern. Das Glück war mir hold. Sie kamen im Frühjahr alle. Pfähle setzen, Drähte ziehen hatte ich ja schon geübt. Und nach zwei Jahren kamen die ersten Trauben. Danach wurde es von Jahr zu Jahr mehr.

Secondo, unser Bürgermeister, warnte mich. Es gäbe eine Luftkontrolle von der Provinz über das Ausmaß an Weinanbau in der Gegend. Der wäre reglementiert, ich solle mich nicht wundern, wenn ich Besuch von der Behörde bekäme.

Und in der Tat sah ich einmal einen Hubschrauber, der über unser Feld flog, in der Luft stehen blieb. Ein flaues Gefühl befiel mich. Aber es kam niemand, und der Grund für den Hubschrauberflug war wohl ein anderer gewesen. Vielleicht!? Jedenfalls hatte ich in den achtzehn Jahren, die ich in Zappolino wohnte, Ruhe vor der Behörde und musste nicht nachweisen, warum ich einen kleinen Weinberg angelegt hatte.

Unser Ernteertrag wurde mit den Jahren immer größer. Einmal bat ich bäuerliche Freunde, Anna Maria und Mauro, die selbst Wein anbauten, meine Ernte an Rotwein zu übernehmen. Dort kauften wir unseren Bedarf an Hühnereiern ein. Die beiden dachten schon in den neunziger Jahren über Bio-Anbau von Wein nach, dessen Standards und Regeln sich in den 90er Jahren in Italien herausbildeten. Sie hatten ein Jahr lang strikt versucht, ohne chemische Keule Krankheiten auf Reben durch Selektion zu begegnen. Und sie sagten uns, dass es nun für sie doch nur bei einem Versuch bleiben werde, denn statt der üblichen zehntausend Liter Wein hätten sie nur dreitausend Liter Ertrag gehabt, die sie obendrein auch nicht teurer verkaufen konnten. Mauro war ziemlich zerknirscht und sagte, er werde umsatteln auf die Herstellung von Balsamico-Essig, die berühmte und teure Essenz aus Modena. Neugierig geworden fragte ich ihn, wie er das mache, denn Balsamico-Kellereien waren uns auf dem Weg nach Modena schon aufgefallen. Was darin jedoch vor sich ging, blieb uns bisher ein Rätsel.

„Wir verwenden Lambrusco-Trauben", gab uns Mauro etwas zögerlich Auskunft.

„Und weiter?", wollte ich wissen.

„Dem durch Kochen eingedickten Most wird Balsamico zugesetzt, damit die Essighefe hineinkommt", erfuhr ich noch.

Als ich immer noch fragend guckte, da meinte Mauro: „*Vieni a vedere.*" – komm!

Ich folgte ihm auf seinen Dachboden. Dort lagen Fässer aus Eiche, Edelkastanie, Vogel-Kirsche, Esche und Maulbeere.

„Wir geben noch zehn Prozent frischen Wein zur Vergärung hinzu", erklärte Mauro. „Nach der Gärung bleibt der frisch entstandene Essig dann jeweils über mehrere Monate in verschiedenen Holzfässern. Es dauert Jahre, da der Essig durch Verdunstung immer konzentrierter wird. Die verschiedenen Holzarten geben dem Essig seinen Geschmack und seine Farbe."

„Und warum sind die Fässer hier oben auf den Dachboden und nicht im Keller?"

Mauro grinste: „Das sage ich nicht."

„Wir werden dir bestimmt keine Konkurrenz machen", versicherte ich ihm.

„Na ja, die große Hitze im Sommer sorgt für weitere Verdunstung, und dann die Kälte im Winter klärt den Essig", bequemte sich Mauro doch zu einer Erklärung und fügte noch hinzu: „Jeder Produzent von Balsamico hat seine eigene Rezeptur, die geheim bleiben soll und ein familieninternes Vermögen ist. Aber ich habe dir sowieso nicht alles verraten."

Zurück zu meiner Weinproduktion: Zur *vendemmia* – Weinlese – kam regelmäßig Freund Fritz aus Pinneberg für cirka 14 Tage. So wurde die Arbeit mehr zur Freude als zur Last, denn es waren ja erhebliche Gewichte, die den Hang hinauf gewuppt werden mussten.

Mein jährlicher Weinertrag pendelte sich auf die Größenordnung von etwa 300 bis 400 Litern ein. Natürlich hatte ich uns auf die zugenommene Menge vorbereitet. Eine Maischequetsche kam in den Stall, die die Beeren von den Strünken trennte. Diese war für den Rotwein gedacht. Denn das Mus kommt mit der roten Schale der Beeren in die Gärung, damit sie dem Wein die rubinrote Farbe geben. Dann eine Saftpresse für den Weißwein, neue Gärfässer, leere Flaschen, Verschlussgeräte für Kronkorken. Das war die beste wie einfachste Methode, Flaschen zu verschließen, denn alt werden sollte bei uns der Wein nicht.

Für die Rotweingärung war es wichtig, so lernte ich so nach und nach, die Fässer mit der Maische luftdicht zu verschließen. Andernfalls sammelten sich ruckzuck Millionen von winzigen Fruchtfliegen über dem Gärgefäß; wir nannten sie Essigfliegen. Sergio belehrte mich, dass sie diesem Wein eine Essignote gäben, wenn sie so massenhaft auf den an der Oberfläche schwimmenden und gequetschten Beeren säßen. Aber die Gärfässer hatten einen simplen Verschlussdeckel, der absichtlich zu klein war. Mit einem ringsum laufenden Luftschlauch, der aufgepumpt werden konnte, saß dann der Deckel recht fest und mit reichlich Abstand über der gärenden Maische. Ein Kugelventil sorgte für Druckausgleich. Mit der Gärung kam die Maische an die Oberfläche, gab ihren gesamten Saft an den Most ab. Auf diese Weise konnte ich nach etwa 6 bis 8 Tagen die fast trockenen Beeren mit einem Sieb absammeln. Danach verblieb der Most noch mindesten sechs Wochen im Gärgefäß und schäumte vor sich hin. Hefe zur Initiierung der Gärung habe ich niemals zugegeben, das machte der Most wirklich von alleine.

Der Weißweinmost kam ohne die Maische in die Gärbehälter. Die Trauben entsaftete ich mit der Presse. Diese Methode bewahrte den Wein vor einer bitteren Note, die von den Schalen, den Kernen oder den Stengeln in den Wein übertragen werden konnte. Aber auch das waren Erfahrungen, die ich erst im Laufe der Jahre gemacht hatte. Der Most begann quasi sofort mit der Gärung und bildete – wie der Rotwein – einen Bodensatz an Hefe. Auch die musste selbstverständlich raus, denn auch sie konnte den Geschmack des Weins etwas negativ beeinflussen. Aber durch Abdekantieren in ein anderes und sauberes Gärgefäß, das einmal die Woche, behielt ich den genuinen Wein, den ich haben wollte.

Anfangs dachten wir: „Oh, soviel Wein, was machen wir damit?" Aber diese Sorge zeigte sich als unberechtigt. Wir konnten aasen, und haben das auch reichlich genutzt. Nein, unser Wein hatte niemals die Zeit bekommen, alt zu werden, denn uns und unseren Gästen, die häufig und zahlreich kamen, ob von unserer näheren Bekanntschaft im Ort oder aus Deutschland, schmeckte unser stark moussierender Wein ausgezeichnet.

Beim Abziehen des Kronkorkens mussten wir aber sehr vorsichtig sein, sonst landete die Hälfte des Inhalts der Flasche auf dem Tisch. Zumindest galt das für den sehr jungen Wein, während nach einem Jahr der Wein schon nicht mehr so stark *frizzante* war. Aber das erlebten wir nicht so oft.

Ursi, die Frau meines Schweizer Kollegen Max, ich berichtete bereits, war sehr tierlieb, hielt zu Hause eine Bande verschiedenster Katzen und nun hatte sie noch einen Hund hinzu genommen. Es war ein wunderschönes, gelbgold farbenes und friedliches Tier, dass die beiden uns gelegentlich zur Pension brachten, wenn sie im Urlaub oder sonst wie weg waren. Leika hieß das Tier, war hochbeinig und hatte ein Fell wie ein Golden Retriever. Es freute sich unbändig darauf, bei uns sich auf dem Acker auszutoben, seine Raserchen zu machen.

Ansonsten lag es abends bei uns im Durchgang von der Küche zum Wohnzimmer und leckte Katzenkinder, die mit ihrem buschigen Schwanz kämpften oder sich einfach zwischen ihre Pfoten legten und dort einschliefen. Sie war so sozial gesinnt, dass sie sogar Streitereien zwischen den kleinen Katzen unterband und sie trennte, den Angreifer fort drängte.

Es war mal wieder soweit. Wir freuten uns auf Leika und netten Besuch von Ursi und Max. Natürlich machten wir es uns auf unserer Terrasse bequem, unter unserem Baum, und schon stand eine Flasche des jungen roten Barbera auf dem Tisch. Genau wissend, was passieren konnte, missachtete ich vor lauter Wiedersehensfreude mit Leika meine eigenen Regeln zum Flaschenöffnen.

Sie sollte mindestens zwei Stunden im Kühlschrank gestanden haben, und dann durfte ich den Kronkorken nur ganz langsam anheben, musste folglich warten, bis der erste Überdruck entwichen war, um schließlich die Flasche zu öffnen und sofort in eine Karaffe zu entleeren. Es war alles ganz einfach, wenn es beachtet wurde.

An all das hatte ich nicht mehr gedacht. Max und Ursi setzten sich ahnungslos an den Tisch und deponierten ihre Zigarettenschachteln vor sich. Schwupps – ich entkorkte die Flasche, aus der sofort eine Fontäne Rotwein schoss. Regina und ich standen im roten Regen, Max und Ursi uns gegenüber reagierten blitzschnell, sprangen auf, griffen sich beide ihre Zigarettenschachteln und flüchteten.

Nach Gelächter und dem Kleidungswechsel wurde es doch noch ein unterhaltsamer und schöner Nachmittag. Leika hatte das nicht mitbekommen. Sie war schon unterwegs auf dem Feld.

Mit roter Unterwäsche in das Neue Jahr

In den ersten Jahre in Italien fuhren wir zum Jahreswechsel nach Norden, besuchten Eltern oder Geschwister. So bekamen wir zunächst von einem besonderen Brauch in unserer neuen Wahlheimat nichts mit: zu Silvester trug man rote Unterwäsche.

Das erste Mal als wir uns entschlossen hatten, unten zu bleiben, sahen wir plötzlich, wie sich die Schaufenster und die Regale im Coop, unserem Supermarkt, mit roten Slips, Dessous, zarten Leibchen, Push-up-BHs füllten. Kopfschüttelnd standen Regina und ich davor und fragten uns, ob man sich zu bevorstehenden ausgelassenen Silvesterpartys nur mit roter Unterwäsche bekleidet. Aber das schien selbst uns etwas locker gestrickten Nordländern zu weit hergeholt. Also fragten wir nach, erfuhren aber nur Widersprüchliches.

Die Einen sagten, der alte Brauch ginge zurück auf die Römerzeit, die Zeit des Kaiser Augustus, als die Farbe Rot für Unterwäsche als Glücksbringer galt, und sie verbanden das mit der Behauptung, dass es etwas mit dem Traditionsbewusstsein der Italiener zu tun haben müsse, die den Brauch über Jahrhunderte bewahrten. Sie sagten auch, dass der Italiener das, was man in der Silvesternacht macht, das ganze Jahr über tun wird. Hatte das etwas mit unseren guten Vorsätzen zu tun, so fragten wir?

Andere sagten, dass einst der Venezianer Marco Polo, jener wagemutige Chinareisende, nach seiner Heimkehr im 13. Jahrhundert berichtet habe, dass in China die Farbe Rot Glück und Wohlstand symbolisiere und man daher dort zum Chinesischen Neujahrsfest rote Unterwäsche tragen würde.

Also kauften wir uns rote Unterwäsche im Glauben, jetzt werde nichts mehr schief gehen. Und im Januar deponierten wir die zarten

Stücke im Schrank zu eventueller Wiederverwendung.

Getragen hatten wir die Wäsche zum Silvester-Dinner im Restaurant Spiedo d'oro – Zum goldenen Spieß – in Castelletto. Das Lokal wurde betrieben von einem Schwesternpaar: die eine in der Küche, die andere im Service. Es wurde oppulent. Aber das wussten wir im voraus, denn das Lokal hatten wir schon einige Male vorher frequentiert. Um 21 Uhr ging es los. Als wir im Lokal ankamen, tönte uns ein leises, aber bestimmtes Bimmeln entgegen, das sich wie das Weihnachtslied „Jingle Bells" anhörte. Das gedämpfte Licht im Raum und die Melodie in der Luft brachte uns in erwartungsvolle Stimmung.

Das Dinner zog sich hin. Unendlich viele Mini-Gänge. Drei Antipasti, darunter *insalata russa*, *affetato* aus diversen Schinken und Salamisorten, *formaggi* mit *grano reggiano*, *taleggio* und *gorgonzola*, einem hauchdünnem *lardo* – fetter Speck – auf superdünner Pizza, frittierte Brokkoli, ach ...

Danach zwei verschiedene Pastagerichte: *tortellini in brodo* – Rinderbrühe – und zwei *canneloni* mit cremiger *ricotta-funghi porcini*-Füllung. Ein Sorbet zum Verteilen.

Wir durften danach eine halbe Stunde verschnaufen, tranken Wein und hörten uns „Jingle Bells" an und begriffen endlich, dass die dicken Kerzen, die vor uns auf dem Tisch standen, ununterbrochen vor sich hin bimmelten. Wir beschlossen spontan, die Kerze mit nach Hause zu nehmen. Dann kam eine *grigliata* – mixed grill – mit Lammkotelett, in Streifen geschnittenes Herzstück vom Rinderkotelett und einem Schenkel vom *gallina faraona* – Perlhuhn. Jetzt verloren wir die Nerven und die Kerze musste dran glauben. Wir bliesen sie aus, das ständige Bimmeln des Chip hörte auf.

Endlich, kurz vor 24 Uhr, steigerte sich die Stimmung im Lokal. Es wurde eine kleine Terrine Linsensuppe, angerichtet in *zampone modenese* – gefüllter Schweinevorderfuß – als einem Glücksbringer und für finanziellen Erfolg gereicht. Die Prosecco-Gläser auf den Tischen wurden gefüllt. Der Count Down lief, endlich stießen wir an auf ein glückliches Neues Jahr.

Zufrieden wollten wir heimkehren, was allerdings mit einem Abenteuer verbunden war. Und wir erlebten, dass wir nicht umsonst die Glücksgöttin angebetet hatten. Es hatte geschneit und das nicht wenig. Trotzdem setzen wir uns in unser Auto und schlitterten los, mit dem Ergebnis, dass wir uns beim Bremsen drehten – mit dem Heck in Fahrtrichtung. Es ging abwärts – wenden war unmöglich. Nachbarn, die mit uns auf der Straße waren und ebenfalls nach Hause wollten, dirigierten uns rückwärts, mit den Händen winkend sowie rufend, den Berg hinab. Unten endlich parkten wir den Wagen am Straßenrand und gingen auf der anderen Seite den Berg hinauf – bis nach Zappolino. Schließlich zu Hause angekommen, stellten wir erleichtert die Jingle Bells-Kerze auf.

Natürlich mussten wir von all dem unseren Freunden im Dorf berichten – und ernteten ein Lächeln. Man klärte uns auf, dass man die zarten roten Wäschestücke nach Silvester wegwerfen, oder besser verbrennen muss, damit sie ihren Einfluss voll entfalten können. Schließlich soll man sie sich nicht selbst kaufen sondern man muss sie geschenkt bekommen. Am besten sollte man sie unter dem Weihnachtsbaum finden. Erst dann hätten sie die Aura des Glücks für reichen Kindersegen.

Nun egal, das hatten wir schon hinter uns und an einem materiellen Fortkommen wollten wir sowieso arbeiten. Daher verzichteten wir also auf den Zauber der roten Unterwäsche und begnügten uns mit der Erkenntnis, dass man eben nicht alles haben könne.

Zwischen Modena und Bologna

Es hatte uns in eine wirklich geschichtsträchtige Gegend verschlagen, in der wir wohnen wollten. Canossa war nicht weit. Die Entwicklungen der beiden Städte Modena und Bologna konnten nicht widersprüchlicher gewesen sein. Secondo, Sergio, aber auch andere neue Freunde wiesen uns immer wieder darauf hin, zeigten uns damit ihre zur Heimat verbundenen Gefühle.

Die beiden Städte Modena und Bologna haben jede für sich, an der alten Römerstraße Emilia gelegen, eine reiche Geschichte. Übrigens, wie jede der Städte an der schnurgeraden Straße, am Nordhang des Apennin gelegen, die bei Rimini an der Adria beginnt und bis Mailand geht. Auf ihr marschierten einst mutig die Legionen Cäsars in den Gallischen Krieg, von Festung zu Festung, die jeweils einen Tagesmarsch Distanz zueinander hatten. Später bildeten sich aus den Festungen die Städte, zu denen auch Modena und Bologna gehören.

Bologna, bereits 1088 freie Kommune, gründete schon im ersten Jahrhundert nach der Jahrtausendwende die erste und heute älteste Universität Europas und wurde damit Heimat von bedeutendem gesellschaftlichen Fortschritt. Vielleicht gerade deshalb entwickelte sich Bologna zur Stadt des Handels. Folgerichtig schaffte sie 1264 die Leibeigenschaft ab, weil sie Arbeitskräfte brauchte für die entstehende Textilindustrie und Soldaten für ihre Kriege, die sie kommen sah.

Optimal am Schnittpunkt der Nord-Süd- und Ost-West-Handelswege gelegen, nutzte sie ihre Lage zur Entwicklung als Metropole für Textil- und Seidenwaren und geriet damit und wegen des gewachsenen Bedarfs an Weizen für die Ernährung der Stadt in heftige Konkurrenz zu Venedig. Die unvermeidlichen Kriege mit Venedig begannen, die in mehr als 300 Jahren, mit wechselndem Erfolg, ausgefochten wurden. Am Ende des 15. Jahrhunderts obsiegte Venedig endgültig, und Bologna wandelte sich danach in eine Stadt der Renaissance, der Künste und Wissenschaften.

Aber nicht nur der eine Konflikt mit Venedig beeinflusste die Entwicklung Bolognas, sondern auch innere Streitigkeiten zwischen den Familien, die sich entweder der Stauferpartei oder der Welfenpartei (Kaiser gegen Papst) zugehörig fühlten. Die Papst-Partei siegte am Ende in Bologna, und die Stadt wurde schließlich nördlicher Grenzposten des Kirchenstaates.

Ja, als wichtiges Mitglied der päpstlich-weltlichen Macht sollte Bologna nach dem Willen ihrer Fürsten eine Basilika bekommen, die wuchtiger und größer war als der Petersdom in Rom. Dem heiligen Petronius von Bologna aus dem 5. Jahrhundert wurde sie gewidmet, als man 1390 mit dem Bau begann. Ganze Innenstadtbereiche mussten niedergerissen werden, um Platz zu schaffen für den monströsen Bau, der ursprünglich in Form eines Kreuzes ausgeführt werden sollte. Auf Anordnung eines Papstes wurde dieses Vorhaben aber aufgegeben, und so steht sie bis heute unvollendet im Zentrum Bolognas an der Piazza Maggiore.

Selbst in ihrer unfertigen Form ist die Basilika San Petronio die fünftgrößte Kirche der Welt. So ist es nicht erstaunlich, dass ihr Bau Jahrhunderte dauerte. Ihren ersten Höhepunkt erlebte die Basilika im Jahr 1530, als der Papst Clemens VII zur Krönung nach Bologna kam, um den Habsburger Karl V zum Kaiser zu krönen, Herrscher über Kastilien, Aragon, Burgund, Österreichische Erblande und das Heilige Römische Reich Deutscher Nation.

Die Basilika bescherte uns bei jedem Besuch immer neue Entdeckungen und Einblicke. So sind zum Beispiel in ihr die Gebeine von Elisa Bonaparte, der Schwester Napoleons, bestattet. Wesentlich auffälliger aber waren für uns die zwei Orgeln, die sich links und rechts des Hauptaltares befinden. Es sind die ältesten Orgeln Italiens, erbaut um 1475 (links) und 1596 (rechts).

Und immer wieder aufs Neue bewunderten wir die vielen ausdrucksstarken und detailreichen Fresken, in die wir uns Mal um Mal verguckten. Es war nicht nur die Abbildung des Jüngsten Gerichtes, in dem der Teufel alle bösen Seelen verschlingt, was uns fühlbar erschaudern ließ.

Am auffälligsten für uns in der Kirche war aber der Meridian von Giandomenico Cassini, der 1655 angelegt wurde. Er ist mit 66,8 Metern die längste Mittagslinie der Welt. Um genau 12 Uhr mittags bildet eine kleine Lochblende in der Kuppel die Sonne auf der Linie am Kirchenboden ab – genau auf der sogenannten Mittagslinie. Aber auch schon vor 12 Uhr sahen wir diesen Sonnenfleck, wie er, sich auf die Mittagslinie zubewegend, über Bänke und Säulen rutschte.

Ein kleines Männlein an der Mittagslinie sprach uns an und erklärte uns die Wirkungsweise des Meridians und auch die Sagen, die sich um ihn ranken. Er bekam leuchtende Augen, als er uns verriet, dass der Lichtstrahl an manchen Tagen herzförmige Schatten werfe. Und wenn Brautpaare an solchen Tagen die Basilika besuchten, solle die Liebe ewig währen. Und junge Frauen, die noch auf der Suche nach einem Liebsten seien, würden ihn bald finden, wenn sie den herzförmigen Schatten erblickten.

Gegenüber vom *Palazzo Communale* – dem Rathaus – führt eine enge Marktstraße weg von der *Piazza Maggiore*. Jedes Mal, wenn wir in der Stadt waren, mussten wir durch diese kleine Straße schlendern. Sie war für uns ein sichtbarer Ausdruck für die liebevolle Bezeichnung

Bologna, Palazzo Nettuno

der Stadt Bologna, *la grassa* – die Fette. Dort reiht sich Mini-Geschäft neben Mini-Geschäft, jede nicht breiter als ein Marktstand, aber mit einer kleinen Räumlichkeit in der Häuserreihe. Früchte – exotische und heimische, alles was an Gemüse denkbar ist, dazu Schinken, Käse, appetitlich angerichtete Vorspeisen und Beilagen und so vieles mehr. Es gelang uns niemals hindurchzugehen, ohne eine dieser Köstlichkeiten mitzunehmen.

Die Bezeichnung Bologna, *la grassa,* beschreibt die Stadt nicht vollständig. Fett sind auch andere Städte in Italien. Erst mit einem Dreiklang entsteht das Bild Bolognas: *la grassa, la dotta, la rossa* – die Fette, die Gelehrte, die Rote. Gelehrt, weil sie, wie schon erwähnt, die älteste Universität Italiens beherbergt, an der viele wissenschaftlich bedeutende Dozenten lehrten und forschten, besonders im medizinischen Bereich. Den uralten musealen Seziersaal, angeordnet wie ein Amphietheater mit einem Seziertisch aus Marmor in der Mitte, konnten wir nahe des *Piazza Maggiore* besichtigen.

Und rot ist sie. Es ist die Farbe der Häuser, aber auch im übertragenen Sinn der Charakter der Politik der Stadt. Wie doch schon erwähnt, entließ die Stadt schon im Mittelalter Leibeigene in die Freiheit, die diesen Umstand wochenlang auf der Piazza Maggiore feierten. Und diese soziale Attitüde setzte sich in der Geschichte Bolognas fort – bis heute.

Wir vermuteten jedoch, dass sich hinter dieser Haltung eher kühles Kalkül verbarg als demokratische Überzeugung. Das tat dem Ergebnis aber keinen Abbruch, denn darauf kam es ja an.

Nach der ersten Jahrtausendwende war die Stadt Modena wie Bologna ebenfalls eine freie Kommune, schlug sich aber in den Kriegen zwischen dem Staufer Friedrich II und dem Papst Gregor IX, anders als Bologna, auf die Seite des Kaisers. Sie wurde eine Stadt der Verwaltung und der Militärakademien – an der Grenze zum Kirchenstaat. Aus dieser gegensätzlichen Ausgangslage entwickelte sich Konkurrenz und das Streben nach Macht über die wichtigen Handelswege in der sumpfigen Po-Ebene.

Scharmützel konnten dort aber nicht ausgetragen werden, so verlagerte man diese in die Hänge am Apennin – bei Zappolino. Die Erzählungen von Freunden in Castello di Serravalle, wozu Zappolino als Fraktion gehört, korrespondieren vielleicht nicht mit der Geschichtsschreibung, sind aber dafür nicht so trocken: Von Zappolino, auf der Höhe gelegen, führt eine Straße hinab ins Tal zum Flecken Bersagliera. Dieser Name sagt schon etwas über seine Herkunft. Der *bersagliere* ist der Scharfschütze, also zu damaliger Zeit der Bogenschütze. In Bersagliera fand 1325 eine Schlacht zwischen Modena und Bologna statt. Die Scharfschützen aus Modena waren an Zahl überlegen, es sollen so an die 30.000 gewesen sein. Die Bolognesen wurden in die Flucht geschlagen, sie zogen sich zurück auf den Berg nach Zappolino und ließen alles zurück, was sie bei sich hatten. Die Modenesen drangen im Tal vor bis in die Latrinen der Bologneser und nahmen als Siegesbeute einen hölzernen Latrineneimer mit.

Dieser Eimer hing bis vor wenigen Jahren allen sichtbar und als Ausdruck des Triumphs der Modeneser über die Bologneser im Turm des Doms von Modena, bis ihn einige Studenten aus Bologna dort entwendeten. Natürlich wurde er zurückgegeben, man war ja nicht nachtragend und nun wird er würdig im Rathaus von Modena aufbewahrt. In den Turm hängte man eine Nachbildung des Eimers.

Die Bologneser haben sich nach ihrer Schlappe – so wurde mir berichtet – in Zappolino angekommen, wahrscheinlich erholen müssen, haben sich in einer Feldküche mit *Polenta* gestärkt.

In vielen Darlegungen und von verschiedenen Seiten immer wiederholt, hörte ich die Geschichte wieder und wieder: in Zappolino – mit weichen „S" am Anfang gesprochen – gab es eine Poststation, vielleicht auch ein Rasthaus für die Reisenden zwischen Bologna und Modena. Vielleicht waren sogar nach dem Kampf so wenige Bologneser übrig, dass sie sich in der Osteria einquartieren konnten.

Beim Zuhören dieser Erzählungen über die Geschichte lernte ich auch mehr über den besonderen Dialekt der italienischen Sprache in dem Gebiet um Modena, wo sich in vielen Wortwendungen eine gewisse Verwandtschaft mit dem Französischen aufdrängt. Besonders die Sprachmusik erinnert daran.

In der Tat waren Provinzen in Norditalien während früherer Jahrhunderte französisch durchsetzt. Namen von Gemeinden, wie Corte Franca am Iseo-See oder Campogalliano – Feld der Gallier – bei Modena weisen darauf hin. Und so machte ich mir meine eigene

Geschichte über die Entstehung des Namens Zappolino, was aber nichts mit einem denkbaren französischen Hintergrund zu tun hat:

Das italienische Wort *zappare* heißt hacken. Es ist ein in der Landwirtschaft verwendetes Wort, d.h. den Boden hacken, bearbeiten. Ich habe es aber auch gehört in Verbindung mit der Zubereitung von Polenta. Man sagte: *zappar la poulén* – also die Polenta während der Zubereitung bearbeiten.

Daraus habe ich mir meine eigene Erklärung für die Entstehung des Wortes Zappolino gebastelt. Im örtlichen Dialekt hört sich Zappolino wie Sappoulén an, mit genäseltem endständigen „n". Warum sollte also nicht dort, als die Bologneser vor den Modenesern davongelaufen waren, oben auf der Höhe der Wirt der Osteria die Bologneser mit einer *polenta* gestärkt haben, worauf die Lokalität für die Bologneser die Bezeichnung weg hatte: Sappoulén – Zappolino? Bei Freunden im Ort und bei Regina erntete ich mit meiner Erklärung für die Entstehung des Wortes nur ein breites Grinsen.

So oft wie in Bologna waren wir in Modena nicht. Die Straßen-Verbindung von uns nach Modena war komplizierter. Aber das war es nicht allein. Bologna erschien uns heimeliger, Modena dagegen trat uns mit vornehmer Geste entgegen. Das ist vielleicht subjektiv, aber jeder hat so seine Empfindungen beim Besuch einer Stadt. Die schon erwähnte Militärakademie im Zentrum der Stadt mag das unterstützt haben. Majestätisch, allerdings auch unnahbar, so stand sie vor uns. Nur manchmal spotteten wir über die bunt uniformierten blutjungen Kadetten. Das waren wohl Zweit- und Drittsöhne reicher und einflussreicher Familien, die sie auf die Straße entließ, und die anschließend mit ihren Mädchen am Arm flanierten, oder mit ihren Eltern essen gingen. Clem bestätigte uns, dass diese Kinder niemals Erben des Familienvermögens würden. Man ließe sie die Militärlaufbahn betreten, damit sie versorgt seien – oder sie träten einfach in die Römische Kurie ein.

Mit diesen Überlegungen und den damit verbundenen Gefühlen führte uns Clem in das im romanischen Stil errichtete Kirchenschiff, im Zentrum Modenas, in einen sakralen Bau, in dem wir den religiösen Zeitgeist der ersten Jahrtausendwende spürten: überwältigend, erregend und doch Demut gebietend. Man fühlt sich ehrfürchtig und ausgeliefert.

Vorher hatten wir am freistehenden Glockenturm, der *Ghirlandina* neben dem Hauptgebäude, emporgeblickt. Er schien uns ein verbogener Gottesfinger zu sein. Aus der Position direkt am Fuß des Turms konnten wir erkennen, dass noch während der Bauphase zwei Mal die senkrechte Ausrichtung korrigiert worden war. Der Stumpf des Turmes war, wie fast alle Kirchen in der Po-Ebene, in die Schräglage gegangen. Da der Bau aber Jahrhunderte beanspruchte, hatte man Zeit, die Senkrechte neu festzulegen, und es konnte im 14. Jahrhundert die im gotischen Stil erbaute Turmspitze senkrecht aufgesetzt werden. So hat Modena ein krummes Wahrzeichen bekommen.

Der Bau des Doms begann etwa um 1100, zu einer Zeit, als der Bischof von Modena vom Papst exkommuniziert worden war. Er hatte zu viel Sympathie für den Canossa-Kaiser Heinrich IV gezeigt. Die Modeneser wollten aber keinen anderen Bischof. So blieb die Diözese unbesetzt. Das hielt jedoch die Einwohner von Modena nicht davon ab, bereits ohne Beteiligung eines Bischofs eine neue große Kathedrale zu bauen. Diese Entscheidung, in Unabhängigkeit von Kaiser und Kirche getroffen, war spezifisch für den Willen der Stadt nach Autonomie und Selbstbestimmung. Der Dom wurde zum Symbol für diesen Anspruch. Er begünstigte im Jahr 1135 die Gründung der freien Kommune Modena. Benannt wurde er später nach dem Schutzpatron der Stadt, San Geminiano, der heute in der Krypta der Kathedrale begraben liegt.

Die Nobelmarke Ferrari

Der Dom war aber nicht die einzige Attraktion in der Provinz Modena. Gianni, ein junger Vertreter der Firma, wo ich arbeitete, lud mich ein, mit ihm seinen legendären Kunden zu besuchen. Er hatte an die Ferrari Autowerke in Maranello einen Kleber verkauft, den ich entwickelt hatte. Der Vertreter meinte, ich müsse mir das ansehen, wo und wie der Kleber in der Produktion zum Einsatz käme und machte einen Termin.

Meine Regina beschloss kurzerhand, als ich ihr davon erzählte, mitzukommen. Gianni willigte ein und meinte, Besuche in der Montage würde man großzügig gewähren. Er fuhr uns also nach Maranello, das nicht weit von Modena liegt. Dabei passierten wir auch die Ferrari-Teststrecke, die direkt am Werk angeschlossen ist. Es war aber still in dem Moment und keine rasenden rote Derwische waren zu sehen.

Schon zu Beginn, als wir die heiligen Hallen betraten, beeindruckte uns die Sauberkeit, die Ordnung überall und vor allem die Ruhe und Gelassenheit, mit der die Montage vor sich ging. Das Fließband mit den Objekten, an denen montiert wurde, bewegte sich in Schüben vorwärts. Die Arbeiter gingen mit, blieben beim Motor, der Karosse oder was es war. Am neuen Ort fanden sie alles, was sie für die Weitermontage benötigten.

Uns und den Vertreter führte man in die Werkstatt, wo die Konsolen für die Armaturen, die Innenflächen der Türen und weitere Innenelemente der Wagen mit schwarzem Ziegenleder bespannt wurden. Der Kleber wurde auf den Untergrund aufgetragen - mit dem Pinsel oder der Spritzpistole. Dann legte man das Leder auf und schließlich glättete man die Flächen, indem man einen Föhn drüber hielt. Es war schon überraschend zu sehen, wie gelegentliche Falten sich durch die Warmluftbehandlung spannten und verschwanden. Zurück blieb eine glatte Fläche, die sich weich und sanft anfühlte wie ein Babypopo.

Der Abteilungsleiter bat um eine geringfügige Variation des Klebers. Die Konsistenz sollte etwas dünner eingestellt sein. Das konnte ich versprechen und ein glücklicher Vertreter brachte uns wieder zurück.

Der Besuch hatte einen tiefen Eindruck bei uns hinterlassen und Gianni schlug uns vor, wir sollten mal bei Gelegenheit auch das Ferrari-Museum in Maranello besuchen, was wir bald darauf mit einem unserer deutschen Gäste auch taten. Die Entstehung des Rennstalls – der Scuderia Ferrari – von 1929 bis in die Neuzeit, von Enzo Ferrari schon mit dem *cavallino rampante*, dem sich aufbäumenden Pferd als Logo gegründet, wanderte mit beeindruckenden Exponaten an unseren Augen vorbei. Der legendäre erste Sportrennwagen, der für die Mille Miglia konzipiert war, der Ferrari 125C Sport, gehörte wohl zu den Höhepunkten, die sich in unser Gedächtnis eingruben.

Das führte uns so nebenbei gedanklich auch zu den in Modena ansässigen und sagenumwobenen Marken Bugatti, Maserati und auch Lamborghini.

Bugatti verschwand allerdings bald nach der Neugründung aus der Gegend um Modena, während Lamborghini in Cento weiter bestand. Das merkten wir daran, dass neue Modelle dieser Marke immer mal zu Testzwecken bei uns in Zappolino vorbei brausten. Was es damit auf sich hatte, erfuhren wir von Trucciolo, einem Freund. Beide Marken hatte VW assimiliert.

Maserati allerdings kam zu FIAT, wie auch Ferrari, womit beide Marken nicht mehr in Konkurrenz zueinander standen. Auf Maserati hatte sogar der Formel 1 Pilot Fangio 1957 die Weltmeisterschaft gewonnen. Trucciolos Augen glänzten patriotisch-stolz als er uns davon berichtete.

Das blieb für Regina aber nicht das einzige Erlebnis mit der Nobelmarke Ferrari. Natürlich berichteten wir jedem, der es wissen wollte oder auch nicht, von unserem Erlebnis in Maranello. Besonders hatte Regina es da abgesehen auf Costantino, den Cousin von Dino, meinem Chef.

Costantino musste sich immer unsere Erlebnisse anhören, was er allerdings genoss. Bei ihm kauften wir manchmal einen ganzen Schinken aus seiner Produktion, wenn bei uns Besuch bevorstand. Und jetzt war es mal wieder soweit. Regina erwartete zu ihrem Geburtstag Gäste aus Deutschland. Ein Schinken musste her, natürlich von Costantino, der uns jedes Mal mit vollem Enthusiasmus seine Produktion zeigte und uns erklärte, worauf es ankäme, um den richtigen Parmaschinken-Geschmack zu treffen. Das sei nicht nur die einmalige lokalspezifische Ernährung der Tiere, sondern auch und das sei sein Geheimnis, die richtige Art der Lufttrocknung und dessen Dauer. Aber dabei blieb es nicht. Natürlich sprachen wir auch von anderen Dingen. So war ein Besuch bei Costantino immer damit verbunden, dass wir uns Zeit nahmen. Und dieses Mal wollten wir von unserem Erlebnis in Maranello berichten und dem Grund, warum wir ein besonders guten Schinken brauchten, zu Reginas Geburtstag.

Costantino riss seine Augen auf, als er das hörte. Er wusste es offenbar, dass er damit richtig Eindruck machen konnte. Sie leuchteten in einem unwirklichen hellen Blau und waren mit goldbraunen Punkten gesprenkelt.

„Venite" – „kommt", sagte er und führte uns nach hinten in einen Raum. Dort stand er, ein roter Flitzer der Edel-Marke Ferrari. Das war natürlich eine totale Überraschung für uns. Wir sollten aber noch mehr staunen. Costantino offenbarte uns, dass er nämlich am gleichen Tag Geburtstag feiere wie Regina, und dass er sie aus diesem Grund zu einer Fahrt in seinem Ferrari einlade.

Das konnte Regina nicht ausschlagen und wir verabredeten eine Gelegenheit. Ich wollte dabei mit unseren eigenen vier Rädern nachkommen. Es sollte nach Monteombraro gehen, einem Borgo oben im Apennin, wo wir dann auf der piazza die Angelegenheit mit einem Prosecco begossen.

Der Priester

Wir waren in Castello di Serravalle, einem Ort von vielleicht 3.500 Einwohnern, nicht nur Neubürger, sondern darüber hinaus auch noch *tedeschi,* – Deutsche – denen man neugierig begegnete. Dazu trugen natürlich Sergio und Maria als unsere bäuerlichen Nachbarn bei.

Neben ihrem Erwerb als Kleinbauern betrieben sie im Ort an der Piazza vor dem *municipio* – dem Rathaus – noch eine *caffé-bar,* die sich Bar Sport nannte. Sie war Treffpunkt für die Männer und Frauen des Ortes wie für die Jugend gleichermaßen. Man spielte dort Karten, kaufte Sportwetten-Coupons, konnte aber auch an Daddelautomaten sportliche Avancen ausleben. Getränke wie *caffé,* der *cappucino* oder auch der *apero* wurden deswegen nicht zur Nebensache. Und die Bar fungierte auch als kommunikativer Mittelpunkt. Nichts was im Ort geschah, blieb dort unkommentiert. Und wir als Deutsche waren nicht nur für Agosto, dem Dorfschmied, besonderes Objekt von Neugier. Es schien den Menschen im Ort einfach unfassbar, dass wir so freiwillig und ohne Auftrag uns in die Klauen der italienischen Bürokratie begeben hatten. Aber Agosto, Sergio und nicht zuletzt Maria, die hinter dem Tresen in der Caffé-Bar stand, befriedigten bald und effektiv die Neugier des Ortes. Das merkten wir daran, dass wir eines Tages Besuch vom Priester bekamen. Der wollte das tun, was man bei allen Neubürgern im Ort tut: die Wohnung segnen. Maria brachte ihn zu uns herüber. Für ihn war es anscheinend unvorstellbar, das jemand anders gestrickt war als katholisch und darum war es für ihn eine Selbstverständlichkeit, unsere Wohnung zu segnen. Schließlich waren wir ja in seinen Augen neue Schäfchen seiner Pfarrei. Meine liebe Regina wimmelte ihn mit der Bemerkung ab, das sei nicht nötig, denn wir seien weder Katholiken noch Protestanten. Maria, die über unsere weltanschauliche Haltung wusste, (wir hatten uns ihr und Sergio an jenem Abendessen mit Grünkohl erklärt) stand hinter dem Priester, als er die Absage erhielt. Man sah es ihr an, dass sie sich über Reginas Antwort amüsierte. Für sie hatte Regina keine *brutta figura* – schwache Vorstellung – gegeben. Der arme Priester kam nie wieder, obwohl wir fast zwanzig Jahre in dem Ort wohnten. Normalerweise kommen sie einmal im Jahr.

Villa Stagni, mit eigener Kirche in Crespellano (Valsamoggia)

Fare bella figura

Eine auffällige Erscheinung im öffentlichen Raum in Italien, sei es in unserer Pizzeria, wo es üblicherweise ein ziemliches Stimmengewirr gab, oder auch bei der Arbeit, ist der gelegentlich lautstarke Umgang der Menschen miteinander – eine Kollegin fragte mich mal, ob ich denn niemals laut wäre.

Als Nichteingeweihter könnte man glauben, Männer wie Frauen, auf der *Piazza*, beim Einkauf auf dem Wochenmarkt, stünden in ewiger Streiterei, könnten nicht nachlassen. Manchmal haben wir uns doch wirklich gefragt: Was bewegt die Menschen, dass sie so stimmkräftig miteinander reden? Denn nicht immer verstanden wir so recht, worum es ging. Dafür redete man zu schnell und dann noch im lokalen Dialekt, der einem vorkommt, als wolle man partout französisch reden, könne es aber nicht.

Einmal war es mir zu viel. Wir saßen mit deutschen Freunden in einem Strand-Restaurant draußen, genossen den Sonnenuntergang über dem Meer, freuten uns über die laue Luft und die schmackhaften Meeresfrüchte. Und nebenan, keine drei Meter entfernt, stand der ständige Begleiter der Wirtin – eine andere Funktion bei ihm hatten wir bis dahin nicht erkennen können – und ein uns Unbekannter. Sie gestikulierten und redeten laut, ja manchmal schrien sie sich sogar an. Kurz, sie störten erheblich. Und da konnte ich nicht anders, ging zu ihnen hin und erklärte ihnen, sie mögen doch bitteschön mit ihrer *polemica* – Streiterei – woanders hingehen. Zwei zutiefst erstaunte Gesichter blickten mich an: „*Ma come polemica – non litighiamo, caro signore.*" Man erklärte mir, dass sie doch lediglich nur miteinander diskutierten. Zwar sei Fußball das Thema, aber bitte sehr, sei das doch erlaubt, dazu Meinungen auszutauschen. Ich entschuldigte mich, zog

mich zurück. In ihren Augen hatte ich sicherlich keine *bella figura* gemacht. Sie bequemten sich aber, sich etwas zu entfernen, wurden
tatsächlich danach sogar leiser. Offenbar hatte ich ihren Wettstreit
um die zutreffende Interpretation über dies oder das im Fußball unterbrochen, ja ihren Wettstreit, wer die bessere *bella* figura in der Diskussion machte, abgewürgt.

Wir hatten zwar viel Besuch aus Deutschland, aber eben nur im
Sommer. Der Winter, den es in Italien auch gibt, wurde lang, langweilig
aber nicht. Denn gelegentlich morgens musste unser Hof von Schnee
geräumt werden. Und jetzt lernten wir die feine Achtsamkeit mancher
Menschen, das Miteinander dort kennen und schätzen. Das war uns
schon aufgefallen, zum Beispiel im Straßenverkehr. Wütendes Hupen
oder stures Bestehen auf Vorfahrt oder Rechthaberei ist uns nie begegnet. Man fuhr nach der „Devise leben und leben lassen". Auch
nach einem Autounfall, den ich hatte, widerfuhr mir diese Achtsamkeit
von Menschen, die mir völlig fremd waren – und die Menschlichkeit
der Carabinieri. Aber dazu später.

Im Winter und nach reichlichem Schneefall, der im Apennin bis
in die Niederungen vorkommen kann, passierte es nicht nur einmal,
dass private Traktoren, mit Schneeschiebern bewaffnet, die Straße
auf und ab fuhren, so den Räumdienst der Gemeinde unterstützten
und ungefragt auch auf unseren geräumigen Hof auffuhren, ihn frei
machten. Dabei hatten wir nie das Gefühl, man wolle sich präsentieren oder man habe finanzielle Interessen. Der Mann auf dem Traktor,
wir kannten ihn nicht, hob die Hand, wir bedankten uns und weg war
er. Er hatte *bella figura* gemacht, hatte gezeigt, dass er hilfsbereit, ein
besonnener Nachbar ist.

Die Frage der *bella figura* in Italien hat fast strategischen Inhalt für
Manche, hat etwas mit Bedeutung, mit Wichtigkeit, mit Beachtens-
wert sein zu tun, aber auch mit Konsensfähigkeit. Das heißt, auch dem
Kontrahenten gesteht man zu, ja man geleitet ihn sogar dahin, *bella*
figura zu machen. Man weiß ja nie, ob er nicht irgendwann in Zukunft
im Vorteil ist. Und darum wird gerungen.

Die Eigenheit, Fremde nicht an sich heran zu lassen, korrespon-
diert mit dem Wunsch, immer *bella figura* zu machen, die sozusagen
als Schild vor sich her getragen wird, um sich und die Familie vor Unbill

zu schützen. Das ist nicht ohne Logik, wenn man Ersteres akzeptiert und das muss man, es ist einfach so. Diese typische Haltung zieht sich durch alle Bereiche des italienischen Lebens.

Kirche St. Apollinaris

Helmut

Wir bekamen einmal Besuch von Helmut, einem weiteren Deutschen, der im Ort ansässig war und mit einer jungen Italienerin zusammenlebte. Da er nun berufsunfähig war, verbrachte er viele seiner Stunden in einer der zwei *caffé-bars* im Ort und spielte dort mit den Männern Karten. Er kam eines Tages mit seinem elektrischen Rollator auf unseren Hof gerollt und meinte, er habe von uns verrückten Deutschen gehört und er müsse uns unbedingt kennenlernen. Und das verhinderten wir nicht, im Gegenteil, uns gab es Gelegenheit, mehr über den Ort und dessen Menschen zu erfahren. Denn so ganz verstanden wir den Dialekt, den man dort sprach, doch noch nicht. Besonders die genuschelten Endungen, die manchmal ganz weggelassen wurden, machten uns Schwierigkeiten.

Über Helmut, der schon länger im Ort war und sich voll eingelebt hatte, erfuhren wir, was und wer wichtig war. Von ihm hörten wir unter anderem, dass es eine deutsche Frau im Ort gab, die in eine italienische Familie eingeheiratet hatte. Natürlich interessierte uns das, denn wir suchten immer noch Kontakte. Jeder im Ort begegnete uns offen und herzlich – aber es blieb immer bei einer Beziehung *en passant* – Begegnung auf der Straße, der *piazza* oder in der *caffé-bar*. Deshalb bemühten wir uns, Bekanntschaft mit ihr zu suchen, hoffend, Freundschaft mit einer italienischen Familie zu finden.

Aber eine nähere Bekanntschaft mit jener deutschen Frau, die Helmut uns vorgestellt hatte, gelang uns nicht. Einmal trafen wir sie auf der *piazza* und verabredeten uns. Daraus wurde nichts, die Familie hatte sie verschluckt.

Wieder bestätigte sich uns, dass soziale Kontakte in Italien meistens auf der Straße stattfinden. In die eigene Wohnung und noch viel weniger in das Wohnzimmer, das aussieht, als sei es ein Ausstellungsstück, lässt man Außenstehende, die nicht zur Familie gehören, ganz selten. So kommunikativ der Italiener im Allgemeinen ist, man muss als Nicht-Italiener großes Glück haben, Eingang in einen Familienkreis zu finden. Dann aber wird man gehätschelt und verwöhnt. Das hatte ich einst als Jugendlicher bei der Familie meines Freundes Pietro bei Rom erlebt – auch jedes Mal, wenn wir ihn besuchten. Aber er lebte 400 km weiter südlich und nicht in Castello di Serravalle. Also mussten wir uns hier arrangieren.

Schlussendlich gaben wir nach mehreren Versuchen auf, die Gummiwand konnten wir nicht durchbrechen. Es blieb dabei, nicht der eigenen Familie angehörende Fremde lässt man in Italien nicht so schnell an sich heran. Man bleibt freundlich, achtsam und hilfsbereit, solange das außerhalb der eigenen vier Wände stattfindet. Nur eine Eingeheiratete wird hereingelassen, dafür sorgt die Familie.

Zurück zu Helmut. Er schleppte uns natürlich in die angesagte Pizzeria des Ortes, die La Bruciata – die Verbrannte – hieß. Wir suchten gerade eine Alternative zu unserer Pizzeria in Zappolino. Diese hatte uns anfangs Sergio empfohlen, als wir dort noch frisch waren. Den Koch müssten wir kennen lernen, war Sergios Rat an uns. Und wir sahen dort noch einen Vorteil: das Lokal konnten wir zu Fuß erreichen.

Und wirklich, wir erlebten den Koch bald als Unikum, oder als Genie, je nach dem wie man ihn sah. Er wiederum schloss uns irgendwie und sofort in sein Herz, als wir dort – schon mit unseren ersten Gästen – auftauchen und ihm erklärten, dass wir neu in Zappolino seien. Wir durften, nein wir mussten uns ansehen, was er gerade zubereitete. Es waren in einer Pfanne mit hohen Rand im Ofen gebackene *tortelacci*, wie er sie nannte. Das waren Riesen-Tortellini mit einer Spezialfüllung aus seiner Küche. „*Questi dovete assaggiare*", – „die müsst ihr probieren" – war sein Verlangen an uns und stellte uns unaufgefordert eine Portion mit einer Handvoll Gabeln dabei auf unseren Tisch.

Wir blieben aber bei Pizza und gelobten ihm, zu einer anderen Gelegenheit darauf zurückzukommen. Dafür stellte er uns am Ende drei eisgekühlte Flaschen mit auf Grappa aufgesetzten Fruchtschnäpsen auf den Tisch. Mit „*Era gratuito*" – „das war gratis" – lehnte er, als wir gingen, die Bezahlung ab. Leider wurde die Pizzeria in Zappolino bald geschlossen. Der Koch hatte gekündigt, weil er in Bologna ein eigenes Restaurant eröffnen konnte.

Helmut nahm uns also mit in seine Pizzeria, die La Bruciata, die er uns wärmstens nahe legte: „Das Team der Pizzeria hat mal vor Jahren an einem internationalen Pizza-Backwettbewerb teilgenommen und gewonnen. Die Siegerpizza gibt es dort noch."

Also verabredeten wir uns und bestellten Platz für einen Samstag. Natürlich wollten wir wissen, was die Siegerpizza war und sie auch probieren.

Auf der Menükarte stand sie als Delicata. Aber noch eine andere Pizza fiel uns auf. Sie hieß Atomica. Beide wurden bald unsere Favoriten. Die Delicata: *mozzarella, gorgonzola, pere, noci, prosciutto San Daniele, mascarpone*. Eine Pizza zum Reinsetzen. Sie war eine *bianca*, d.h. ohne Tomatenmus, nur mit Mozzarella bestreut. Darüber war sie vollflächig mit mit dünnen Scheiben reifer Birnen belegt, hiernach folgte Bruch von Walnusskernen und krümeligem Gorgonzola-Käse. Und obenauf lagen Scheiben mit feinstem luftgetrockneten *prosciuto San Daniele*. Zwischen dem Schinken und am Rand einige Kleckse *mascarpone*, der wie der Schinken erst nach dem Backen aufgelegt wurde. Einfach göttlich!

Die Atomica: *pomodoro, mozzarella, salame piccante, cipolla, olive nere e uovo*. Eine unvergessliche Pizza. Sie war rot, das heißt mit Tomatenmus belegt und Mozzarella bestreut. In Kreisform um die freie Mitte lagen sechs kleine. mit scharfer Paprika gewürzte Salamischeiben, darauf Zwiebelringe und gehackte schwarze Oliven. Nach dem Backen kam in die Mitte der Atomkern, ein frisches Eigelb mit etwas Eiweiß, das sofort gerann. Es sah wirklich aus wie ein Atom, das von den Salamischeiben, den Elektronen, umkreist wurde. Mit einem halben Liter Bier ein Genuss.

Aber alle Pizzen dort waren außergewöhnlich gut, und wir wurden bald Stammgäste, wie viele Familien aus Castello di Serravalle oder der Umgebung. Abends gegen 20 Uhr wurde es regelmäßig voll. Wir waren meist schon eine halbe Stunde vorher da, um uns einen Platz aussuchen zu können. Natürlich gab es dort auch Festlichkeiten, zumeist waren es Kindergeburtstage. Die Jungen und Mädchen saßen weniger auf ihren Stühlen – sie eroberten die Gänge, schauten den anderen Gästen auf den Tisch, welche Pizza dort gerade gegessen wurde. Und die Riesenpizzen, die die Mütter und Väter den Kindern bestellt hatten, lagen angeschnitten und vielleicht zu einem Drittel verzehrt, einsam an den Plätzen der Kinder.

Aber nicht nur zu solchen Gelegenheiten wanderten halbe oder dreiviertel Pizzen zurück in die Küche. Oft beobachteten wir Familien mit Kindern, denen große Pizzen bestellt wurden, obwohl es auf dem Menü auch die Option Kinderpizza gab. Die Kinder wollten offenbar zeigen, dass sie alles verputzen konnten – was den wenigsten gelang.

Auch uns glückte nicht immer der Verzehr einer ganzen Pizza. Dann ließen wir uns die Resthälfte in einen Pizzakarton verpacken und nahmen sie mit nach Hause. Das war uns am nächsten Tag mittags eine willkommene Abwechselung für den üblichen kalten Mittagstisch, den wir uns in Italien angewöhnt hatten. Der Pizzarest wurde in einer beschichteten Pfanne mit Deckel ohne Fett und Öl auf kleiner Flamme erwärmt. Dann blieb sie knusprig und trocknete nicht aus.

So oft wie wir dort waren, wurden wir auch bald zu Freunden der Wirtsleute, denen wir behilflich sein konnten, ihre jährlichen Betriebsausflüge zum Oktoberfest in München zu organisieren.

Wir taten es nicht dafür, dass man sich seitens der Pizzeria erkenntlich zeige, nein Anteilnahme und Beachtung wollten auch wir demonstrieren. Andererseits war uns aufgefallen, dass viele Italiener, die wir kennengelernt hatten, uns voller Inbrunst berichteten, schon mal in Deutschland gewesen zu sein: auf dem Oktoberfest! Regina bemerkte scherzhaft, wir sollten doch eine Agentur für Reisen zum Oktoberfest eröffnen.

Helmut kannte alles und jeden im Dorf. So war es für uns naheliegend, ihn auch zu fragen, wer der richtige Dachdecker für uns wäre, nachdem Sergio mich angesprochen hatte, ob ich nicht eine Dachrinne an der Seite des *fienile* – der Scheune – anbringen lassen könne, welche mit einer Flanke genau auf der Grundstücksgrenze zwischen seinem und unserem Besitz stand. Er denke daran, das wirklich alte und unbewohnte Bauernhaus aus dem Jahr 1530, das sich versetzt neben unserer Scheune befand, zu verkaufen.

Helmut meinte, er wolle sich darum kümmern und tatsächlich fuhr kurze Zeit später Guerrino bei uns auf den Hof. Er stellte sich vor, Helmut hätte ihn geschickt. Ich erklärte ihm, um was es ginge und was Sergio gesagt hatte.

Guerrino schaute sich das Dach an und stellte fest, dass die Dachsparren an den Enden so morsch waren, dass die Befestigung einer Regenrinne unmöglich wäre. Sie müssten ersetzt werden. Nur der dicke Firstbalken aus Eichenholz könnte wiederverwendet werden, das sei alles ein größeres Vorhaben. Und er fügte hinzu: „Das Haupthaus, in dem ihr im zweiten Stock über Sergio wohnt, braucht auch ein neues Dach. Überzeuge Sergio, sich zu beteiligen."

Recht hatte Guerrino ja, aber ich wusste auch, die Spendierhose hatte Sergio niemals an, eher war das Gegenteil der Fall. Da stand mir noch etwas bevor.

Guerrino erklärte weiter, er sei ein viel beschäftigter Maurer und Dachdecker im Ort und schaute mich dabei sehr unschlüssig an. Ich hatte das Gefühl, er wollte nicht direkt absagen, schon alleine wegen Helmut nicht, der ihn zu mir geschickt hatte. Es könne einige Zeit dauern, bis er anfinge und ob ich die Arbeit am Dach der Scheune nicht selbst in Angriff nehmen wollte.

Damit lief er bei mir eine offene Tür ein, denn in der Zwischenzeit hatte ich mir ausgerechnet, dass das alles zu teuer für uns werden würde und fragte ihn nur, woher ich denn ein Gerüst bekäme. Guerrino winkte großzügig ab und erklärte mir, dass das kein Problem sei. Er könne mir alles an Werkzeug leihen, was ich benötigte: Gerüstsegmente und Bohlen. Aufbauen müsste ich es allerdings selbst.

Das Dach der Scheune decken und die Telecom

Helmut hatte uns schon gewarnt. Ein neuer Telefonanschluss, den wir beantragt hatten, könnte dauern, war seine Meinung. Er hätte selbst schlechte Erfahrung damit gemacht. Aber uns kam ein glücklicher Umstand zu Hilfe.

Auf unserem Feld standen mehrere Telefonmasten. Mich störten sie eigentlich nicht, aber anscheinend hatte die Telefongesellschaft damit etwas vor. Just in jenen Tagen, als wir den Anschluss beantragt hatten, kam ein Vertreter der Gesellschaft vorbei und erklärte, dass man die Kabel in die Erde versenken wolle. Dafür erbat man unsere Genehmigung, über das Feld einen Graben ziehen zu dürfen. Das erlaubten wir, verbanden das aber mit der Forderung, man möge zu der Arbeit gleichzeitig unseren Anschluss mit einplanen. Und das geschah. Wir hatten unverschämtes Glück gehabt.

Danach standen die Masten aber immer noch auf unserem Feld, und wir erfuhren auf Anfrage bei den Arbeitern, die würden in den nächsten Tagen abgeholt. Das war uns aber nicht recht. Ich wollte die Masten behalten, weil sie ausgezeichnete Balken abgeben würden als Auflage für neue Sparren im Scheunendach.

Auf meine Anfrage beim Vorarbeiter diesbezüglich erhielt ich die vielsagende Antwort: „Was da noch steht, wird abgeholt."

Hieß das etwa: „Ich weiß von nichts", oder gar: „Macht was ihr wollt?" Ich sprach mit Regina darüber. Sie meinte: „Fällen und in der Scheune verstecken."

Das war es. Gesagt, getan. Es war Knochenarbeit. Aber zum Schluss lagen vier Masten in der Scheune. Ein Abholdienst für die Masten ist niemals bei uns aufgetaucht. Wahrscheinlich waren die froh, dass wir ihnen die Arbeit abgenommen hatten.

Die Dachdeckerarbeit an der Scheune konnte beginnen. Das erste war: Gerüst aufbauen. Das war schon ein Abenteuer. Nicht wegen der Technik, denn es waren einfache Steckelemente, sondern wegen der Höhe, in der ich arbeiten musste und die sichere Befestigung an der Scheune. Ich hatte das ja noch nie gemacht. Guerrino kam manchmal vorbei und gab Rat. Aber endlich war es soweit. Ich hatte das Dach erreicht. Und die beiden riesig langen Kirschenpflückleitern leisteten mir unschätzbaren Dienst dabei. Sie standen festgezurrt schräg seitlich am Gerüst und verhinderten so, dass es umkippte.

Ich nahm mir vor, mir die Arbeit so einzuteilen, dass jeweils Streifen von drei Metern fertig wurden. Dann musste ich die Pfannen nicht alle nach unten bringen, sondern es genügte, sie einfach umzustapeln. Dann Sparren und die vom Holzwurm perforierten Balken, auf denen die Sparren lagerten, entfernen. Und das alles unter Sommersonne, bei Temperaturen über 30 Grad Celsius.

Die tragenden Elemente der Scheune waren gemauerte Säulen, die das Dach trugen. Dünne Seitenwände hatte man nachträglich zwischen die Säulen eingezogen. Auf den Säulen lagerten waagerecht die Balken, die die Sparren trugen. Diese wurden so nach und nach durch die Telefonmasten ersetzt. Und auch das war Knochenarbeit, denn leicht waren die nicht. Einmal half mir ein sommerlicher Gast – Freund Luis aus Hamburg – den letzten Mast hochzuhieven. Das war so anstrengend, dass wir uns danach ermattet erst mal einen Schluck Wein gönnten, was sich dann bis zum Abendessen hinzog.

Nicht nur für Gast Luis war das Abenteuer Dachdecken anregend. Auch unser Schweizer Freund Max kam, kletterte auf das Gerüst und stand plötzlich freihändig auf einer der Säulen, um einen Sparren, der hinauf musste, anzunehmen. Er meinte, er sei gerade von einer militärischen Reserveübung in der Schweiz zurückgekommen. Man habe dabei Schwindelfreiheit üben müssen – und das hätte er jetzt im Blut. Versicherungsschutz für das ganze Unternehmen? War niemals Thema. Auch Guerrino sprach das nicht an.

Endlich waren die Sparren gelegt, eine Lattung wurde genagelt. Darauf legte ich gewellte steife Platten aus Dachpappe für eine zusätzliche Dichtung und als Spurrillen für das Verlegen der Mönch-

und Nonne-Pfannen. Zuletzt konnte ich die Dachrinnen befestigen. Guerrino nickte bei der Besichtigung anerkennend. Die Arbeit dauerte zwei Sommer, jeweils einen für jede Dachseite der Scheune.

Nachdem endlich das Dach fertig geworden war, sollten schließlich auch die Stallräume restauriert werden. Das bedeutete: die Trennmauern der Tierboxen niederreißen, den Fußboden herausnehmen, frischen Estrich einbringen, Wände säubern und putzen. Und jeden abgeschlossenen Arbeitsschritt haben Regina und ich entsprechend begossen. Es dauerte aber noch etliche Monate, bis alles fertig war: Elektrik neu installieren, Terracotta Fußboden verlegen, die noch vorhandenen und funktionsfähigen Fensterrahmen streichen sowie die Innentür einbauen.

Deren Lochmaß war sehr ungewöhnlich, oder anders gesagt, es hatte keinerlei Ähnlichkeit mit den Dimensionen, die heute bekannt sind. Die Wand mit dem Durchgang von einem Raum in den anderen war tragend und war ziemlich massiv und hatte eine Dicke von fünfzig Zentimetern. Eine Anpassung an heutiges Maß schien mir daher zu gewagt. Also verschob ich den Gedanken an die Tür erst mal auf die lange Bank. Und gerade dieses Problem löste sich fast von alleine.

Auf der Suche nach originalen Bauteilen stöberten Regina und ich, manchmal auch mit unseren Gästen, über alle möglichen Flohmärkte und auch über den neuen, von der Gemeinde Monteveglio angelegten Sammelplatz für Sperrmüll. Und dort hatten wir zweifaches Glück. Unser Besuch aus Hamburg, Reginas Freundin Barbara, entdeckte eine Doppeltür und entschied: die passt. Abends erst erfuhr ich diese Neuigkeit. Neugierig fuhr ich gleich mit beiden Frauen sowie einem Zollstock bewaffnet zur Besichtigung dorthin. Skeptisch hatte ich mir das Lochmaß aufgeschrieben. Aber der Dusel ist manchmal mit den Unwissenden. Die Maße stimmten überein. Jetzt standen wir der Frage gegenüber: wie transportieren? Ich hatte nur einen Pkw – aber mit Schiebedach. Das war der glückliche Umstand Nummer zwei. Da die Tür zweiflügelig war, schob ich die beiden Türblätter jede für sich durch das Loch im Dach das Autos. Hinlegen war nicht möglich, also ließ ich sie einfach senkrecht oben raus stehen. So fuhren wir langsam nach Hause. Kein Mensch im Ort Monteveglio wunderte sich.

Autofahren in Italien

Unser Auto, das wir aus Deutschland mitgebracht hatten, fuhren wir noch immer mit deutschem Nummernschild, obwohl das gegen die italienischen Vorschriften verstieß. Aber es schien keinen zu interessieren, auch nicht, als wir gelegentlich von *carabinieri* angehalten wurden, die Papiere und Ladung kontrollieren wollten. Man fragte, ob ich *resident* sei, meinen ersten festen Wohnsitz in Italien hätte. Als ich das dann mit ja beantwortete, ermahnte mich der Beamte freundlich, mir doch möglichst bald ein italienisches Nummernschild zuzulegen – und ließ mich fahren. *Bella figura?* Ja, er ließ sie mir. Der freundliche Polizist hatte bei der Entscheidung, mich weiterfahren zu lassen, abgewogen, dass ich trotz festem Wohnsitz in Italien nur Gast war und eine gewisse Zeit benötigte, mich einzuleben.

Es gab aber noch eine andere Seite der *bella figura* und die gehörte den *carabinieri*. Mein Fall war ja außer der Reihe, war kein Standard. Für eine Anzeige wäre viel Schreiberei notwendig gewesen, wofür es offenbar keine Vordrucke gab. Und das wollten die Beamten sich nicht antun. So überließen sie es mir, legten es mir nahe, die notwendigen amtlichen Vorgänge zu bewältigen. Ich gab ihnen mit meinem Kopfnicken die Möglichkeit, sich zurückziehen zu können und ließ ihnen so ihre *bella figura*.

Solche Begegnungen hatte ich öfters. Wenn man in Italien mit dem Auto unterwegs ist, dann kommt man ab und zu in eine Kontrolle. Die *vigili* – Gemeindepolizei – oder *carabinieri* stehen meistens nur für eine Stunde am Straßenrand und winken aus dem vorbeifließenden Verkehr – nach meiner Einschätzung nach dem Zufallsprinzip – das eine oder andere Auto heraus. Sie interessieren sich in erster Linie dafür, ob die Autosteuer (nicht die Rate für die Versicherung) bezahlt ist, dessen Quittung man immer dabei haben muss. In zweiter Linie interessieren sie sich für eine eventuelle Ladung, dessen Papiere vorhanden sein müssen. Ist das nicht der Fall, gibt es Strafen.

Die Kontrollpunkte der Polizei wechseln recht häufig, denn es ist ja schon geschehen, dass sie von der Mafia aus dem vorbeifahrenden Auto abgeschossen wurden. Deshalb hat heute einer der beiden Kontrolleure immer eine MP in der Hand.

Aber sie sind reserviert – freundlich und machen nicht den Eindruck, sie würden jeden in die Waden beißen, der die eine oder andere kleine Sünde begangen hat.

Solches widerfuhr mir, als ich anfangs vom Kirschengroßmarkt in Vignola zurück nach Hause fuhr. Ein Bus fuhr so trödelig vor mir, dass ich ihn, als die Gegenseite frei war, einfach überholen musste – die geschlossene Mittellinie überfahrend. Und prompt, da standen sie und hatten mich auf frischer Tat ertappt.

Nachdem der Polizist meine Papiere kontrolliert hatte, fragte er mich freundlich grinsend: „*Che farebbe la polizia tedesca adesso? Sono cattivi loro, vero?*" - „Was würde die deutsche Polizei dazu sagen? Sie hätten doch schlechte Karten, nicht wahr?" Ich schluckte und muss sehr schuldbewusst ausgesehen haben.

Dann die Frage: „*Verrebbe lei d'accordo con un ammonimento?*" und reichte mir eine Quittung über 20.000 Lire, das waren ca. DM 20. Ich war mit einer mündlichen Ermahnung ohne weitere Konsequenzen davongekommen. Das war nicht nur Freundlichkeit. Da stand auch ein gewisses Kalkül dahinter und das hatte wiederum bestimmt mit *fare bella figura* zu tun.

Die italienischen Autofahrer sind untereinander aber auch solidarisch – nach dem Muster: bin ich mal freundlich zu dir, bist du es möglicherweise auch einmal zu mir, oder aber wahrscheinlicher: erlauben wir dem Staat nicht unsere Kreise zu stören. Sie blinken entgegenkommende Fahrzeuge nach dem Motto an: Achtung, da ist eine Kontrolle. Leider hat diese sympathische Geste der Autofahrer mit den Jahren etwas abgenommen. Das Blinken sieht man weniger als noch vor 10-20 Jahren. Vielleicht hat es diesbezüglich auch eine Direktive gegeben, die das untersagte. Für den italienischen Gesetzgeber vorstellbar ist das durchaus.

Dass eine Gemeindepolizei sich als Freund und Helfer verstand, erlebten wir einmal in Reggio, der nächst größeren Stadt an der *Emilia*, Richtung Mailand, von Modena aus kommend. Regina und ich waren, noch vor unserer Auswanderung nach Italien auf Camping-Urlaub in der Po-Ebene. Reggio schien uns als Stadt interessant, wir wollten sie kennenlernen und suchten den im Campingführer bezeichneten Campingplatz nahe der Stadt. Also kamen wir auf die plausible Idee, doch im Tourismusbüro danach zu fragen. Gedacht, gemacht, rein in die Stadt, und plötzlich standen wir mitten vor einer Fußgängerzone und wussten nicht weiter. Eine alternative Möglichkeit war uns verschlossen, denn das war das Ende einer Einbahnstraße. Dort parkte ein Streifenwagen der Gemeindepolizei. Mutig sprach ich die Beamten an und bat um Auskunft.

Nachdem die beiden Beamten sich kurz beraten hatten, forderten sie mich auf, ihnen zu folgen. Sie drehten, schalteten das Blaulicht an und forderten mich nun auf, ihnen zu folgen. Sie fuhren mir voran, in entgegengesetzter Richtung die Einbahnstraße hinauf. Und dann weiter bis vor das Touristenbüro. Blaulicht ausgeschaltet, kurz winken, weg waren sie. Dankbar betraten wir das Touristenbüro – und erfuhren, dass es in Reggio keinen Campingplatz mehr gab. Also fuhren wir weiter nach Genua, wo uns ein Erlebnis der besonderen Art erwartete.

Die Stadt sollte der Endpunkt unserer Zeltreise quer durch Norditalien sein. Einerseits freuten wir uns auf die Stadt, andererseits auf ein Wiedersehen mit Giovanni, einem Italiener, den ich in Kopenhagen während einer Geschäftsreise kennengelernt hatte. Wir waren uns von Anfang an sympathisch und so kam es, dass ich ihn einlud, er möge vor seiner Heimreise nach Genua Zwischenstation bei mir in der Nähe von Hamburg machen. Das war ihm Recht, wollte er doch auch Hamburg sehen.

Regina nahm ihn mit in ihr Kunstatelier in der Nähe des Hauptbahnhofs, von wo aus er seine Stadtbesichtigung begann. Tags darauf startete er mit der Bahn zur Heimreise nach Genua, nicht ohne eine Einladung an uns zu einem Besuch in seiner Heimatstadt auszusprechen. Das versprachen wir und tatsächlich sahen wir uns, in Genua angekommen, wieder. Giovanni nahm uns zu sich nach Hause, wo er uns seine Mutter, eine Napolitanerin, vorstellte. Wir durften, nein, wir mussten zum Essen bleiben. Danach führte uns Giovanni in den Hafen und zeigte uns seine maritime Arbeitswelt: Versorgung von Schiffen mit Proviant. Abends brachte er uns zurück zum Aufstieg zu unserem Campingplatz, der auf einer Anhöhe über der Stadt angelegt war. Er setzte uns unten ab mit der Bemerkung, wir sollten die Augen offen halten. So machten wir uns nach dem Abschied zu Fuß auf den Weg, der durch einen Park führte, der quasi in Terrassen am Hang angelegt war. Unten gab es eine *piazza*, auf der junge Mütter oder Paare sich mit ihren Kleinkindern aufhielten. Von dort weiter begaben wir uns auf den Anstieg. Treppen oder steile Wege führten uns vorbei an weiteren Geländestufen und platzförmigen Erweiterungen, die ebenfalls belebt waren. Und je höher wir kamen, desto älter wurden die spielenden Kinder, teilweise schon ohne Aufsicht durch ihre Eltern. Ganz oben angekommen, waren aus den Kindern Jugendliche geworden. In Gruppen oder als Pärchen saßen sie auf Bänken, oder teilweise versteckt zusammen ... na ja, der Liebe halber.

Wir verbrachten drei Nächte auf dem Campingplatz, wo wir mehr oder weniger schlecht geschlafen haben. In der ersten Nacht erlebten wir in unserem winzigen Minizelt eine Invasion von Ameisen, die einfach durch alle Ritzen eindrangen. Wir hatten leichtsinnigerweise das Zelt auf einem unterirdisch befindlichen und tagsüber nicht sichtbaren Nest errichtet. Nachts krabbelten Schwärme von ihnen auf dem Zeltboden, auf der Iso-Matte, und ließen uns nicht schlafen. Am nächsten Morgen besorgten wir uns Ameisenpulver, versetzten das Zelt und hofften auf eine ruhige und folgende Nacht.

Als wir abends von unserem Ausflug in die Stadt zurück kamen, hatten wir Nachbarn, ebenfalls in einem kleinen Zelt. Es war ein junges Paar aus Frankreich, das eine kleine schwarze Katze bei sich hatte. Wie sie hieß, erfuhren wir bald. Der junge Mann machte mehrfach abends eine Runde über den Platz und rief die Katze: *Mimíe, viens ... Mimíe, viens* – Mimíe komm'. Das bis in die Dunkelheit, als Regina und ich schon versuchten, Ruhe zu finden. Als endlich die Katze gefunden war, wir Hoffnung hegten, dass nun Ruhe sein werde, begann nebenan die Luftmatratze regelmäßig laut zu ächzen und zu knarzen, begleitet von der vernehmbaren Stimme der jungen Frau: „*Chérie beaucoup* ...

119

chérie beaucoup." Irgendwann sind wir darüber eingeschlafen, in der Erkenntnis, dass wir keine Luftmatratze hatten und uns daher nicht revanchieren konnten.

In der dritten Nacht endlich holte uns die Schlechtwetterfront ein, vor der wir eine Woche lang geflohen waren und die uns die ganze Zeit auf den Fersen war. Es begann in der Nacht zu schütten. Ein Zelt hält das normalerweise aus. Nur leider standen wir auf einem Plateau an einem Hang, der nach oben sich fortsetzte. Sturzbäche von Wasser schlugen gegen die Zeltwand und drangen bald ins Zelt ein. Es gab keine Rettung. So ziemlich alles, auf dem wir lagen, wurde nass. Und zum Hohn schien am nächsten Morgen wieder die Sonne. Optimistisch hängten wir unsere Iso-Matte und Schaumstoffmatte zum Trocknen auf – und fuhren in die Stadt. Dieses Mal wollten wir mit dem Funicolare, der Zahnradbahn, in die Höhe über Genua. Von oben konnten wir den Campingplatz sehen – und wir konnten sehen, wie eine weitere Regenfront über ihn hinwegzog. Frustriert und ärgerlich darüber, dass keiner unsere Sachen ins Trockene gebracht hatte, bauten wir ab und verließen Genua noch am selben Nachmittag.

Wir fuhren nach Cuneo, der Geburtsstadt von Theresa, meiner Italienischlehrerin, in der Hoffnung, sie anzutreffen. Und dieses Mal hatten wir Glück im Unglück, Theresa war anwesend. Als wir ihr und ihrer Familie von unserem Pech in Genua berichteten, boten sie uns spontan ein Zelt zur Ausleihe an, damit wir in Cuneo auf dem Campingplatz ein paar Tage und in Ruhe unsere Sachen trocknen lassen konnten. Das nahmen wir gerne an. Und als Trostpflaster bewirtete uns die Familie noch mit einem Abendessen.

Die Carabinieri

In den 27 Jahren, die wir beginnend ab 1990 in Italien lebten, ob in der Emilia Romagna zwischen Modena und Bologna, oder später in den Marken bei Civitanova Marche, hatten wir deutlich mehr als nur eine Handvoll Begegnungen mit der Polizei oder den *carabinieri*. Manchmal hatte ich als Autofahrer gesündigt, manchmal wurde ich nur angehalten, weil man die Autopapiere kontrollieren wollte. Aber niemals war es eine unangenehme Begebenheit, niemals hatte ich das Gefühl, drastische Strafen erwarten zu müssen, den Führerschein zu verlieren, selbst als ich ihn einmal nicht dabei, vergessen hatte, ihn einzustecken. Man forderte mich lediglich auf, das Dokument am nächsten Tag in der Wache zu präsentieren.

Nach einem Verkehrsunfall, den ich leider verschuldet hatte, erlebte ich die *carabinieri* in einem Maße, wie ich es mir niemals hätte vorstellen können. Regina und ich waren zum Einkauf für unsere Küche zum Supermarkt Coop in Vignola aufgebrochen. Um nicht die verkehrsreiche *Strada provinciale* nehmen zu müssen, waren wir über den *borgo* von Castello di Serravalle gefahren. Der Weg war eine Abkürzung, zeitlich aber wieder nicht, denn viele Kurven und enge Straße erschwerten die Fahrt.

Wir hatten unsere gerade erworbene, acht Wochen junge Katze Juli dabei, die sich im Wagenfond befand. Sie sollte an das Autofahren gewöhnt werden, da wir sie, wenn wir außer Haus sein würden, Max und Ursi, unseren Schweizer Freunden, zur Pension geben wollten, ohne dass sie während der Fahrt jammert und sich übergibt oder Schlimmeres veranstaltet. Die Gewöhnung gelang sogar, und noch zwanzig Jahre erfreuten wir uns an Juli, die das Autofahren hinnahm, als sei es das Selbstverständlichste der Welt.

Wir hatten also das Ende der Abkürzung erreicht und mussten in die verkehrsreiche *Strada provinciale* einbiegen. Ich tastete mich vor, glaubte eine Lücke zu sehen und gab Gas. Regina schrie: „Stopp", worauf ich bremste. Die angebliche Lücke war keine gewesen, denn versetzt hinter dem Wagen, nach dem ich glaubte, einbiegen zu können, fuhr ein weiteres Auto, dessen Fahrer mich ebenfalls nicht hatte sehen können. Er streifte uns vorne und trieb danach auf die Gegenfahrbahn. Der Lkw, der dort herannahte, bremste rechtzeitig. Und unsere Katze? Die saß seelenruhig in ihrem Korb und schien nur zu fragen: „Was ist los?"

Natürlich gab es die übliche Versammlung von Neugierigen, die um die Unfallstelle herumstanden und von denen jeder genau wissen wollte, wie das passiert war. Einer jener Zaungäste sprach mich an, er offerierte mir sein festes Schuhwerk, denn es sei verboten, in Sandalen, die ich anhatte, Auto zu fahren. Ich bedankte mich, lehnte aber ab.

Die *carabinieri* kamen, sperrten die Straße, machten ihre Protokolle, kontrollierten meine Papiere und dieses Mal auch meine Versicherungskarte. Nach etwa zwei Stunden konnte ich im Taxi nach Hause fahren, als endlich die beiden Unfallautos auf einem Trailer abtransportiert waren.

Am Tage danach rief mich die Wache der *carabinieri* an, ich möge doch noch einmal vorbeikommen. Es sei noch eine Angelegenheit in Verbindung mit meinem Unfall zu bearbeiten. Als ich dort erschien, erfuhr ich, dass die Beamten vergessen hatten, mir eine Ordnungsstrafe zu verpassen. Die belief sich auf 70 Tausend Lire (damals 70 DM). Ob ich damit einverstanden wäre und ob ich sie sofort bezahlen könnte. Das natürlich war für mich keine Frage. Die Sandalen, die ich während des Unfalls getragen hatte, waren nicht beachtet worden. Zufall oder eine Frage von Leben und Leben lassen auf Seiten der Staatsdiener? Ich habe das niemals so richtig verstanden.

Fritz jedenfalls, unser Gast, der am Tag nach diesem Unfall bei uns mit seinem roten Alpha einfuhr, war mir in dieser Situation doppelt willkommen – eben nicht nur als Helfer bei der Weinlese. Er brachte mich auch zur Vorladung in die Kaserne der *carabinieri*, wie auch zur Reparaturwerkstatt, wo wir bestaunen konnten, wie das verzogene Chassis meines Flitzers wieder gerade gezogen wurde.

Fahrverbote

Fahrverbote gab es in Italien schon lange, bevor in Deutschland in den Innenstädten davon die Rede war. Beginnend in den 90er Jahren wurde öffentlich darüber diskutiert, wie der Luftverpestung Einhalt geboten werden könnte. Der Grund war der im Winter häufige Nebel in Norditalien und die damit verbundene stehende Luft. Es gab vermehrt Autounfälle, die letztlich dazu führten, auf den Autobahnen orientierende Sichtkennzeichnungen aufzubringen – verbunden mit entsprechenden Geschwindigkeitsempfehlungen. Andererseits stieg in den Krankenhäusern die Zahl an asthmatischen Symptomen leidender Patienten, da die Autoabgase in den Städten sehr schnell ungesunde Grenzwerte erreichten. Deshalb beschloss so manche Gemeinde, Vorbeugungsdirektiven bekannt zu geben. Dazu gehörte die viel belachte Anordnung in Mailand, dass montags, mittwochs und freitags nur die Autos mit Nummernschildern in die Stadt fahren durften, deren Ziffern mit einer ungeraden Zahl endeten und dienstags, donnerstags und samstags jene Autos mit Nummernschilden, deren Ziffern mit gerader Zahl endeten. Dagegen war sonntags frei.

Mein Auto war davon ausgenommen, ich hatte ja ein deutsches Nummernschild. Mir fiel allerdings auch auf, dass es viele Fahrer gab, die sich nicht daran hielten. Einer Kontrolle bin ich nie begegnet. Das alles war wohl eher administrativer Aktionismus als eine wirksame Maßnahme. Also kurz gesagt, ein Schildbürgerstreich.

Und doch gab es trotz solcher Einschränkungen und offensichtlichen Sichtproblemen immer noch Fahrer, die glaubten, die Strecke zu kennen. Sie fuhren trotz dichtem Nebel ein unvermindert hohes Tempo, auch auf engen Provinzstraßen dritten Grades. Einmal hatte ich wirkliches Glück, als ich morgens in den ersten Monaten meines Italienaufenthaltes zur Arbeit fuhr. Es war ein nebliger Dezembermorgen, gerade hell. Der Nebel stand wie eine weiße Wand vor mir. Die Sicht betrug gerade mal zehn Meter. Ich fuhr entsprechend langsam. Wegen der kurvigen Straße gelang es mir nicht, mich ständig am rechten Rand zu halten. Und in einem dieser Momente, schoss ein entgegenkommendes Fahrzeug an mir vorbei. Es verfehlte mich nur um Zentimeter. Klatsch machte es. Der linke Außenspiegel hing herab wie Tom Dooly am Galgen.

Nach endlich zehn Jahren im neuen Jahrtausend gab es dann aber allgemeingültige, von den Regionalregierungen (zu deutsch: Länderregierungen) per Gesetz angeordnete, gewisse Fahrverbote, oder besser Durchfahrverbote für städtische Zentralgebiete. Dabei waren die Anwohner und Lieferanten ausgenommen. Grundlage dieser Anordnungen war die Art und Menge der Emissionen der Kraftfahrzeuge. Bekanntgemacht wurden diese neuen Direktiven an den Grenzen zu den Innenstadtzentren durch Tafeln. Sie hatten sozusagen den Charakter von Verkehrsschildern – Hinweise, welche die Einfahrt untersagten.

Ob die Herkunft der bekannt gegebenen Richtwerte europäisch war, ob sie von italienischen Standards stammten, oder ob sie ein Mix von beidem waren, ist mir nie klar geworden. Aufgefallen ist mir nur, dass niemals ein Autofahrer, Pkw oder Lkw, auch nur eine Sekunde gezögert hat, an diesen Schildern vorbei zu fahren. Und Kontrollen diesbezüglich sind mir auch nicht aufgefallen. Also beschlich mich irgendwann die Überzeugung, es handele sich auch nur um einen Aktionismus der Öffentlichen Hand, der gefahrlos ignoriert werden könnte. Und das war doch etwas zu schnell herbeigeholt.

Wir hatten mal wieder Gäste, denen wir unsere Sicht auf Bella Italia zeigen wollten. Zeit dafür gab es genug, denn ich war inzwischen in Pension, hatte ein eigenes Auto – mit italienischem Kennzeichen. Es war ein gebrauchter Hyundai, Typ Santa Fé, mit viel Platz für Transporte. Drei Jahre ging alles gut, ich war schon zweimal bei der Revision gewesen, die dem deutschen TÜV entspricht. Aber irgendwann begann der Santa Fé zu rauchen, was sich im Laufe des Gebrauchs des Fahrzeuges immer mehr verstärkte. Notgedrungen suchte ich eine Werkstatt auf und erfuhr dort, dass der Turbolader defekt sei sowie den schockierenden Preis für eine Reparatur. Das gab den Anstoß, uns für den Kauf eines neuen Autos zu entscheiden. Es war wie Brötchen kaufen. Wir gingen rein in die Werkstatt (mit angeschlossenem Vertragshändler), hörten die Diagnose, stiegen die Treppe rauf in den Verkaufsraum und verließen diesen bald mit einem Kaufvertrag in der Tasche.

Zurück zu der Sightseeing-Fahrt mit unseren Gästen. Der Autokauf war schon vierzehn Tage alt, und wir warteten auf den Bescheid, den Neuen abholen zu können. Das sollte aber erst nach weiteren zwei Wochen der Fall sein. Also machten wir uns mit dem defekten Santa Fé auf und erkundeten die Städte in der Nachbarschaft, also Macerata und Fermo.

In Fermo endlich passierte ich die oben beschriebene Verbotstafel mit den Emissionsgrenzwerten. Das Schild war mir so bekannt, dass ich es, als ich dort vorbei fuhr, nicht einmal zur Kenntnis nahm. Wir freuten uns auf das Zentrum der Stadt, die auf der Kuppe eines Hügels vor der Adria liegt und auf die Aussicht von dort oben.

Den Berg hinauf rauchte der Santa Fé besonders stark und das fiel einer Polizeistreife auf, die am Straßenrand stand. Das Blaulicht ging an. Ich fuhr sofort rechts ran, noch bevor man mich anhielt.

„Zum Glück ist es die *policia comunale* und es sind nicht die *carabinieri*", dachte ich und machte mich trotz dem auf eine gehörige Abreibung gefasst.

„Verstehen Sie Italienisch?", fragte der Beamte sofort, nachdem er meine Papiere gründlich kontrolliert hatte und damit schon wusste, dass ich Deutscher war.

Als ich ihm das bestätigte, fragte er weiter: „Wie können Sie mit diesem Auto hier fahren? Wissen Sie nicht, dass Sie das nicht dürfen?"

Statt darauf zu antworten, erklärte ich, dass ein neues Auto bestellt, aber das noch nicht ausgeliefert sei und ich das erst in zwei Wochen erhalten sollte. Ich erklärte weiter, dass deutsche Gäste im Auto seien, die leider bald wieder abreisen müssten, denen ich aber vorher noch das schöne Fermo zeigen wollte.

Der Beamte schaute in den Wagen, sah anscheinend vier schuldbewusst dreinblickende Gesichter und sagte: „*Faccia quello che vuole*",

– „Machen Sie was Sie wollen"– tippte an seine Mütze, drehte sich um und ging. Ich rief noch hinter ihm her, dass wir bei der nächstbesten Gelegenheit parken werden und den Rest des Weges zu Fuß gehen würden.

Die Aussicht von oben über die Stadt, die Landschaft und auf das Meer hinaus haben wir besonders genossen.

Fermo, Panoramablick mit den Sibillinischen Alpen

Wahlen in Italien

An EU-Wahlen konnte ich teilnehmen, an nationalen oder kommunalen Wahlen als deutscher Staatsbürger nicht. Man fragte uns oft, ob wir nicht, da wir nun schon geraume Zeit Gast des Landes waren, die italienische Staatsbürgerschaft annehmen wollten. Da wir das selbst noch nicht wussten, zogen wir uns darauf zurück, dass im Zeitalter des zusammenwachsenden Europa das doch nicht mehr nötig sei.

Wahlkampf wurde natürlich ausgetragen, wobei die Medien – TV wie die Printmedien – die bedeutendste Rolle spielten. Unterlegt wurde das mit buntesten Plakatierungen, die wohlgeordnet in jeder Gemeinde ihren Platz hatten. Wildes Plakatieren gab es nicht. Die Kommune stellte Plakatwände auf, auf denen die politischen Gruppierungen ihren Platz zugewiesen bekommen hatten. Manche der relativ großen Flächen, auf denen ganze Parteiprogramme hätten ausgehängt werden können, blieben leer. Das war die Art der Wahlwerbung im Norden Italiens. Im Süden hat das vielleicht anders ausgesehen. Das erlebten wir, als wir einmal mit Helmut kurz vor den Nationalratswahlen in Neapel waren, von wo die Fähre nach Ischia startete. Wir wollten dort einen Kurzurlaub machen. Als wir Neapel durchquerten, fiel uns riesige Wahlwerbung auf, die überall auf großen Flächen angebracht war. Es war die Werbung aber nur einer einzigen politischen Gruppierung, nämlich der Partei von Berlusconi, die nach dem Untergang der Christdemokratischen Partei Italiens entstanden war. Das nun vorhandene politische Vakuum suchte der Medientycoon und Milliardär auszufüllen, was ihm zumindest im Süden gelang.

Im Norden dagegen war die Lega entstanden, ebenfalls eine Partei der politischen Rechten, die in der Lombardei stark wurde, wie auch im Veneto. In der Emilia dagegen, auch in der Toscana konnten die Linksparteinen mit wackeligen Mehrheiten überleben und Secondo, unser Freund in Castello di Serravalle, wurde als Bürgermeister bestätigt. Er musste allerdings mit einer grünen Partei koalieren. Nach den Wahlen verschwanden die Plakatwände wieder und das normale Straßenbild war wieder präsent.

Ganz anders muss die Parteienlandschaft vor Jahrzehnten gewesen sein. Mit dem Auto in der Po-Ebene unterwegs, konnten wir gelegentlich an Scheunenwänden noch die Aufforderung *„vota garibaldi"* – „Stimme für (Liste) Garibaldi" – lesen. Das war ein Parteienbündnis aus Sozialisten und Kommunisten gewesen, die zur Nationalratswahl am 18. April 1948 gegen die Christdemokraten angetreten waren. Es war das einzige Mal, dass die *PSI* (die italienische SPD) mit dem Ital-Kommunisten sich auf einer gemeinsamen Liste zur Wahl stellten. Danach allerdings nie wieder. Die Christdemokraten gewannen 1948 mit insgesamt 49 Prozent und damit die Mehrheit im Parlament. Der Austritt der *PSI* aus dem Wahlbündnis war der Beginn des Zerfalls der Linken in Italien.

Die *PSI* wanderte nach rechts, wurde korrupt und damit unbedeutend. Danach folgte in gewissem Abstand die *PCI* nach rechts. Ihr gelang es ebenfalls nicht, politisch relevante Antworten auf die Bedürfnisse der Arbeiter und Angestellten zu geben. Die Flucht in den Euro gewann dadurch an Beliebtheit.

Das Wahlergebnis der Regional- und Kommunalwahlen entsprach für das Linksbündnis, mit Secondo als Spitzenkanditat, in Castello di Serravalle nicht dem allgemeinen Trend hin zu populistischen Gruppierungen oder hin zu der Berlusconi-Partei. Secondo war im Ort bekannt, war ein Kommunalpolitiker, dem vertraut wurde, dem man Sauberkeit unterstellte und der niemals in den Jahren vorher negativ ins Gerede gekommen war. Wir hatten ihn kennengelernt, kannten seinen Werdegang und wussten, warum er nur ein kleines Eigenheim besaß, hatten erlebt, dass er niemals großspurig auftrat, dass er niemals aus den Fingern gesogene Versprechungen gemacht hatte. Er galt als ein Politiker, der den Menschen dort begegnete, wo sie waren und nicht, wo er sie hin haben wollte.

Trotzdem glaubten ihm das nicht alle im Ort. Mit unserem Bäcker in Zappolino, wo wir täglich unser Brot und einige Lebensmittel erwarben, redete ich gerne über alles, was beredenswert war, so auch über die Wahlen und natürlich die Politiker. Er bestätigte mir mein Urteil über das Leben in Italien, über den Zustand der Gesellschaft, über die besondere Kaste der Politiker, die in Rom das Sagen hatte. Der Bäcker hatte keine gute Meinung über jene, die sich in Rom Volksvertreter nannten – egal welcher Partei sie auch angehörten. Und als ich ihm von Secondo erzählte, und dass er Bürgermeister von Castello di Serravalle war und sicher ein glaubwürdiger Politiker, winkte der Bäcker mit beiden Händen ab und bemerkte: „A Roma perdono la concentrazione" – „Wenn sie nach Rom kommen, verlieren sie die Konzentration." Das war gleichbedeutend mit: „Respektable Ziele verlieren sie in Rom aus den Augen." Dem konnte ich nicht widersprechen, obwohl ich das Secondo nicht unterstellen wollte und war eigentlich froh, dass er nicht nach Rom als Volksvertreter gewählt wurde.

Secondo vermählt uns

Und diesen Bürgemeister, der Secondo hieß, hatten wir, Regina und ich, gebeten, uns zu trauen. Das war noch ganz am Anfang unserer Freundschaft und zu einer Gelegenheit, als wir ihn deswegen ansprechen konnten. In sein *ufficio* im Rathaus trauten wir uns noch nicht. Außerdem war er nicht permanent dort antreffbar, da er zudem das Amt des Bürgermeisters nicht hauptberuflich ausfüllte.

Die Gelegenheit, Secondo anzusprechen, ergab sich für uns erst am 25. April, dem italienischen Nationalfeier- und Gedenktag. Das ist der Tag, an dem von Mussolini-Faschisten ermordete Angehörige der *Resistenza*, des inneren Widerstandes gegen die Diktatur, öffentlich geehrt werden. Dieser Tag ist aber auch gleichzeitig jener Tag des Jahres 1944, als das *Comitato di liberazione nazionale* den Erfolg der *Resistenza* und die Hinrichtung Mussolinis endlich verkündet hatte. Secondo besuchte die an den Orten der Ermordung aufgestellten Gedenksteine, legte dort Blumen ab und beendete die Feier auf der *Piazza* mit einer kurzen öffentlichen Ehrung der im Kampf um die Befreiung Gefallenen.

Nahe an diesem Ort hatte die Gemeinde eine allgemeine Gedenktafel aufgestellt, die an alle von den Faschisten ermordeten Kämpfer der *Resistenza* in Castello di Serravalle, meinem ersten dauerhaften Wohnort in Italien, erinnern sollte. Auf diesem Stein war eine Reihe von Wasserbehältern, verbunden durch Röhren, angebracht. Das Wasser floss von einem Behälter in den nächsten, der Schwerkraft folgend. Und die Inschrift lautete: „*In ricordo ai tutti i colori caduti in lotta per la libertá*" - „In Erinnerung an alle gefallenen Kämpfer für die Freiheit."

Secondo belehrte uns: „Der Begriff gefallene Kämpfer ist zu allgemein, bezeichnet nicht exakt den Begriff *colori caduti in lotta*. Damit ist wohl gemeint, dass es Beteiligte aus unterschiedlichen gesellschaftlichen Schichten waren, die, jede für sich, mit unterschiedlicher Motivation – religiöser wie weltanschaulicher Art – am Kampf gegen den Faschismus teilnahmen, um die Plage zu beseitigen. Gemeinsam und unabhängig von Herkunft und gesellschaftlicher Stellung."

Ich lernte daraus: *Colori* ist in der italienischen Sprache ein physikalischer wie auch ein kulturell-gesellschaftlicher Begriff, dem Berücksichtigung gezollt wird, der das Leben in Italien facettenreich und gegensätzlich macht.

Da es in Italien kein Standesamt gibt, obliegt in kleinen Gemeinden die zivile Trauung dem Bürgermeister – das hatten wir schon erfragt und deshalb sprachen wir ihn an. Secondo meinte, das ginge wohl, wir sollten aber bitteschön im *ufficio anagrafico* – Meldeamt – die dort beschäftigte Angestellte Novella ansprechen. Sie würde alles regeln.

Das taten wir sofort und erfuhren, was wir vorzulegen hätten, damit unser Antrag bearbeitet werden könne: Geburtsurkunde, Nachweis über unseren gültigen Familienstand und so weiter und so fort. Erst danach könnten wir einen Termin für die Trauung bekommen.

Nach der Abgabe unserer Dokumente fing für uns das Warten an, besuchten Novella oft, um uns in Erinnerung zu bringen. Sie vertröstete uns von Mal zu Mal. Aber endlich, Anfang Juli, bekamen wir Bescheid. Am Samstag, den 31. sollte es sein. Wir hatten knapp vier Wochen, um Trauzeugen zu finden und einzuladen.

Besuch hatten wir sowieso, so dass es nicht ganz so eine kleine Feier werden würde. Secondo und Novella luden wir auch ein. Secondo sagte zu, Novella entschuldigte sich. Sie hätte familiäre Verpflichtungen. Clem sagte sofort zu, Trauzeuge zu sein, auch von meiner Schwester mit Schwager aus Köln erhielten wir eine Zusage. Das Fest konnte stattfinden. Secondo legte den Termin auf 19 Uhr. „Dann ist die Tageshitze abgeklungen", meinte er.

Wir fanden ein geeignetes Lokal für das Abendessen, verabredeten das Menü und vergaßen aber, eine Hochzeitstorte zu bestellen.

Clem als Trauzeuge filmte natürlich, wollte später alles zu einem Video zusammenfügen, das man auf dem Fernseher anschauen könne. Aber irgendwie kam Clem im entscheidenden Moment, als die Fragen aller Fragen gestellt wurden, nicht dazu, zu filmen. Er musste ja Trauzeuge sein.

Die Filmkamera hing an seiner Schulter und lief weiter, filmte den höchst interessanten Fußboden, nahm aber die Worte auf, mit denen uns Secondo seine Garantie gab auf die Gültigkeit und Haltbarkeit unseres neu geschlossenen Bundes. Er schloss: mit „*Adesso scambiate baci, diversamente non posso dare la garanzia*.“

Das Video von Clem mit seiner einmaligen Fußbodenszene ließ es offen, ob Gegenwart, Echo oder Traum sich darbot. Es erinnerte an den Film „Letztes Jahr in Marienbad“.

Nach der offiziellen Trauung begaben wir uns in das Restaurant. Es wurde ein gemütlicher privater Abschluss unserer Trauung, der in krassem Gegensatz stand zu landesüblichen Hochzeiten, die grandiose Festlichkeiten mit dutzenden bis zu hunderten von Gästen gekonnt in Szene setzen. Eine Hochzeitstorte gab es aber doch. Der Inhaber des Gasthauses hatte sie ohne unseren Auftrag bestellt und präsentierte das gute Stück nach dem Menü. Regina und ich schnitten sie gemeinsam an.

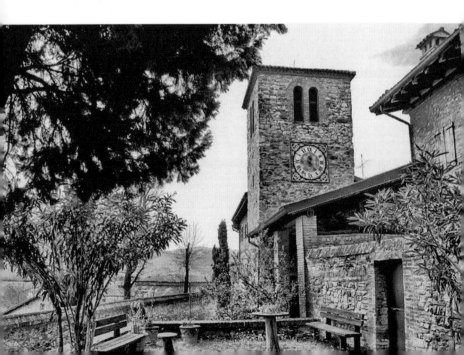

Einladung zu einer Hochzeit

Unsere eigene Trauung sollte nicht die einzige bleiben, die wir erlebten. Genau in jenem Jahr unserer Heirat wollte auch eine Kollegin aus dem Büro der Firma, bei der ich beschäftigt war, in den Ehebund treten. Sie allerdings trat mit ihrem Zukünftigen vor den Kirchenaltar, in weiß und mit einem kleinen Kugelbauch, den sie nicht unter einer weiten Robe verbarg, sondern stolz und sichtbar vor sich hertrug. Unser Hochzeitsgeschenk, zwei Keramiken von Regina, Werke aus ihrem Fundus, übergaben wir vorher den Eltern der Braut. Man machte das so – wir hatten uns erkundigt.

Und während des Festmahls, vor dutzenden von Gästen, musste das Brautpaar die Geschenke auspacken, Gaben, die teilweise sehr fantasievoll verpackt waren. Der größte Applaus brauste auf, als eine Waschmaschine hereingetragen wurde, aus der die beiden Verliebten Wäschestücke hervorzogen, in die etliche Geldnoten eingenäht worden waren.

Das etwas profane Geldgeschenk wird das Paar und die Eltern der Braut, die die Feier ausrichteten, dankbar angenommen haben. Denn den Rahmen, den die Brauteltern dem Fest gegeben hatten, mussten sie finanzieren. Und die Gäste beteiligten sich offensichtlich auf diesem Wege, halfen solidarisch.

Ein andere Gelegenheit für uns, an einer Hochzeit dabei zu sein, ergab sich ein paar Jahre später, nachdem ich meine unbefriedigende Teilzeitbeschäftigung mit Glück aufgeben und dafür ein Büro eröffnen konnte. Meine Tätigkeit war nun die eines technischen Außendienstlers für eine deutsche Firma. Es war eine Vollzeitbeschäftigung, zwar immer noch offiziell als *libero professionista* – freier fester Mitarbeiter

Detail, Castello di Serravalle

– jedoch mit garantiertem Monatsgehalt. Dafür hatte ich die ganze Arbeitswoche zur Verfügung zu stehen und Reisetätigkeit für das deutsche Unternehmen abzuleisten – mit einem BMW-Dienstwagen. Für mich wünschte ich mir ein feuerrotes Auto, genau das Gegenteil dessen, was Außendienstler üblicherweise in Italien so fahren: schwarz. Ich war bald bekannt und wenn in Industriegebieten irgendwo ein rotes Auto rumstand, zwischen einer Armada schwarzer und grauer Pkws, war es meines.

Aufträge, die in meinem Büro eingingen, musste ich an die Zentrale weitergeben und dafür sorgen, dass pünktlich geliefert und seitens des Kunden auch gezahlt wurde. Gerade die Frage der Zahlung war manchmal ein heikles Thema und Gespräche darüber beanspruchten oft reichlich Zeit. Bald wurde die Arbeit so umfangreich, dass ich eine Hilfe im Büro anstellen musste, die der deutschen Sprache kundig war. Über eine Kleinanzeige in lokalen Wochenblättern fand sich auch eine junge Frau. Es war Elisabetta aus der Nachbargemeinde Monteveglio, die sich vorstellte. Zum Gespräch brachte Betta, so nannte sie sich, ihre Mutter mit, die während des ganzen Gesprächs dabei blieb. Das war inzwischen für mich ganz normal, was ich auch respektieren musste. Die Familie ist für junge Frauen in Italien der Hort der Sicherheit.

Mittlerweile hatte ich in den Jahren, die wir schon in Zappolino wohnten, gelernt, dass junge Frauen im Berufsleben sich immer mit dem Vornamen ansprechen ließen, aber das „Sie" erwarteten. Sie demonstrierten in ihrer Lebensart Fortschritt und Freiheit, zeigten andererseits aber auch Traditionsgebundenheit, was sich speziell darin zeigte, wie sie es mit der Hochzeit hielten. Alle wollen vor den Altar, und zwar in weiß, wie auch immer.

Secondo sagte mir mal auf meine Frage, wie viele zivile Trauungen er hätte: „Es sind weniger als zehn Prozent aller Eheschließungen. Die kirchliche Trauung hat standesrechtlichen Status. Die Pfarrgemeinde ist nur verpflichtet, dem Gemeindeamt – dem *ufficio anagrafico* – eine Meldung zu machen."

Junge Männer dagegen verhalten sich etwas anders. Sie kann man ebenfalls mit dem Vornamen ansprechen, aber ohne weiteres auch mit einem „Du".

Es stellte sich heraus, dass Betta Computer-Kenntnis besaß, gewisse

Erfahrung in der Logistik mitbrachte und Deutsch sprechen konnte. Ich nahm sie in Arbeit für das deutsche Unternehmen, denn von dort sollte sie ihr Gehalt beziehen.

Sie blieb nur eineinhalb Jahre, heiratete dann und zog zu ihrem Mann nach Mantua. Dazu später. Vorher hatten wir noch das Glück, eine Hochzeit der anderen Art zu erleben.

Unsere Wohnung in Zappolino lag am Hang, unterhalb der Kirche, die auf Bergeshöhe stand. Sie war etwas außerhalb des Ortes, nicht mittendrin, wie allenthalben bei anderen Gemeinden. Vor der Kirche gab es nur eine kleine mit Kies belegte *piazza* und rundherum standen Bäume. Auf dem Weg dorthin kam man am Friedhof vorbei und an einem Gemeindehaus, in dem Feste gefeiert werden konnten.

Da wir etwa einhundert Meter weiter unterhalb am Hang wohnten, konnten wir jedes Geräusch, was von oben kam, sehr deutlich hören. Tagsüber die Glockenschläge der Kirchenuhr und abends um achtzehn Uhr erklang aus dem Kirchenturm die Melodie so ähnlich wie: „Im Märzen der Bauer die Rösslein anspannt." Jeden Tag! Dafür war aber nachts Ruhe. Im Sommer kam abends manchmal die Musik von oben. Die Kirchengemeinde feierte mit Grillen, Wein und Tombola auf der Kirchenvorplatz. Das besuchten wir gelegentlich – obwohl wir den Vikar ausgeladen hatten, als er seinerzeit unsere Wohnung segnen wollte.

Zur Hochzeit der anderen Art: Als wir dort ankamen, lud man uns sofort ein, zu bleiben und teilzunehmen. Neugierig geworden fragten wir die Braut, wieso sie ein betörendes feuerrotes Brautkleid mit feuerroten Pumps an hatte und nicht ein weißes Traugewand.

„Es ist unsere zweite Ehe, die wir feiern. Kirchlich geht das nicht mehr. Der Pfarrer aber war so gütig, uns den Gemeindesaal zur Verfügung zu stellen und die *piazza* vor der Kirche", erfuhren wir. Sie schwebte davon und tanzte mit ihrem Bräutigam in ihren hohen roten Pumps auf dem Kies zur Musik von Edoardo Bennato, als ob sie nie etwas anderes gemacht hätte: *La isola che non c'é* (So etwa: „Zweiter Stern rechts ab, das ist der Weg, und dann geradeaus bis zum Morgen, dann führt die Straße, du findest sie allein, zur Insel, die's nicht gibt ...").

Spät wurde es an jenem Abend, und als wir beschwingt und selig mit dem Gefühl, alles richtig gemacht zu haben, nach Hause gingen, wölbte sich über uns ein echt tiefschwarzer, mit Sternen übersäter Nachthimmel, der uns fast plastisch und dreidimensional erschien. Endlich nahm ich mir vor, mich wieder meiner uralten Neigung zu der Amateurastronomie zuzuwenden und mir entsprechende Ausrüstung zuzulegen. Dazu aber später.

Eine öffentliche lokale Vorankündigung durch Zettel an den Bäumen oder auf Verkehrsschildern, wie sie für Hochzeiten in Italien üblich ist, war uns für diese Feier nicht aufgefallen. „Das geschieht nur für die erste Trauung", sagte man uns. Solcher Art Zettel wie zum Beispiel: Samstag, den soundsovielten, „*sposi Romina e Luca*", die im Umkreis der elterlichen Wohnung der Braut oder auch auf ihrer Fahrtstrecke zur Arbeit überall von Freunden des Brautpaares befestigt werden, „machen den Eintritt in den Ehestand bekannt". Sie werden nach diesem Datum aber nicht entfernt. Sie bleiben hängen, bis sie abfallen. Regina und ich interpretierten diese Zettel etwas anders. Wir glaubten anfangs sogar an unsere Deutung, dass nämlich die Jungs in der näheren Umgegend damit aufgefordert würden, bitteschön die Finger von dieser Braut zu lassen, oder gar ihre Werbung um sie einzustellen. Nun ja, etwas Wahres könnte dran sein, oder?

Zurück zu Betta, zu der wir schnell ein gutes freundschaftliches Verhältnis aufbauten. Als sie mir eröffnete, dass sie heiraten und wegziehen werde, fragte sie mich gleichzeitig, ob ich sie und ihren Bräutigam mit meinem roten BMW von zu Hause zur Kirche bringen könne. Das war mir natürlich eine Ehre und sagte zu. Entsprechende Kleidung zu diesem Anlass musste ich mir zwar erst einmal besorgen, was ich aber sehr gerne tat.

Betta hatte in Mantua mit ihrem Bräutigam schon eine eigene Wohnung bezogen, wo wir das Paar abholten und gleichzeitig unser Hochzeitsgeschenk ablieferten. Wir hatten sie vorher gefragt, was es denn sein dürfe.

Betta war natürlich in Weiss, als sie in den Fond des roten Flitzers einstieg. Bettas Mutter hatte, bevor wir abfuhren, auf der Motorhaube ein Blumenbouquet anbringen lassen. Es war ein besonderes Gefühl, an der Spitze des Korsos zur Kirche in Mantua zu fahren, dort bis zum Portal vorfahren zu können. Und ein besonderes Vergnügen war es mir, der Braut die Wagentür zu öffnen, die Hand zu reichen, damit sie elegant aussteigen konnte.

Nach der kirchlichen Trauung kam das übliche Fotoshooting: im Kirchenportal, auf dem Vorplatz, mit und ohne Gäste. Später noch im Park vor diversen Kulissen. Dann endlich ging es zur Feierlichkeit in einem Landgasthof, wo ich auch endlich Bettas Großmutter kennen lernen konnte. Sie schenkte mir ein liebes Lächeln aus einem Gesicht, das ich kannte. Ihr Gesicht war Bettas und mir schien, dass nur wenige Jahre die beiden Gesichter trennten. Aber ich irrte. Die Großmutter war neunzig und dabei helle und beredsam, als wäre sie nun Bettas Schwester. Sie sagte mir, Männer gäbe es in ihrer Familie wenige. Sie hätte ihren Gatten im Krieg verloren. Bettas Mutter habe ihre beiden Töchter ebenfalls ohne Mann im Haus aufgezogen. Nun sei es an der Zeit, dass die Jugend der Familie beginne, in ihrer Familienchronik wieder Normalverhältnisse herzustellen. Und dass Betta mich gebeten habe, sie zum Altar zu fahren, fände sie ganz großartig.

Gerührt ließen wir, Regina und ich, uns die Plätze zuweisen, um uns im Kreise der zahlreichen Verwandtschaft des Bräutigams und seines Freundeskreises niederzulassen. Das war eine neue Erfahrung für uns. Wir kannten niemanden, aber man sprach uns an, als ob wir irgenwie schon ewig dazu gehört hätten.

Bis alle fünfundsiebzig Gäste ihren Sitz gefunden hatten, dauerte es etwas, aber danach begann das Essen, die Speisen wurden gereicht. Der Nachmittag zog sich hin. Zwischen den Gängen bat die Braut zur Teilnahme an Spielen, oder auch um Aufmerksamkeit für kleine Vorträge oder Gedichte auf das Brautpaar, von den Gästen vorgetragen. Es war der Abschied von Betta. An mir lag es, mich um eine neue Bürokraft zu bemühen.

Bettas neue Heimat wurde jetzt Mantua, die Stadt der Gonzaga. Der Kontakt brach aber nicht ab. Wir durften sie und ihren Mann Massimo noch mehrmals besuchen. Für uns war das verbunden mit dem Kennenlernen ihrer neuen Heimat: der Geschichte der Stadt, die verknüpft ist mit dem Patriziergeschlecht Gonzaga und dem von dieser Familie etwa 1530 errichteten Sommersitz Palazzo Té. Dessen

Standort befand sich bei den Stallungen auf der Isola del Teieto (kurz Té), am Rand der Sümpfe außerhalb der Stadtmauern Mantuas.

Giulio Romano, Schüler Raffaels, errichtete den Rohbau, ein um einen Hof erbautes rechteckiges Haus, in dem gigantische Fresken entstanden – vom Leben im Diesseits und dem nach dem Tod.

Die Anlage wird durch einen halbkreisförmigen Garten vervollständigt, eingerahmt von Säulenreihen vor Nebengebäuden, die über die Macht jener Familie noch heute zu erzählen scheinen.

Der Mincio, der Ausfluss des Gardasees, ließ in jener Zeit Sümpfe und Seen rund um die Stadt entstehen, die heute teilweise trocken gelegt, teilweise befestigt sind. Nur noch ein beeindruckend großer See rahmt heute die Stadt ein, auf dem Ausflugsschiffe zu Rundfahrten einladen. Das nahmen wir an einem Nachmittag wahr, als wir später mal Betta besuchten. An Bord, als wir die Tickets lösen wollten, meinte der Schiffsführer, die Passage sei schon bezahlt, wir sollten uns setzen und die Fahrt genießen.

Auf unsere verwunderte Frage, wieso unser Ticket schon bezahlt wäre, meinte er: „Gleich kommt eine Schulklasse an Bord. Die haben das ganze Schiff gebucht. Auf ein paar Personen mehr oder weniger kommt es nicht an." So kann man das natürlich auch sehen.

Mantua, mit Dogenpalast

Dach decken am Haus

Guerrino, dem ich verdankte, dass ich die Scheune mit einem neuen Dach hatte versehen können, holte nach mehrfacher Bitte von uns endlich seine Gerüstelemente und Bohlen wieder ab. Und jedesmal, wenn wir ihn trafen – entweder auf der *piazza* oder manchmal besuchten wir ihn auch zu Hause – drängten wir ihn, er möge unserem Wohnhaus auch ein neues Dach geben. Bedingung jedoch war, dass Sergio, der in gleichen Haus unter uns wohnte, sich beteilige. Guerrino versprach, selbst mit Sergio zu reden.

Ein neues Dach für das Haus war auch sinnvoll, denn unter den Pfannen war nichts, keine geschlossene Holzverbretterung, ebensowenig eine Dachpappe. Unsere Wohnung darunter hatte eine Zimmerdecke aus Stroh und Gips, die an verbogenen Balken hing. Das wollte ich gerne restaurieren, aber ohne neues Dach wäre das absurd gewesen. Im Frühsommer 1996 erhielten wir von Guerrino die erlösende Nachricht. Er hatte von Sergio die Zusage bekommen, dass er dabei wäre. Wir waren happy und gaben Guerrino den Auftrag mit der Bitte, sofort zu beginnen. Welche Verabredung die beiden genau getroffen hatten blieb mir aber unbekannt. Guerrino versicherte zwar, dass die Kosten geteilt würden, aber in welchem Verhältnis blieb offen. Darüber schwieg er sich aus. Es dürfte wohl wie beim Kaufvertrag gelaufen sein: bauernschlau. Mir war es trotzdem recht. Mein Anteil war für mich bezahlbar und er lag auch im Rahmen der ortsüblichen Handwerkerkosten.

Das Wetter war wirklich gut, es war den ganzen Sommer trocken, den wir auf Guerrino warteten. Und jedesmal, wenn wir ihn sahen und mahnten, er möge beginnen, hielt er uns vor, dass er auch noch andere Projekte habe, die fertig werden müssten. So vertröstete er uns von Mal zu Mal und er meinte, es werde nicht regnen. Es wurde September, es wurde Oktober. Nichts passierte. Ende Oktober musste ich beruflich nach Deutschland. Regina begleitete mich. Und als wir Anfang November zurück kamen, war das Haus ohne Dach. Guerrino hatte einfach angefangen, ohne uns zu benachrichtigen. Ich bekam Panik, das Wetter war umgeschlagen, war unbeständig geworden.

„Ich baue ein Zelt aus Plastikplanen", hörten wir von Guerrino, als wir ihm unsere Sorgen mitteilten. Abends zog er Plastikplanen über das Gerippe vom übrig gebliebenen Dachstuhl, dessen Reste ohne Lattung in den Himmel ragten.

Irgendwie halb beruhigt, halb besorgt sahen wir die Nacht kommen, denn abends wurde es klamm, nicht direkt regnerisch, aber die Luftfeuchte stieg. Dann begann ein Nieselregen, wie in Hamburg, ganz leicht und sanft. Sorgenvoll fragten wir uns, würden die Planen halten, würde die Konstruktion dicht bleiben?

Um 23 Uhr fiel dann der erste Tropfen auf unser Bett. Natürlich war das Strohgeflecht und der Gips darunter kein Schutz gegen das eindringende Wasser. Telefonisch versuchte ich Guerrino zu erreichen. Aber niemand hob ab. Ich zog mich an, eine regendichte Jacke darüber. Im Dunkeln rauf auf das Gerüst. Gut dass ich eine star-ke Taschenlampe besaß. Oben erwartete mich ein Chaos. Die Planen waren zwar noch an Ort und Stelle, aber hatten zu wenig Auflage, da die Lattung fehlte. Rund um das Haus hatten sich in den Planen Pfüt-zen gebildet. Sie hingen durch und als sie voll waren, rann das Wasser direkt ins Haus.

Zunächst zog ich die Planen wieder gerade und das Wasser kam mir entgegen, floss dann die Außenmauer herab. Aber ich brauchte lange Stangen oder Bretter, um sie unter die Folien zu schieben, damit sich keine Pfützen mehr bilden konnten.

Also herab vom Gerüst, um in der Scheune danach zu suchen. Triefend und nass kam ich in die Wohnung, um zu berichten. Regina hatte schon diverse Eimer aufgestellt.

Glücklicherweise fand ich in der Scheune, was ich suchte und kletterte damit wieder hoch. Eine Pfütze nach der anderen hob ich an, schob die Auflage darunter. Und ich wiederholte Mal um Mal die Kletterei mit weiteren Stangen. Bei jedem Rundgang oben auf dem Gerüst zog ich die Planen wieder gerade, ließ Wasser ablaufen. Mein

Ziel, so wenig Wasser wie möglich in die Wohnung laufen zu lassen, dauerte Stunden, die ganze Nacht. Als es hell wurde, hörte es auf zu regnen.

Regina hatte in der Zeit, als ich auf dem Gerüst mit dem Wasser kämpfte, in der Wohnung die vollen Eimer gegen leere ausgetauscht, hatte die schweren Wassereimer einen nach dem anderen die Treppe herunter getragen und unten ins Klo entleert, denn oben in den vier Zimmern gab es keinen Ausguss.

Guerrino kam morgens geknickt auf die Baustelle und meinte: „Das war in der Wettervorhersage nicht angesagt, aber jetzt wird es zügig weitergehen, es wird nicht mehr regnen."

Ich glaubte ihm das nicht, aber er sollte Recht behalten. Bald brachte er eine geschlossene Verbretterung auf und kurz danach die Dachpappe und dann die Pfannen.

In der Wohnung hatte nur ein Möbel Wasserflecken zurückbehalten, alles andere konnte Regina mit einem Heer von Eimern, Töpfen und Kübeln einigermaßen retten. Sergio verdankte unserem Einsatz eine trockene Wohnung, denn die Geschossdecke nach unten war ebenfalls nicht wasserdicht. Glück in unserem Unglück war, dass der Regen nur ein einfacher und gemäßigter Landregen war. Hätte es einen starken Regen gegeben oder gar ein Gewitterregen, wären wir nicht so glimpflich davon gekommen. Sergio freute sich, gratulierte uns und meinte, jetzt hätten auch wir eine echte *casa* - eine wertige Wohnung.

Guerrino haben wir trotz Ärger und den Schaden, den wir hatten, ohne Abzug voll bezahlt – sollten wir das in dem kleinen Ort Castello di Serravalle etwa nicht gemacht haben?

Calice delle stelle – Sternenkelche

Um den 10. bis 12. August eines jeden Jahres gab es im Ort, aber auch in anderen in der Umgebung, ein Fest, das allgemein *Calice delle stelle* – Sternenkelche – genannt wurde. Man feierte mit vielen Beobachtern gemeinsam den Höhepunkt eines Sternschnuppenregens, der seine Herkunft im Sommersternbild Perseus hat. Dazu trank man den moussierenden lokaltypischen Wein Pignoletto, vergaß aber auch den kleinen Imbiss nicht.

Die Meteore in diesen Tagen sind Trümmerstücke oder Teilchen des Kometen Swift-Tuttle, die in einem Ring um die Sonne kreisen und in dem irgendwo auch der Rest des Kometen steckt. Die Erde kreuzt an jedem 10. und 11., aber besonders am 12. August diese Staub- und Partikelwolke und unvermeidlich stürzen Teilchen und manchmal vielleicht auch Brocken in die Erdatmosphäre und verglühen dort, hinterlassen eine Lichtspur am Himmel. Bei den Astronomen heißen diese Meteore Perseiden, im italienischen Volksmund jedoch sind die Sternschnuppen unter dem Begriff „die Tränen des heiligen Laurentius" bekannt, weil sich alles gerade am Tage des heiligen Laurentius abspielt.

Wir hatten uns erkundigt, zu welcher Begegnung wir gehen wollten. Schlussendlich entschieden wir uns, die Bologneser Sternwarte in den Hügeln südlich von Bologna zu besuchen. Dort sei es dunkel, recht einsam, und wir wären in Gesellschaft von kundigen Sternfreunden.

Den Weg dorthin mussten wir mit dem Auto bewältigen, denn ein öffentliches Verkehrsmittel, man sagt dort – *mezzo publico* – gab es nicht. Es war unheimlich dunkel im Wald, Beleuchtung war nicht da. Die kurvige Straße führte den Berg hinauf, wurde immer enger. Es gab nur spärliche Wegweiser, die fast unsichtbar waren. Endlich versperrte uns eine Schranke die Weiterfahrt. Geparkte Autos am Waldrand konnten nur bedeuten, dass wir unser Ziel bald erreicht haben mussten, aber dass wir zu Fuß weitergehen sollten. Wir parkten und schalteten die Scheinwerfer aus. Schwarze Nacht umgab uns. Bis sich unsere Augen an die Dunkelheit gewöhnt hatten, warteten wir und marschierten dann los – in die Richtung, die ein schräger und halb verrotteter Holzpfeil uns wies: *osservatorio*. Bergauf und durch Buschwerk, zunächst ohne Orientierung. Wir ahnten auch nicht, wie weit wir noch zu gehen hatten. Smartphone mit Navi gab es da noch nicht. Aber umkehren wollten wir auch nicht. Bis hier her waren wir gekommen, nun wollten wir auch wissen, wie das Abenteuer enden sollte. Endlich vernahmen wir Stimmen durch den Wald. Gingen weiter, bis wir vor einer Bergkuppe standen. Der Mond stand schon tief, der Mars war zu sehen. Ein unbeschreiblich, fast dreidimensionaler und tiefer Sternenhimmel wölbte sich über uns. Besucher der Veranstaltung lagen auf dem Rücken im trockenen Gras und schauten nach oben.

Am Observatorium selbst war ein kleiner Ausschank. Nachdem wir uns dort angemeldet hatten, bequemten wir uns mit einem Glas Pignoletto auf einen freien Platz auf der Wiese, legten uns auf den Rücken, hörten den über Lautsprecher verkündeten Erklärungen des Veranstalters zu, die abwechselnd astronomischen und ein anderes Mal kulinarischen Inhalts waren.

Wir lernten, dass in der Sternwarte ein starkes Spiegelteleskop von sechzig Zentimeter Öffnung auf den Mars gerichtet war und jeder Interessierte eingeladen sei, einen Blick hindurch werfen. Ein kleineres Teleskop stünde auf der Wiese. Das sei auf den Mond gerichtet, und auch dort könne man einmal hindurchblicken.

Ein Mitglied der Astronomischen Vereinigung stand vor dem Gebäude und zeigte während der Erklärung mit einem Laserpointer auf den Planeten oder die Sterne.

Ein anderes Mal wurde uns erklärt, welchen Wein man uns ausgeschenkt hatte und dass auf Wunsch nachgereicht werden könne. Das würde von jungen Mitgliedern der Vereinigung besorgt, die umhergingen und anreichten.

Dann wieder bot man uns über Lausprecher kleine Stärkungen

an: Grissini mit Parmaschinken umwickelt, Käsewürfel aus Grana, dem Parmesan der Gegend, schwarze und grüne Oliven, Mortadellawürfel auf Ciabatta, Selleristangen, in Olivenöl getaucht, Artischockenherzen, süß-sauer eingelegt. Auch dieses Mal wanderten Tabletts über die Wiese, von denen gereicht wurde, was man wünschte.

Es war eine milde Sommernacht, wir lagen auf der Wiese auf einem Berg südlich von Bologna, genossen den Wein und manche Stärkung, man bezeichnete es als *rinfresco* und wir hatten sogar das Glück, die eine oder andere Sternschnuppe, die eine oder andere Träne des Heiligen Laurentin zu sehen. Wir lernten mehr über die Sternbilder als wir bisher wussten, z.B. die Sagen über sie, wie sie aufzufinden waren, welche Bedeutung sie für die Landwirtschaft und die Seefahrt früher hatten.

Wir nahmen uns vor, künftig jedes Jahr solch eine Veranstaltung *calice delle stelle* zu besuchen, aus Kelchen die eingefangenen und zu perlendem Pignoletto verwandelten Tränen des Laurentin zu trinken.

Modena, Rathaus und Dom

Afrikanische Migranten

Die afrikanischen Migranten in den 90er Jahren, die in Italien eintrafen, kamen vornehmlich aus Marokko. Im Modeneser Dialekt hießen sie *marocchèn* – mit französisch genäseltem „*èn*" am Ende des Wortes.

Wir sahen sie da erstmalig in dem großen Stadtpark von Modena, als wir dort eine Veranstaltung Pavarotti and Friends besuchten, ein Konzert, das unserer Meinung nach alle Grenzen zwischen Kulturen und Musikrichtungen sprengte, ein Event voller Optimismus und Lebensfreude. Niemals vorher und auch nicht mehr nachher hatten wir so etwas erlebt, hatten gehört, wie die Moderne aus der Klassik entstand und wie die Klassik durch die Moderne an Ausdruck gewann.

Abseits, quasi am Rande dieses Events, wohnten die afrikanischen Migranten in Pappkartons, obdachlos und unbeachtet. Dort war ihr Quartier in der Stadt, von dort brachen sie zu Fuß auf, um ein paar Almosen zu verdienen oder zu erbetteln.

Clem, mit dem wir uns auf dem Ereignis getroffen hatten, erzählte es uns – berichtete auch, dass die Migranten oft dreißig Kilometer am Tag zu Fuß laufen, um irgendwelche kleinen Dienste zu erledigen oder von Supermarkt zu Supermarkt pilgern, um dort vor den Toren um Almosen zu betteln. Andere seien in der Mafia ähnlichen Strukturen organisiert und müssten Banales verkaufen.

Solche Art Verkäufer waren uns schon in den Innenstädten von Bologna oder Modena aufgefallen. Sie standen in den Einkaufstraßen, hatten auf dem Gehsteig eine Decke ausgebreitet, worauf sie ihre Gegenstände, die sie verkaufen sollten, ausgebreitet hatten. Sie hatten durchaus keine Hemmungen, Passanten anzusprechen, ihnen ihre Waren anzubieten: „*Vú comprá*" näselten sie in einem italianisierten Französisch, was soviel heißen sollte wie: „Wollen Sie kaufen?" Manchmal sahen wir, dass die *carabinieri* in der Stadt unterwegs waren. Dann verschwanden sie sofort, wie auf ein geheimes Kommando. Waren die *carabinieri* wieder fort, erschienen sie wieder.

Oder sie schlurften am Strand in Riccione oder Cesenatico an den Strandliegen und Sonnenschirmen vorbei und boten Sonnenbrillen, billigen Schmuck oder Spielgeräte, Bälle etc. für die Kinder an. Man hörte sie schon von weitem, wie sie lautstark auf sich aufmerksam machten.

Andere dieser Migranten liefen mit einem Rucksack voller Socken von Haus zu Haus in den Vorstadtquartieren und versuchten auf diesem Wege, etwas zu verdienen. Wir kauften niemals von ihnen, drückten aber gerne dem einen oder anderen ein kleine Spende in die Hand, worauf sie sich mit *mille grazie dottore* verbeugten. Manchmal sogar sah man sich wieder, vor dem gleichen Supermarkt oder vor einer *caffé-Bar*. Dann strahlte uns ein breites Grinsen entgegen, und wir schoben dem Migranten unseren Einkaufswagen mit der Münze zu, damit er diesen von unserem Auto, wo wir entladen hatten, zurück beförderte.

Natürlich wurde auch allgemein kolportiert, dass man sich in Acht nehmen müsse vor der einen oder anderen Volksgruppe, wobei besonders Menschen vom Balkan gemeint waren. Vielleicht haben wir Glück gehabt, vielleicht waren die Beschwörungen der Boulevard-Presse und jenen, die den in diesen Zeitungen gedruckten Parolen glaubten, an den Haaren herbeigezogen. Wir jedenfalls haben Betrug, Diebstahl oder andere kriminelle Aktionen der Afrikaner nicht erlebt.

Jeden Sommer ein Musikevent

In Bazzano war unser Markt, der auf der *piazza* in der Innenstadt aufgebaut war. Ihn besuchten wir regelmäßig, weil es Stände gab mit Spezialitäten: Getrocknete Tomaten, Fässer mit Oliven standen da, diverse Konserven wie Balsamico-Zwiebeln in süß-sauer eingelegt, natürlich Honig aus der Umgebung und je nach Saison unterschiedlich, Olivenöl und Balsamico, natürlich auch Wein. Die Anbieter kamen aus der Umgebung, boten ihre eigene Produktion feil, die von ihrer *tenuta* – Landgut – oder *cantina* – Weinkellerei – kam und sie luden dort zu Besuch ein. Das nahmen wir natürlich an, insbesondere, wenn wir Gäste hatten.

Einmal war sogar Verwandtschaft aus den USA bei uns. Es war eine Cousine zweiten Grades, wir nannten sie Trudie. Sie und Freund Paul kamen mit dem Flieger morgens zu unerquicklich früher Stunde in Malpensa-Mailand an. Deshalb waren wir schon den Tag vorher losgefahren, hatten Kundenbesuche (dazu später) gemacht, mieteten uns in einem kleinen Hotel in der Nähe des Flughafens ein.

Morgens wollten wir dann rechtzeitig in der Ankunft sein. Und doch gab es ein kleines Problem. Wir hatten uns aus Neugier eines der frühen Navis besorgt. Und das meinte auf dem Weg zu den Terminals: „Bitte, suchen sie sich eine Straße." Das Gerät enthielt offensichtlich nicht das gesamte Straßennetz Italiens. Wir waren, wenn wir dem Gerät glauben sollten, im Nirgendwo gelandet. Gezwungenermaßen richteten wir uns wieder nach der traditionellen Methode und lasen die Wegweiser. So kam es, dass wir nicht ganz pünktlich waren. Endlich in der Interkontinentalen Ankunft angekommen, war diese leer, bis auf zwei Personen, die mittendrin standen. Schon von weitem sah ich Trudie. Glücklich kam sie uns entgegen, und Paul folgte ihr mit ausgebreiteten Armen und den Worten: *mi chiamo Paolo* – ich bin Paul. Er sprach etwas Spanisch, was bei den Südstaatlern in den USA nicht ungewöhnlich ist und er hatte einige Worte Spanisch italianisiert.

Recht stolz über unsere gerade fertig gestellte Wohnung in unserer Scheune, quartierten wir die beiden dort zu ebener Erde ein. Heizung war nicht nötig, gerade im Gegenteil war der kühle Raum unten angenehm, denn die Tagestemperaturen lagen bei dreißig Grad. Die Tür nach draußen stand offen.

Natürlich hatten wir nicht damit gerechnet, dass die offene Tür auch eine Einladung für ungebetene Besucher darstellte. Also etwa Besucher, die sich nicht darum scherten, wer und was dort gerade wohnte. Trudie kam abends entsetzt hoch. Eine Schlange hatte sie erschreckt, die sich im Wohnzimmer unten ein kühles Eckchen gesucht hatte. Es war eine schwarze und harmlose Äskulap-Natter. Ich nahm den Besen und bugsierte sie sanft nach draußen. In dieser Nacht jedoch wollte Trudie nicht unten in der Scheune schlafen.

Trudie und Paul konnten wir natürlich nicht wieder verabschieden, ohne mit ihnen das alljährlich im Frühherbst stattfindende Musikevent im Hof der Burg Rocca dei Bentivoglio in Bazzano zu besuchen.

Das Castello erhebt sich auf dem ersten Hügel vor dem Ort Bazzano, dessen Geschichte eng mit seiner Burg verwoben ist. Sie markierte einst den Grenzpunkt zwischen dem Einflussbereich der Städte Modena und Bologna, die über Jahrhunderte um Macht und Grenzen in der Region fochten.

Die Burg war in all den Epochen Symbol und Wahrzeichen über Bazzano. Im Gegensatz zur Legende, dass Mathilde von Tuszien (Canossa) das Castell erbauen ließ, gehen dessen Ursprünge auf eine unbestimmte Zeit zurück, eine Zeit vor dem Jahr 1000. Sie gehörte zu einer Reihe verstreuter kleiner Burgen oder Festungen in der Po-Ebene.

Nach einer Periode von Jahren im Besitz der Mathilde, konnten die Bologneser das Castell im Jahr 1247 erobern und zerstören. Die Steine der Burg wurden nach Monteveglio, einem Ort in den ersten Hügeln des Apennin, gebracht, wo sie zum Bau für ein Turmhaus verwendet wurden, das später für bolognesische (Zoll-)Beamte als Wohnhaus diente. Nach neuerlicher Eroberung Bazzanos durch die

Stadt Modena, ließ Azzo III d'Este, aus dem Welfengeschlecht, die Burg bis 1311 wieder aufbauen. (Die Welfen gehören zum ältesten noch existierenden Hochadel Europas. Seit dem 8. Jahrhundert reicht die Dynastie über Herzöge von Bayern und Sachsen bis in die Neuzeit, als sie zu Kurfürsten und Königen von Hannover und Großbritannien aufstiegen.) Nach der endgültigen Rückeroberung durch Bologna im Jahr 1473 durch Giovanni II Bentivoglio, wurde sie erneut umgebaut. Giovanni II Bentivoglio war seit dem Jahr 1463, neben seiner militärischen Funktion auch Alleinherrscher in Bologna.

Er bezeichnete sich als ersten Bürger der Stadt, dem alles Republikanische verhasst war. Er wollte die Signoría, (Betonung auf dem zweiten „i") die Herrschaft eines Einzelnen, wie die Medici es in Florenz praktizierten, auch für Bologna wieder einführen. In den fünfzig Jahren seiner Herrschaft entwickelte er die Wasserstraßen der Stadt, die für spätere industrielle Entwicklung wichtig werden sollten.

Das Castell in Bazzano wandelte sich durch Erweiterung und Umbau zu einem Schloss auf dem Lande, das die Bentivoglios in Besitz hatten. Als weiße Burg, innen und außen verziert mit Fresken, erhob sie sich über dem Ort Bazzano. Übrig geblieben sind nur noch Spuren davon, im Innenhof sowie in der *belle etage* – in den Sälen im ersten Stockwerk. Nach der Herrschaft der Bentivoglios kam die Burg unter die Verwaltung der Gemeinde Bologna, die diese als Verwaltungssitz verwendete.

Der Ort hatte sich danach unterhalb der Burg gebildet, besaß eine wunderschöne *piazza*, auf der wöchentlich der schon beschriebene Wochenmarkt statt fand. Zur Burg hinauf führte ein kurzer aber steiler Anstieg. Vorbei kam man dabei an einer Osteria. Sie hieß Porta Castello, dessen Inhaber gelegentlich eine Ausstellung veranstaltete. Da Regina sich künstlerisch auf Collagen verändert hatte, statt Keramik zu machen – der Brennofen hatte seinen Geist aufgegeben – bewarb sie sich in der Osteria für eine Präsentation mit ihren Werken. Und sie hatte Glück. Der Inhaber der Osteria, selbst ein Künstler, lud sie ein, ihre Arbeiten für eine Woche lang aufzuhängen. So waren wir eine Woche lang – außer den obligatorischen zwei Tagen, an denen die Osteria geschlossen blieb – jeden Tag dort.

Zur Vernissage hielt Regina, etwas nervös und befangen, ihre erste Rede in italienischer Sprache. Außer den von uns eingeladenen Freunden und Freundesfreunden von Clem waren natürlich Gäste der Osteria anwesend. Unter ihnen war auch ein Individualist, ein Mann, der gleich auffiel. Er hatte lange weiße Haare, einen langen Bart, hatte eine rote Joppe an und trug am Hals eine Kette, die aussah wie ein Vorhängeschloss. Wir kamen natürlich ins Gespräch und erfuhren, dass er am selben Tag, als wir die Eröffnung zelebrierten, seinen Abschied aus Italien feierte. Er habe eine kubanische Braut, die er nun heiraten wolle. Danach werde er nach Kuba auswandern. Mit seiner Minirente, die er vom italienischen Staat bekomme, könne er in Kuba als Rentner leben, aber nicht in Italien.

Als wir Jahre später einmal einen Urlaub in Kuba machten, war die erste Person, die wir dort im Hotel trafen, nicht jener Individualist aus Bazzano, sondern ein uns unbekannter Italiener. Er sagte uns, er verlebe dort seine Rente und er sei nicht der Einzige.

Für die Osteria war Reginas Bilderausstellung natürlich Werbung. Gäste kamen, besichtigten die Bilder, blieben und verzehrten etwas. Natürlich begleitete ich Regina, wenn sie im Lokal für eventuelle Kaufinteressenten anwesend sein wollte. Gekauft hat niemand ein Bild, auch nicht der Bürgermeister von Bazzano bei seinem Besuch dort. Dafür aber haben wir für Umsatz in der Osteria gesorgt: Wein und Verzehr. Unser Favorit war ein Antipasto aus sehr jungen Artischocken. Die essbaren, noch kleinen und zarten Distelköpfe waren in feine Streifen geschnitten. Zubereitet und konditioniert waren sie mit Balsamico und Olivenöl. Angerichtet und bestreut auf dem Teller mit gehobeltem Parmesan. Aromatisch herb und köstlich.

Zurück zu Trudie und Paul. Das Castell in Bazzano war natürlich auch ohne Event eine Attraktion, und wir waren da, streiften durch die Säle, bewunderten die Fresken, studierten etwas die Geschichte der Burg. Es fiel uns die Ankündigung für ein Konzert im Burghof auf. Der Termin passte auch für unseren Besuch. Ich besorgte Karten.

Organisator war der Kulturverein von Bazzano, dessen Vorsitzender eine Musikschule leitete. Ihm hatte ein Unglück das Augenlicht geraubt, aber nicht seine Schaffenskraft. Er blieb in Bazzano die Person, in dessen Händen der Kulturbetrieb des Ortes lag. So hatte er sich für die Veranstaltung, die wir besuchen wollten, etwas Besonderes ausgedacht: *Cenare* – Abendessen – bei klassischem Gesang. Ganz nach dem Vorbild mittelalterlicher Feste. Im Burghof waren Tische und Stühle aufgebaut. Längsseitig befand sich eine Bühne, auf der eine japanische Sängerin Arien aus italienischen Opern vortragen sollte.

Der Vorsitzende des Kulturvereins hielt eine Eröffnungsrede, erklärte seine Intention und betonte, dass die japanische Sängerin in Italienisch singen werde und in Italien klassische Opern studiere. Vorher aber wurde das Abendessen gereicht. Es gab:

Entré: Prosecco.

Antipasto: Carpaccio von Gänsebrust, leicht kondiert mit Zitrone und Olivenöl, bestreut mit Rucola und Parmesan. Dazu ein stiller Pignoletto. Im Gegensatz zu Deutschland, wo es Gänsebraten zu Weihnachten gibt, ist die Schlachtzeit für Gänse in Italien im Sommer und Frühherbst. Das Carpaccio eine Offenbarung.

Primo piatto: Tortellini in brodo – Tortellini in Rindfleischbrühe. Ein für Modena und Bologna traditionelles Gericht. Wir erlebten es einmal in einem Bologneser Restaurant, in dem uns ein Kellner hochnäsig belehrte: ,,*Tortellini si fanno solo in brodo*" – in etwa: ,,Tortellini schmecken nur in Rinderkraftbrühe." Wir fragten, ob wir die Tortellini auch mit Tomatenmus bekommen könnten. Wie konnten wir das nur fragen und sind nicht selbst auf die Idee gekommen, dass Tortellini nur mit Brühe gereicht werden? Denn die traditionellen Tortellini sind mit Rindfleischhack gefüllt. Solche Regeln bricht man nicht.

Secondo piatto:

Rollbraten vom Spanferkel, innen mit *lardo* – fettem Speck – belegt, mit einer Gewürzpaste aus Knoblauch, gehackten Rosmarinnadeln, Zitronenzeste und Salz veredelt. Es gab dazu in Olivenöl gedünstete, mit Fenchelsaat bestreute Schalotten, in Scheiben geschnittene, in Olivenöl geröstete panierte Tomaten, ergänzend in Hälften geteilte und mit Rosmarin gewürzte, ebenfalls gegrillte Kartoffeln.

Dazu ein Merlot aus dem Veneto, ein leichter und sanfter Rotwein, typisch und ursprünglich. Der saftige Braten, lauwarm auf den Teller gebracht, verbreitete seinen köstlichen Röstgeruch und den aromatischen Duft der Gewürze. Am schmackhaftesten waren die mit fettem Speck belegten inneren Partien, während die knusprige Kruste, die Haut des Spanferkels, einen feinen, wohlschmeckenden Gegensatz ergab.

Nach dem Menu folgte der Gesangsauftritt der jungen Japanerin. In dem geschlossenen Innenhof, der eng und hoch wirkte, entstand eine besondere intensive Akustik, die an einen Theatersaal erinnerte. Die junge Studentin der klassischen Musik bekam einen verdienten und herzlichen Applaus.

Das Ende des Besuchs von Trudie und Paul näherte sich. Aber noch einmal sollte es für die beiden einen Höhepunkt geben. Trudie wünschte sich zu ihrem Geburtstag, den sie in ihrem Urlaub bei uns feierte, einen Ausflug nach Cinque Terre.

Das war kein Tagesausflug. So suchten wir und fanden ein Hotel in Monterosso, am Anfang des etwa zwölf Kilometer langen Küstenstreifens, der Italienischen Riviera nordwestlich der ligurischen Stadt La Spezia, wo sich an der felsigen Steilküste nach Monterosso noch vier weitere Dörfer, nämlich Vernazza, Corniglia, Maranola und Riomaggiore entlang der steil abfallenden Küste aufreihen. Sie sind an der Küste nicht mit dem Auto und dort nur mit dem Zug oder zu Fuß erreichbar.

Die Dörfer haben insgesamt nur siebentausend Einwohner, die in dem inzwischen zum Nationalpark geschützten Naturreservat leben. Dort darf nicht mehr gebaut und nichts mehr verändert werden – mit Ausnahme der Pflege des Bestandes. Die Menschen dort leben ausschließlich vom Fischfang, dem Anbau von Wein, Zitrusfrüchten und Oliven sowie dem Tourismus. Der Anbau gab der Landschaft den typischen terrassenförmigen Charakter.

Die Eisenbahnstrecke entlang der Küste wurde schon 1874 gebaut. Jeder der fünf Orte bekam einen eigenen Bahnhof, der jeweils nur durch Tunnel erreichbar ist. Der Bahnanschluss bringt heute viele Touristen in die Orte, die außer Riomaggiore und Monterosso an den beiden Endpunkten verkehrstechnisch sonst nicht erreichbar sind. Die Straße von La Spezia endet in Riomaggiore. Von oberhalb ist jeder Ort zwar über schmale und kurvenreiche Straßen erreichbar, eine direkte Straßenverbindung zwischen den Orten jedoch gibt es nicht. So bleibt für die anderen Dörfer nur die Bahn als verbindendes Ver-

Cinque Terre, der Ort Riomaggiore

kehrsmittel.

Wir parkten unser Auto in Monterosso, belegten unsere Zimmer im Hotel und machten uns auf den Weg, die Dörfer zu erkunden. Zuerst nahmen wir den Zug nach Riomaggiore.

Der Wanderweg zwischen den Dörfern Manarola über Corniglia und Vernazza nach Monterosso ist eine Attraktion. Auf schmalen Pfaden spaziert man, manchmal klettert man steile Stege hoch oder herab, selten bequem und eben. Die Strecke zwischen Riomaggiore und Manarolo aber ist anders und heißt *sentiero dell'amore* – der Liebesweg. Hier wandert man auf ebenem Weg durch Wein- und Olivenanbau.

Aber zunächst erkundeten wir nach unserer Bahnfahrt die Umgebung von Riomaggiore, genossen die Sonne auf der *piazza* bei einem Capuccino. Und dann kam die Gretchenfrage an Trudie. Sie hatte Geburtstag und durfte den Tagesplan festlegen. Gefragt, ob sie auch den steilen Wanderweg erklimmen wolle, ging ein kurzer Blick nach oben in den Hang hinein. Prompt kam die Antwort: „take a photo." Sie machte sich stattdessen auf, um durch das Tor zum Liebesweg, zum *sentiero dell'amore* zu schlendern.

Diese ebene und recht bequeme Strecke konnten wir mit leichtem Schuhwerk begehen, um Manarolo zu erreichen.

Von dort nahmen wir wieder den Zug zurück nach Monterosso. Es war Abend geworden, und wir dachten über das Abendessen nach. Jetzt sollte es Fisch sein. Im Hotel bekamen wir die richtige Empfehlung. Die Osteria lag auf halber Höhe an den Felsen geschmiegt. Fischgerichte war deren Spezialität. Dort bekamen wir etwas, das Regina und ich bisher noch nirgendwo in Italien gegessen hatten: ein Carpaccio aus rohem Fisch, kondiert mit Zitrone, Olivenöl und Kräutern. Dabei war unter anderem Thun, Schwertfisch, Lachs, Wolfsbarsch. Es war eine ungewohnte und unerwartete Köstlichkeit. Damals noch eine undenkbare Vorstellung für uns, heute jedoch im Zeitalter von Sushi ist es wohl nichts Ungewöhnliches mehr.

Das Angebot an Fisch und Meeresfrüchten in Restaurants hat in Italien Tradition, besonders in Hafenstädten oder in der Meeresnähe. Es gibt Restaurants, die speziell nur Fisch anbieten. Manchmal erkennt man das von außen, dann steht dran: *specialitá pesce*, oder man weiß es und geht bewusst dorthin, um Fisch zu essen.

Während meiner Außendienstreisen kam ich auch mal in die Hafenstadt Triest. Es war Mittagszeit. Ich versuchte, eines dieser typischen Truckstop-Restaurants zu finden. Man sieht sie überall im Land und erkennt sie daran, dass auf dem Parkplatz viele Lkws stehen. Das Mittagessen in solchen Trattorien oder Osterien ist gewöhnlich preiswert und gut. Man nennt es auch einfach *pranzo di lavoro* – täglich wechselnder Mittagstisch.

Nach einem längeren Suchen entschieden wir, Regina und ich, uns für eine Gaststätte, die *Il gatto che ride* – der grinsende Kater – hieß, denn einen Truck-Stop fanden wir nicht.

Als wir am Tisch Platz genommen hatten, fiel uns auf, dass der Kellner fast nur Teller mit Meeresfrüchten austeilte. Als er zu uns kam, und eine Bestellung aufnehmen wollte – eine Menükarte gab es nicht, der Kellner erklärte am Tisch, was es gab – fragte ich ziemlich dumm, ob es auch ein Fleischgericht gäbe. Ich bekam die ziemlich pikierte Antwort: „*Non si fanno qui, siamo un restaurante di pesce*" – „das gibt es hier nicht, wir sind ein Fischrestaurant." Woraufhin wir uns seinen Empfehlungen anschlossen, und das war genau richtig. Die Meeresfrüchte waren frisch, frischer ging es nicht und waren so gut, besser geht nicht. Sie waren so ein Genuss, dass ich fast die Menschen beneidete, die dort in der Nähe arbeiteten oder wohnten und sich diese Delikatessen öfter gönnen konnten.

Renovierung mit Hindernissen

Eigentlich hätte alles so gleichzeitig fertig werden müssen, was aber logischerweise unmöglich schien. Fenster, Heizung, Isolierung nach oben, der Fußboden, das Bad. Das waren nur die großen Baustellen, die uns sieben Jahre begleiteten.

Wir hatten den Teil eines alten Bauernhofs in Italien gekauft, was zwar unsere Absicht gewesen war, andererseits sollte unser Leben nicht ewig spartanisch verlaufen. Selbst Sergio, unser Nachbar, war einen Monat im Sommer in die Halbruine von 1530 nach nebenan gezogen und hatte den Handwerkern seine Wohnung zur Renovierung überlassen. Das konnten wir nicht. Daher blieb uns nur, eins nach dem anderen in Angriff zu nehmen.

Das Gröbste war unser Bad. Es musste alles raus, inklusive die Versorgung und Entsorgung. Schöne Sanitärkeramik stand bereit, allerdings auf dem Hof und war noch nicht einsetzbar, was aber nicht die einzige Komplikation war. Die Organisation des täglichen Lebens mit Besuch war eine andere.

Ein Ersatzbad stand inzwischen in der Scheune bereit, denn so langsam, nachdem ich das Dach der Scheune neu gedeckt hatte, nahm eine Zweitwohnung dort erste Formen an. Alles war noch nicht fertig, aber dem Bad in der Scheune hatte ich Vorrang gegeben. Die Umständlichkeit, morgens und abends über den Hof zu müssen, war aber nicht die ausschließliche Beschwernis. Denn sommerlicher Besuch war auch anwesend, den wir nicht missen wollten. Mit ihm bekamen wir, Regina und ich – meine beiden Töchter kamen nur zu Besuch und lebten nicht bei uns – doch immer mal das Gefühl, nicht ganz alleine zu sein. Und das feierten und begossen wir ausgiebig mit allen italienischen Köstlichkeiten, die wir finden konnten. Es waren kei–

ne Fünfsterne-Gaumenfreuden, etwa solche, die man in angesagten Restaurants vorgesetzt bekam, nein es waren vielmehr die lukullischen Genüsse, die wir uns selbst aus den Spezialitäten des Landes und der Saison kochten oder zusammenstellten:

Reifer Schafskäse aus Sardinien schmeckte immer ohne Brot, am besten in kleinen Häppchen zu Wein, dazu in Rotwein gereifter Kuhmilchkäse.

Ziegenfrischkäse, weich und saftig, zusammen verzehrt mit reifen und süßen Birnen.

Ein Dip, bestehend aus einer Mischung von Mascarpone und Blauschimmel Rockford-Käse, dazu Grissini mit Sesam.

In Balsamico-Essig marinierte kleine Gemüsezwiebeln, ein Hochgenuss zu *porchetta*, dünn geschnittenem gegrillten Spanferkel.

Rührei, abgeschmeckt mit einer Kräutermischung aus eigenem Garten, bestehend aus Estragon, Schnittlauch.

Gegrilltes Gemüse, ob Zucchini, Paprika, vorher mariniert in einer pürierten Mischung aus Zitronensaft, Knoblauchzehen und Olivenöl, gewürzt mit Salz, Pfeffer und Oregano.

Bruschetta – ein einfaches Bauernsssen. Frisch geröstetes Brot sowie etwa *pane pugliese* oder *ciabatta*, noch warm mit einer halben Knoblauchzehe eingerieben. Dann mit Olivenöl beträufelt, gepfeffert und gesalzen. Darauf häufelt man eine Mischung enthäutete gewürfelte Tomaten (ohne das Innere mit den Kernen), klein gehacktes Basilikum, gewürfelte Zwiebel. Dazu *caprese* – ein Tomatensalat, dessen Herkunft die Insel Capri sein soll. Rohe Tomatenscheiben mit Büffelmozzarellascheiben und jeweils einem Basilikumblatt belegt, gesalzen und mit Olivenöl beträufelt sowie einem Spritzer Balsamico.

Salamoia Bolognese stand bei uns immer auf dem Tisch zum Nachwürzen. Wir kauften es im Supermarkt Coop. Nur diese Sorte dort hatte den richtigen Geschmack aus mittelgrobem Meersalz, Rosmarin, Knoblauch, Salbei und schwarzem Pfeffer.

Olivenöl holten wir uns im Blechkanister bei einem spezialisierten Ölkaufmann statt im Supermarkt. Bei ihm gab es nur natives, ungepanschtes Öl, über dessen Herkunft wir sicher sein konnten, dass es

aus Plantagen der näheren Umgebung stammte. Der anonyme, un-
etikettierte Kanister reichte immer für ein Jahr.

Den Parmaschinken erwarben wir von unserem Freund Costantino. Dazu hauchdünn geschnittene Mortadella, oder die *sorpresa ve-
neziana* – eine weiche, gekochte dicke Wurst.

Mit all diesen Köstlichkeiten wollten wir unseren Besuch erfreuen:
Wir erwarteten unseren 100. Gast! Regina hatte Buch geführt, hatte
alle Gäste, die gekommen waren eingetragen, oder hatte von jenen,
die Lust dazu hatten, ein paar passende Worte in das Gästebuch ein-
schreiben lassen.

Angesagt hatten sich Reginas Bruder mit Schwägerin und dem
zwölfjährigen Neffen. Einer dieser drei würde die Trophäe bekommen,
einen Kuchen mit der Zahl 100. Wer würde es sein? Wer dieser drei
Gäste würde die Schwelle zu unserem Haus als 100. Gast überschrei-
ten? Wir schlossen eine kleine interne Wette ab und spekulierten.
Würde es die Schwägerin sein, die immer schnell vorneweg war, oder
würde es Reginas Bruder sein, dem die Schwägerin und der Neffe
den Vortritt lassen würden? Dem zwölfjährigen Neffen trauten wir
eher zu, wenn er aus unserem Auto geklettert war, die Scheune zu
stürmen.

Sie kamen abends spät mit dem Zug in Bologna an. Wir holten sie
ab, und es war schon elf Uhr, als wir auf unserem Hof ankamen. Ich
schloss die Haustüre auf. Unsere drei Gäste standen nichtsahnend
hinter mir. Den Eingang zur Scheune gegenüber hatten sie noch nicht
wahr genommen und verraten hatten wir nicht, um was es uns ging.
Ja und der erste, der ohne Scheu eintrat, war Reginas Neffe. Er bekam
den Kuchen, mit dem er sich fotografieren ließ. Und zusätzlich boten
wir ihm an, er könne sich wünschen, was er am nächsten Tag essen
möchte.

Morgens präsentierte er seinen Wunsch: Spagetti mit Butter und
Zucker! Das bekäme er zu Haus nie, obwohl es sein Leibgericht sei.

Regina erfüllte diesen Wunsch natürlich gerne, trotz des kritischen
Blickes der Schwägerin.

Spagetti mit Butter und Zucker ist selbstverständlich nicht die einzige Möglichkeit, diese Nudelvariante zu wählen. Alle verschiedene
Spielarten für die Zubereitung von Spaghetti, die wir kennenlernen

konnten – in quasi allen Regionen Italiens – kann man unmöglich aufzählen. Einige Zubereitungen, die mir besonders gefielen, möchte ich hier beschreiben:

Alla carbonara für zwei Personen: 200 g Spaghetti, 75 g fetten Speck (darf auch, je nach Vorliebe, leicht geräuchert sein). Am besten ist allerdings *guanciale* geeignet. Das ist ein aus der Schweinebacke oder dem Nacken hergestellter, luftgetrockneter Speck, der ursprünglich und erstmalig im Latium entstand. Der beste Speck ist der *guanciale dei Monti Lepini*, für den die dortige Schweineart Nero gezüchtet wird).

Ein Ei und ein Eigelb (wer es mag, kann auch nur zwei Eigelb verwenden)

50 g geriebenen Parmesankäse (darf auch reifer *Pecorino* sein), ein Teelöffel Olivenöl extra vergine, Salz, Pfeffer, Muskat, Bio-Zitrone, 100 ml Sahne, etwas Petersilie.

Zubereitung:

Den fein gewürfelten Speck in einer Pfanne im Oliven-Öl knusprig auslassen. Pfanne warm halten. Separat zubereiten: Den Käse mit der Sahne, den Eiern verquirlen. Salz, Pfeffer, Muskat hinzugeben. Spaghetti al dente kochen, gleichzeitig Petersilie fein hacken. Nudeln abgießen und tropfnass gleichzeitig mit der Ei-Sahne-Mischung in die Pfanne mit dem Speck geben. Das Ganze vorsichtig und bei kleiner Flamme erwärmen, bis die Ei-Sahne-Mischung stockt, das heißt cremig wird. Vom Herd nehmen, Petersilie unterheben, anrichten, Zitronenschale darüber reiben.

Bei diesem Gericht fällt mir immer wieder der geniale Song über Spaghetti Carbonara der Gruppe Spliff ein.

Mit allerlei Variationen dieses Gerichtes machten wir Bekanntschaft – z.B. auch mit mit *Bucatini* als Nudeln oder Makkaroni. Eine Varinate dieses Rezeptes ist *Spaghetti all'amatriciana,* das ursprünglich aus dem dem Ort Amatrice im Latium stammt. Bei diesem Rezept wird keine Sahne verwendet, dafür aber Wein und Tomatenmark sowie Zwiebel und scharfe Peperoncini.

Aber nicht weniger schmackhaft sind folgende, (nicht vollständig aufgezählte) Pastagerichte:

Alla Puttanesca – nach Art der Huren – stammt aus Süditalien, ist scharf-würzig, enthält Tomaten(sauce), Knoblauch, Kapern, schwarze Oliven, Chilli-Schoten, Sardellen in Öl.

Zubereitung: Sardellen in der Pfanne mit Olivenöl anschwitzen. Knoblauch fein hacken, ebenso die Oliven. Chili in feine Ringe schneiden. Tomaten blanchieren, bis die Haut platzt, dann abschrecken, häuten, vierteln, entkernen und Stücke schneiden. Mit gehackter Petersilie bestreuen.

Penne arrabbiata ist ein einfaches traditionelles Nudelgericht, das in fast allen Regionen Italiens zubereitet wird – mit unterschiedlicher Rezeptierung. Zutaten: Geschälte oder enthäutete Tomaten, durchwachsener geräucherter Bauchspeck, Zwiebeln, Knoblauch, Chilischoten, etwas Oregano, Olivenöl, Salz, Pfeffer, Zucker, Penne, geriebener *Pecorino.*

Zubereitung: Tomaten ohne Schale grob würfeln. Bauchspeck und Zwiebeln würfeln. Knoblauch zerdrücken. Chilischoten in feine Ringe schneiden.

Öl in einen Topf geben, erhitzen. Bauchspeck, Zwiebeln, Knoblauch und Chili nur kurz darin dünsten, dann die enthäuteten Tomaten mit dem Saft zugeben, 8-10 Minuten kochen, mit Salz, Pfeffer und einer Prise Zucker würzen.

Die Nudeln *al dente* garen, abgießen, etwas Nudelwasser auffangen. Nudeln, Nudelwasser und Oregano mit der obigen Tomaten-Zubereitung mischen. Auf vorgewärmten Tellern anrichten, mit *pecorino* bestreuen und mit Öl beträufeln.

Dieses Rezept obliegt regional oder familiär unterschiedlicher Tradition. Das Gericht fällt in jeder Küche anders aus.

Zurück zu unseren Gästen. In diesen Tagen gab es auch gesunde Kost bei uns und nicht nur Spaghetti mit Butter und Zucker.

Regina kaufte gerne Doraden, die sich gut und einfach im Backofen garen ließen. Dazu gab es knackiges *ciabatta* – Weißbrot- und grünen Salat quer durch den Garten. Es war ihr eigenes Rezept, das sie sich nach verschiedenen Besuchen in diversen Restaurants zusammen gestellt hatte:

Frische Kräuter, Zweige von Rosmarin, Oregano, Estragon etwas Salbei, Thymian, Zironenscheiben, etwas Knoblauch, Olivenöl.

Doraden: Etwa sechs ausgenommene, gewaschene und getrocknete Doraden großzügig innen und außen mit Salz und Pfeffer bestreut, mit etwas Zironensaft eingerieben, die Fische anschließend innen mit den Kräutern und Zitronenschnipsel befüllt, dann auf ein vorgeheiztes, mit Olivenöl beträufeltes Backblech gelegt. Jeden Fisch noch mit einer Scheibe Zitrone garniert.

Zwischen den Fischen verteilt: Rosmarinzweige, kleine gelbe und rote Tomaten, die wir im eigenen Garten geerntet hatten.

Die Fische zwanzig Minuten bei 180 Grad im Backofen gegart, danach mit gehackter glatter Petersilie bestreut.

Salat: Alles an Salat der Saison (rot und grün), dazu etwas dünn gehobelte Fenchelknolle, konditioniert mit Zitrone und Öl, Salz, Pfeffer. Ein wirklich ausgezeichnetes einfaches Gericht, das ziemlich schnell zubereitet war.

In den Perioden zwischen den Besuchen – wir bekamen niemals unerwünschten Besuch oder Besuchsanfragen von entfernten Bekannten oder solchen, die glaubten dazuzugehören – vollendete ich die Arbeiten am Bad.

Nachdem der *idraulico* – also Klemptner Giovanni – der uns auch schon die Gas-Heizung installiert hatte (mit einer deutschen Therme!), die Wasserversorgung, von der Wasseruhr beginnend sowie die Abwasserleitungen neu gelegt hatte, begann ich mit den Fliesenarbeiten und danach mit dem Einbau der Sanitärkeramik. Unsere beiden Katzen fanden das alles natürlich riesig interessant und schauten oft sehr neugierig bei der Arbeit zu. Zum Schluss sollten die Handtuchhalter an die Wand. Aber ohne ein kleines Unglück kam ich nicht davon.

Giovanni hatte alle Leitungen im Haus in Kunststoff verlegt. Ich merkte es nicht einmal, als ich sie anbohrte, um in der Wand einen Dübel zu versenken. Als ich den Bohrer aus der Wand zog, schoss mir der Wassrstrahl auf die Brust. Mit dem Daumen versuchte ich den Austritt des Wassers zu bremsen, was eher dazu führte, dass es nach allen Seiten auswich. Regina war glücklicherweise in der Nähe und drehte das von Giovanni in Vorsorge angebrachte Verschluss-Ventil neben dem Wasserhahn an der Badewanne, zu.

Giovanni kam am nächsten Tag und meinte den Kopf schüttelnd: *„non mi manca lavoro"* – „an Arbeit fehlt es mir nicht." Er steckte einen kegelförmigen Stopfen in das Loch und wickelte eine Bandage an der Stelle um die Leitung. Ich hatte Glück, dass ich diesen Dienst nicht bezahlen musste.

Es blieb nicht die einzige Überschwemmung. Das Bad in der Scheune war sozusagen als Solitär entstanden, ohne zugehörige Wohnung, die noch nicht fertig war. Deshalb hatte ich die Wasserzuleitung (aus Plastik) noch nicht verkleidet oder unter Putz gelegt.

Bei Arbeiten an der Abdeckung des Bads – es hatte eine Höhe von drei Metern, die Scheune hatte an der Seite eine Höhe von fünf Metern – fiel mir ein Holzteil herab und genau auf die Stelle, an der die Wasserleitung in der Wand zum Bad verschwand. Ein Schlag, ab war sie!

Herunter von der Leiter, den Daumen in das Loch gesteckt und ich nahm eine Dusche. Regina, inzwischen durch meine Hilferufe herbeigeeilt, drehte an der Wasseruhr den Haupthahn zu. Bis es aber soweit war, hatte sich schnell eine Badewanne voll Wasser auf dem Scheunenboden aus Ziegeln verbreitet und versickerte dort. Die Steine waren allerdings so aufnahmefähig, das nicht einmal ein Tropfen Wasser im Stall darunter ankam.

Giovanni, von uns gerufen meinte dieses Mal: *„Cosa hai pigliato ormai di nuovo"* – „Was hast du schon wieder angestellt?" Ich hatte ja Glück, dass er am selben Tag abends nach Feierabend noch kam, denn sonst hätten wir im Haus kein Wasser gehabt.

Carmen - in der Arena von Verona

Clem rief in jenem Sommer an, ob wir Lust und Zeit hätten, mit ihm nach Verona zu fahren, um in der dortigen Arena die Georges Bizet-Oper Carmen zu besuchen. Es sei ein grandioses Spektakel, das wir unbedingt ansehen müssten. Natürlich wollten wir und verabredeten uns.

Schon am Nachmittag des 24. Juni ging es los. Wir holten Clem zu Hause ab und trafen ihn mit seiner Mutter Maria in der Küche an. Sie war damit beschäftigt, grüne Walnüsse zu vierteln.

Begierig zu erfahren, was Maria da zubereitete, erklärte sie uns: „*Una specialità modenese, un nocino*" – „Eine Spezialität aus Modena, einen *Nocino*."

Das kannten wir. *Nocino* ist ein würziger und schmackhafter Likör aus der Provinz Modena, den wir schon gelegentlich als Verdauungshilfe, zusammen mit Clem auf einer *festa unità,* dem Parteifest, getrunken hatten. Er schmeckte uns. Wir wussten zwar, dass er ein Getränk auf Basis frischer Walnüsse war, kannten aber nichts über seine Zusammensetzung. Als uns Maria eröffnete, was sie da herstellte, wurden wir aufmerksam und baten sie, uns zu erzählen, wie sie den bitter-süßen dunkelbraunen *Nocino* herstelle.

Bereitwillig gab Maria Auskunft: „In Spilamberto, in unserer Nachbarschaft, gibt es einen Verein, der sich *Ordine del Nocino* nennt und der sich um die Bekanntmachung des Traditionsgetränkes bemüht. Ich bin dort im Beirat und wir prämieren jedes Jahr den von einzelnen Mitgliedern hergestellten *Nocino*, der ungefähr fünf Jahre in der Flasche reifen muss. Das ist also kompliziert. Nach einem Jahr weiß man noch nicht genau, wie das Ergebnis sein wird."

Wir waren überrascht, so unvermutet an der Quelle von historischen und überlieferten Kenntnissen zu stehen. Wir standen sprachlos in der Küche rum.

Maria erklärte weiter: „Wichtig ist der Zeitpunkt der Ernte der Walnüsse. Sie müssen unreif und grün sein, aber schon ausgebildet. Das ist in der Woche des heiligen Johannes der Fall. Am besten man erntet sie in der Nacht vom 23. auf den 24. Juni. Dann haben sie den optimalen Gehalt an Geschmackstoffen und gesunden Substanzen."

Das faszinierte uns. Regina bat um das Rezept, das uns Maria notiert auf einem Zettel mit den Worten reichte: „Ihr seid nicht die Einzigen, die das fragen. Unser Verein wird sich über euer Interesse und weitere Verbreitung freuen."

Wir beschlossen, noch am nächsten Tag einen Ansatz nach Marias Rezept zu machen, hatten wir doch einen Walnussbaum auf unserer Terrasse.

Anleitung:

Nocino – Likör aus grünen Walnüssen - aus eigener Herstellung:

Neunundzwanzig der schönsten Walnüsse, klein bis mittelgross. Die Menge sollte eine ungerade Zahl sein, in diesem Fall ist 29 optimal.

Für die Zubereitung Gummihandschuhe anziehen, da die Nüsse unschöne braune Färbung auf der Haut erzeugen. Dann gründlich säubern und danach vierteln.

Die Stücke in ein Einmachglas (3 l) füllen, darauf 380 g Kristallzucker, besser aber etwa 400 g Honig und etwa je 10 g Zimt und Nelken sowie eine in Scheiben geschnittene Bio-Zitrone. Optional kann auch etwas Vanille hinzugegeben werden.

Das Ansatzgefäß auffüllen mit zwei 0.750 ml-Flaschen reinem, 96 -prozentigem Alkohol, zu erhalten im Supermarkt für etwa 20.000 Lire je Flasche (heute 10 Euro).

Das Behältnis wird nun verschlossen und etwa 6 bis 8 Wochen direkt in die Sonne gestellt, wobei der Ansatz alle 2-4 Tage geschüttelt wird, damit sich der Zucker oder der Honig auflöst. Während dieser Wochen färbt sich der Ansatz dunkelbraun.

Nach der Standzeit von etwa zwei Monaten in der Sonne, werden etwa 380 g Zucker in 400 ml Wasser aufgekocht, zu einem Sirup gelöst und dem Ansatz zugegeben. Wahlweise ist auch die Zugabe von

Verona, Brücke

400 g Honig möglich.

Das Gefäß jetzt an einen kühlen und dunklen Ort stellen. Wenn zuletzt Honig zugegeben wurde, ist es geboten, den Ansatz einmal die Woche zu schwenken, um den Honig aufzulösen.

Am Tag der Tag-und-Nacht-Gleiche im Herbst, dem 22. September, wird der Ansatz dann durch ein feines Sieb filtriert. Den Likör jetzt in 500 ml Flaschen füllen und an einem dunklen und kühlen Ort mindestens ein Jahr lang lagern. Hinweis: der edle Likör entfaltet seinen nussigen und vollen Geschmack aber erst nach einer Lagerung von fünf Jahren.

Maria gab uns noch einen Tipp: „Werft die nach der Filterung übrig gebliebenen Nüsse nicht weg. Man kann daraus noch einen ausgezeichneten *Nocino*-Sherry, einen *Aperitivo* herstellen. Nehmt eine Flasche eines einfachen *amabile* Weißwein, füllt die Nüsse und den Wein in ein Gefäß, ähnlich jenem des *Nocino*-Ansatzes und lasst die Mischung etwa zehn Tage an einem kühlen, dunklen Ort stehen. Gelegentlich umrühren, danach filtrieren und den Aperitif etwa ein halbes Jahr wiederum kühl und dunkel aufbewahren.

Jetzt aber mussten wir los, wollten nach Verona aufbrechen, denn Clem drängte: „Wir sollten rechtzeitig dort sein, um noch einigermaßen gute Plätze zu ergattern."

Wir bedankten uns bei Maria für die vielen guten Tipps und braus-ten los. Vor uns lagen etwa neunzig Kilometer Landstraße. Gegen 18 Uhr in Verona angekommen, begaben wir uns sofort in die Arena – und das war nicht verkehrt gewesen. Dutzende von Besucherbussen spuckten hunderte von Reisenden aus, und es bildete sich schnell ein Lindwurm von Menschen an den Pforten zur Arena. Innen beeilten sich alle, eine Sitzgelegenheit zu finden, denn Platznummern gab es nicht. Wir fanden etwas für uns Geeignetes in dreiviertel Höhe an der Längsseite.

Man sitzt in der Arena, auf den antiken Steinstufen eigentlich ganz gut, wenn es nicht zu lange dauert. Aber es waren aber noch gut drei bis vier Stunden Zeit, die wir warten und unsere Hinterteile wund sitzen mussten. Die Aufführung sollte erst bei Einbruch der Dunkelheit beginnen. Manche der Zuschauer hatten sich ein Kissen mitgebracht, einige vorausschauend ganze Picknick-Körbe. Würst-chen- und Getränkeverkäufer liefen durch die Reihen, demonstrier-ten Heiterkeit. Das half etwas, aufkommende schlechte Laune wegen der langen Wartezeit zu unterdrücken.

Bei Dämmerung, gegen 22 Uhr, begann endlich die Vorstellung. An einem Ende des Ovals war die Bühne platziert, auf dem Rest der Fläche standen Sitzplätze. Gespannt erwarteten wir den Auftritt der Carmen, die als Arbeiterin in einer Zigarettenfabrik angestellt ist.

Es ist Schichtwechsel, als Carmen die Bühne betritt, Don José er-blickt, sich in ihn verliebt und dabei ihre Arie Habanera singt. Sie hatte eine wundervolle Stimme, aber leider war sie unförmig dick, keine Augenweide anzusehen. Wir schauen uns etwas enttäuscht an und Clem meinte, wir sollten die Augen schließen und nur zuhören.

Im zweiten Akt, in der Taverne des Lillas Pastia, spitzt sich dann die Handlung zu. Carmen wird von einem Torrero umworben, weist den zurück, wartet bis Don José kommt. In dieser Szene sollte sie eigentlich leidenschaftlich auf einem Tisch tanzen – für ihren Don José. Statt dessen steht sie bewegungslos auf der Bühne rum und lässt ei-ne Ballettgruppe für sich auftreten. Richtige Sehnsucht und Verlangen konnten wir in diesem Akt nicht erkennen.

Beeindruckend für uns aber war am Ende der Vorstellung der Ein-zug der Stierkämpfer, die mehrmals durch das ganze Oval der Arena zogen. Die Musik erfüllte die Ränge und ließ eine gewisse Enttäuschung über den Auftritt der Carmen vergessen.

Wir nahmen den gleichen Weg zurück, lieferten Clem zu Hause ab und kamen müde und erschöpft gegen fünf Uhr morgens in Zappolino wieder an. Wir freuten uns aber schon darauf, am nächsten Tag einen *Nocino* anzusetzen.

Gelebte Tradition: Mille Miglia

Traditionen, Events und Bräuche

Die Autorennstrecke über Landstraßen der MM – der *Mille Miglia* (Tausend Meilen) – quert, von Florenz kommend, bei Bologna das Apennin-Gebirge. Das war quasi direkt bei uns vor der Haustüre.

Dieses Autorennen ist eine seit 1977 jedes Jahr wiederholte Neuauflage des historischen Autorennens in Italien, das eigentlich *Mille Miglia Storica* heißen müsste.

Also im Mai eines jeden Jahres brausten die tollen historischen, teilweise auf Hochglanz restaurierten Fahrzeugtypen, die auch in jenen vergangenen Jahren am Rennen teilgenommen hatten, bei uns vorbei – über die *Emilia*. Währenddessen war die Fahrstrecke nicht für den regulären Autoverkehr gesperrt. Das ging auch nicht, da der *Corso* der teilnehmenden Fahrer mit ihren Oldtimern sehr lang gezogen war und die gesamte Passage Stunden dauern konnte. Wir machten uns natürlich den Spaß, dem Hauptpulk hinterher zu fahren, zu beobachten, wie gemütlich, ja gleichmäßig die Teilnehmer an der *MM* fuhren. Dabei blieb gelegentlich das eine oder andere Fahrzeug am Straßenrand stehen, wahrscheinlich, um kleine Defekte an der Maschine zu beheben. Andere Fahrzeuge hielten dann ebenfalls an, deren Fahrer offensichtlich Hilfe oder Rat anboten. Vielleicht taten sie es auch nur, um gesehen zu werden, um sich mit den Zuschauern am Straßenrand auszutauschen, oder um über Sehenswertes einfach zu reden.

Neugierig, etwas über die *MM* zu erfahren, fragte ich deshalb einen Freund. Man nannte ihn Trucciolo. Das bedeutet Hobelspan, was damit zu tun hat, dass er Schreiner und Fensterbauer war. Trucciolo war nicht nur in den Baustoff Holz verliebt, sondern nebenbei auch noch großer Liebhaber des Motorsports. Er besaß ein rotes Motorrad der Marke Moto Guzzi. Damit machte er zusammen mit Michele Langstreckentouren bis nach Österreich und Deutschland. Vielleicht auch noch weiter nach Norden.

Und Trucciolo wusste etwas zu erzählen: „Mit der MM begann es schon 1925, als in Brescia reiche Enthusiasten für den Motorsport beabsichtigten, Straßenrennen zu veranstalten – zumeist über normale Pisten. Brescia sollte Start- und Endpunkt sein. Und sie schafften es. Ihr Geld und ihr Einfluss machten es möglich. Die Strecke führten sie bis Rom, das Wendepunkt des Rundkurses werden sollte und dessen Gesamtlänge ungefähr 1.600 Kilometer maß, was nun etwa 1.000 englischen Meilen entspricht. Daher rührt auch die Bezeichnung Mille Miglia."

„Und seitdem fahren sie jedes Jahr?", fragte ich weiter.

„Ja, das ging bis 1938. Dann gab es einen schweren Unfall. Das führte dazu, dass Stadtdurchfahrten für die MM verboten wurden. Ein kurzer Ersatzkurs über nur 165 km wurde angelegt, der allerdings zehn Mal durchfahren werden musste. Diese Form des Rennens hatte allerdings nur kurze Zeit Bestand. Nach dem Krieg wurde die MM auf großem Kurs bis Rom wieder eingeführt. Das ging bis 1957."

Trucciolos Augen begannen zu glänzen, als er erzählte, dass die Rennen fast immer von italienischen Automarken mit einheimischen Fahrern gewonnen wurden. Nur 1931 und 1955 hätte sich Mercedes den Preis geholt. „Und 1977 endlich, nach zwanzig Jahren Pause, habe man die Oldtimer-Rennen eingeführt, die aber nichts mehr mit einem Leistungsvergleich der Automarken zu tun haben", gab mir Trucciolo noch mit auf den Weg.

Regina und ich, manchmal auch mit deutschen Gästen, standen an der Emilia bei Bologna, oder wir fuhren dem Pulk hinterher. Es fiel uns auf, dass nicht nur die historischen Sportwagen dabei waren, sondern auch alte Familienautos, selbst der legendäre Fiat 500 war dabei. Wir rechneten uns aus, wenn diese Fahrzeuge zwanzig Stunden und mehr unterwegs waren, diese schon in der Nacht gestartet sein mussten, wenn sie vor Mitternacht des gleichen Tages wieder ankommen wollten. Das fanden wir, war eine sehr lange Zeit, die die Piloten ununterbrochen im Fahrersitz saßen. Eine Leistung, die eine große Portion an Leidenschaft erfordert.

Für Regina und mich waren diese Tage immer ja sehr spannend, denn jedes Jahr konnten wir andere mehr oder weniger uralte Autos bestaunen. Im hohen Apennin gab es sogar einen Stop für den *Corso* der *MM*, vermutlich, um den Motoren Zeit zum Abkühlen zu geben. Dorthin begaben wir uns und sahen, wie sie da standen: Bugatti, Ferrari, OM, Alpha, Maserati, auch Fiat 500, dessen Vorgängermodell, der Toppolino, Renault 4CV, BMW 328, Lancia, Porsche, der Käfer von 1949, natürlich der Mercedes 300 SLR, mit dem Sterling Moss 1955 den Pokal holte und viele, viele andere.

Einmal gelang es uns wirklich, Aufsehen zu erregen. Michael, ein langjähriger Freund und Schrauber, angelockt von unseren Berichten über die *MM*, kam einmal mit seinem Ponton-Mercedes, Typ 180, Jahrgang 1958, zu uns im Mai. Damit wagten wir uns auf die *Emilia-Rennstrecke*. Im Ort Castelfranko endlich – zwischen Bologna und Modena – stellte sich Michael an den Straßenrand. Es sah wirklich so aus, als wenn er Teilnehmer wäre. Unsere beiden Frauen Regina und Renate saßen im Fond und winkten huldvoll.

Wir ernteten natürlich großes Interesse, kamen mit Leuten ins Gespräch und wir hörten, dass Oldtimern allgemein große, nein riesige Anteilnahme entgegengebracht wird und die Anzahl der Schrauber in Italien beachtlich ist.

Fiat 500, ein Kultauto

Und für diese Schrauber gibt es spezielle Treffen – Treffen für die Harley Davidson, die Moto Guzzi und eben auch für den Fiat 500, oder dessen Vorgängermodell, den Toppolino. Und wir hatten das Glück, dass mindestens einmal im Jahr eine *raduno* – eine Versammlung – Fiat 500 in verschiedenster Ausführung die Provinziale hinauf an unserem Haus vorbei brummte, knatterte oder auch qualmte. Ein Schrauber hatte sich sogar den Spaß gemacht, auf die hintere Motorhaube eine wirklich riesige Imitation eines Aufziehschlüssels anzubringen. Der Pulk war auf dem Weg in den höheren Apennin. Natürlich sind wir ihnen einmal gefolgt. In Savigno, dem nächsten größeren Ort standen sie auf dem Marktplatz, bewundert und bestaunt.

Jazz Event

Es gab in der Gegend vor Zappolino, in Richtung Bologna, eine lebendige Jazz-Szene. Einen Club haben wir zwar nicht gefunden, dafür aber konnten wir Jazz-Konzerte besuchen, die auf dem Gelände von Weingütern zu Zeiten der Weinlese veranstaltet wurden. Angekündigt wurden diese Events auf auffälligen Transparenten, die in den Orten, wo die Veranstaltung stattfinden sollte, schon Wochen vorher über die Straße gespannt waren.

Natürlich war das Ganze auch eine willkommene Gelegenheit zur Werbung für das betreffende Weingut, wo die Darbietung stattfinden sollte. Mehrfach erlebten wir, dass die Kellerei – es war jedesmal eine andere – gleichzeitig eine kostenlose Weinprobe und ein *rinfresco* – nette kleine Gaumenfreuden – anbot.

Dummerweise wurden diese Angebote gestürmt. Obwohl das Konzert selbst Eintritt gekostet hatte, wendete sich das Publikum zu allererst an das Buffet und stand anschließend, nachdem man ein Glas Wein erobert und in der anderen Hand etwas zum Knabbern hatte, da rum, ohne Platz zu machen. Denn die Jazz-Darbietung fand im Freien statt. Die Musik konnte man, den Eindruck hatten wir, genau so gut vom Buffet aus hören.

Nach der ersten Erfahrung dieser Art hatten wir noch die Hoffnung, dass es nicht immer so verlaufen müsste. Als wir dann ein zweites Konzert besuchten und Gleiches beobachteten, beschlossen wir, uns beim nächsten Mal stattdessen einfach einen Picknick-Korb mitzubringen. Aber dazu kam es nicht mehr. Wir gingen statt dessen in den *parco dei cigni* – Schwanenpark mit schwarzen Schwänen. Dort gab es auch ein Restaurant mit Pizzeria, die eine Spezialität anbot: *Il Nido dei cigni,* d.h. ein Schwanennest aus geriebenem Parmesankäse, der in der Pfanne gleichmäßig erhitzt worden war und damit eine weiche klebrige Konsistenz bekam. Danach erkaltete dieser Pfannkuchen, über eine Schüssel gestülpt. Und dieses „Nest" war mit einer Köstlichkeit gefüllt: einem sahnigen Geflügelragout vom Fasan, mit Kapern und kleinen Brokoli-Röschen.

Mini Giro d'Italia durch Zappolino

Radfahren ist in Italien Volkssport. In buntesten und hautengen Trikots radeln – zu 99 Prozent sind es Männer – die Anhänger dieser Sportart einzeln oder in Pulks, besonders an Sonn- und Feiertagen, selbst auf viel von Autos befahrenen Straßen irgendwo hin und zurück. Regina an meiner Seite geriet oft ins Schwärmen, wenn ich wieder mal eine Formation mit dem Auto überholen wollte. „Schau dir die knackigen Hinterteile an, sind die nicht zum Anbeißen?" Ich vermutete, sie hat dabei an saftige Hühnerschenkel gedacht. Verraten hat sie mir es aber bis heute nicht.

Dabei behindern die Radfahrer einerseits den Autoverkehr und andererseits setzen sie sich erheblichen Gefahren aus, angefahren oder in den Graben geschubst zu werden.

Da es jedoch in Italien vermutlich erheblich mehr Anhänger für den Radsport gibt als Fußballfans, wird den Aktiven im Straßenverkehr unglaublich viel Geduld entgegengebracht. Niemals erlebte ich es, dass gehupt wurde, wenn sich ein Überholvorgang als unmöglich oder problematisch herausstellte. Andererseits gilt es wohl fast als blasphemisch, die sportlichen Radfahrer zu behindern oder gar in Gefahr zu bringen.

Es gibt jetzt sogar zwei Typen von Radfahrern: die oben beschriebenen Rennradfahrer und neuerdings auch die Fahrer auf Mountain-Bikes. Diese strampeln auf einen Berg oder Hügel hinauf und wenn sie oben angekommen sind, stürzen sie sich seitlich in die Büsche, den Wald, oder auf einer Schotterpiste den Hang hinunter. Unten angekommen, drehen sie um und beginnen den Anstieg aufs Neue.

Und für das Ganze gibt es natürlich die verschiedensten Wettbewerbe. Die *Giro d'Italia* ist ja die bekannteste Veranstaltung solcher Art. Aber natürlich gibt es auch lokale Events. Für uns in Zappolino war es die alljährlich stattfindende Rundfahrt, der Ritt über die *sette colli* – sieben Hügel. Der Kurs wurde vier Mal durchfahren.

Schon Stunden vorher begannen Helfer, Begrenzungen aufzustellen. Strohballen wurden an gefährlichen Stellen ausgelegt, auf unserem Acker, der an die Piste grenzte, entstanden *ristoro* – Stände, auf denen Essbares und Getränke angeboten wurden. Natürlich hatte man uns vorher gefragt, ab man das dürfe. Aber hätten wir das ablehnen können? Unsere Bedingung war lediglich, dass kein Abfall liegen bliebe. Und das war bis auf ein paar Einmalspritzen – wahrscheinlich für Aufputschmittel – die wir später auf dem Acker fanden, der Fall gewesen.

Und Pluto, der Hund von Sergio, hatte unser Nachbar vorsorglich eingesperrt. Der liebte nämlich Radfahrer, die er, wenn sie sich bei uns den Berg hinauf quälten, bellend bis oben hin begleitete und verfolgte.

Das hätte möglicherweise bei dem Pulk doch zu ernsthaften Stürzen führen können. Aber einzelne Radfahrer konnten ja ausweichen. Manche ignorierten den Hund bereits total. Wahrscheinlich, weil sie ihn schon kannten.

IGiro dei sette colli - Radrennen bei uns

Meine Geschäftsreisen

Antonella aus Bazzano hatte, nachdem Betta verabschiedet war, in meinem Büro in Zappolino die Regie übernommen. Mir war sehr daran gelegen, dass sie die wichtige Auftragsbearbeitung völlig eigenständig in die Hand nahm. Dazu sollte auch die Zusammenarbeit mit der Einkaufsabteilung beim Kunden gehören: Mengen und Koordinierung.

Und um diese Verbindung zu festigen, nahm ich Antonella einmal mit zu meinen wichtigsten Kunden, damit auch eine persönliche Beziehung zwischen meinem Büro und dem Kunden entstand.

Antonella war sehr mitteilungsfreudig, was ich natürlich als sehr vorteilhaft empfand, bezüglich eines vertrauensvollen Verhältnisses zu

meinen Kunden. Andererseits sprach sie auch mir gegenüber viel über sich, ihre Familie und die Welt, ich konnte mich nicht wehren, denn mein Italienisch war nicht flüssig. Da ich aber die meiste Zeit nicht im Büro war, sondern Kundenkontakte pflegte, war es auszuhalten. Aber einmal hat sie mich beeindruckt.

Wir saßen zusammen im Auto und wollten gemeinsam einen Kunden in der Provinz Marken bei Ancona an der Adria besuchen. Das waren 250 km Distanz, entsprechend zweieinhalb Stunden zusammen, ohne die Chance auszubrechen. Vom Start bis zur Ankunft ergoss sie einen Redestrom über mich. Daher wusste ich hinterher nicht mehr, worüber sie geredet hatte, es war einfach zu viel. Und auf der Rückfahrt das Gleiche. Als wir endlich auf unseren Hof fuhren, meinte sie: „Jetzt habe ich dich deppert gequasselt."

Die meisten Besuche stattete ich in Norditalien ab. Lombardei, Piemont, Emilia Romagna, Venetien bis nach Udine und Triest, einige in der nördlichen Toskana, Marken. Nach Süden kam ich selten. Es lohnte sich nicht. Einerseits, weil es dort nur sehr wenige potentielle Kundschaft gab, die für meine Produkte geeignet erschienen, andererseits war auch die finanzielle Seite von theoretisch denkbaren Verbindungen schwierig. Eigentlich zuviel Telefonate für eigentlich uninteressante Mengen. Dennoch wagte ich mich einmal im Jahr bis hinab nach Neapel und Bari.

Neapel war verkehrsmäßig jedesmal ein Abenteuer. Es gab ja noch kein Navi. Die Ausschilderung war mangelhaft bis nicht vorhanden. Oft musste ich mich auf die Intuition verlassen. Kreuzungen mit Vorfahrtsregelungen gab es nicht, oder diese wurden ignoriert. Ampeln baumelten tot an den Masten. So kam es vor, dass ich mich an Kreuzungen durch ein dichtes Gewühl von Autos durchkämmen musste, um einfach weiterzukommen. Dafür entschädigte uns vom Autostress ein besonderer Fund. Regina war mein Copilot, schon genervt von diesem Autoballett, wie sie es nannte. Es war ein Truckstop, außerhalb vom Gewühl und Gewimmel der Stadt, etwas nördlich gelegen, schon in der Campagna. Ein reichhaltiges Buffet lockte, wie wir es nie wieder gesehen haben. Und wir bedienten uns mit Meeresfrüchten, Garnelen in verschiedenen Größen, frittierte diverse Tintenfischzubereitungen, aber auch Wurst- und Schinken, Käse. Daneben jede Menge Auswahl

Neapel, Castel dell' Ovo

an Pfannengerichten oder auch Gemüse, frittiert in gewälztem Bierteig. Ofenkartoffeln ließen wir liegen. Das sind sozusagen ungeschälte, gewaschene und halbierte Frühkartoffeln, verfeinert mit Salamoia Bolognese, auf einem Backblech mit Rosmarin belegt, großzügig mit Olivenöl beträufelt und im Backofen geschmort. Sie sind, wenn sie gar sind, knusprig und haben eine leichte Bräunung wie Bratkartoffeln.

Und das alles zu einem Truckstop-Preis. Wir hatten, stellten wir hinterher fest, wieder einmal zu viel gegessen.

Manchmal nahm ich eine Übernachtung gern in Kauf, gelegentlich auch zwei. In Norditalien, speziell in der Gegend um Turin, war wohl die Dichte von mich interessierenden potentiellen Kunden größer. So suchten wir uns in Turin ein nettes kleines Garni-Hotel, am östlichen Stadtrand gelegen. Zum Abendessen gingen wir in eine Pizzeria, die ausschließlich „Pizza Napolitana" anbot. Diese war etwas dicker als wir es gewöhnlich kannten und hatte einen überhöhten Rand. Ihr Durchmesser war etwa gleich einem Dessert-Teller, also klein im Vergleich zu den Riesenfladen, die über den Tellerrand lappen. Der Pizzaiolo hatte den Teig in eine Form gedrückt, und wie bei einer Obsttorte den Rand hoch gezogen.

Ich guckte wohl etwas skeptisch, als uns die Servicekraft die Teller brachte. „*Verrà sazio, lei*" sagte sie. „Sie werden satt" und lächelte mich dabei liebenswürdig an.

Die Pizza war eine Offenbarung für uns. Saftig, reichhaltig belegt und schmackhaft. Und dass sie nicht nur uns gefiel, sahen wir am lebhaften Publikumsbetrieb im Lokal.

Spontan beschlossen wir daher: „Das wird unser Stammlokal in Turin, wenn wir wieder hier sind." Das nächste Mal, Monate später, als wir das Lokal betraten, wurden wir von einer Chinesin begrüßt. Uns befiel Zweifel, ob wir uns in der Adresse geirrt hatten, denn zum Chinesen wollten wir nicht essen gehen und drehten um. Aber außen sahen wir das erwartete Bild: „Pizzeria". Wieder umgedreht, um uns zu erkundigen. Und dann hörten wir: „Wir haben die Pizzeria gekauft."

„Ja aber – könnt ihr denn Pizza Napolitana machen?", fragte ich etwas albern.

„Den Pizzaiolo haben wir auch gekauft", wurden wir informiert. Nun, sie haben ihn sicher nicht gekauft, eher verpflichtet. Diese Aus-

Turin, gesehen von Monte dei Cappuccini

kunft war wahrscheinlich ihren möglicherweise rudimentären Italienisch Kenntnissen geschuldet. Wir betraten also beruhigt das Lokal. Die Pizza war gut wie wir sie kannten.

Gelegentlich nächtigten wir auch im Zentrum Turins, in Bahnhofsnähe. Ich hatte telefonisch im Hotel gebucht. Wir mussten es suchen, fuhren von Westen her in die Stadt. Es war Winter und schon dunkel, aber der Weg zum Bahnhof sollte doch ausgeschildert sein? Schließlich waren wir im Norden und nicht Neapel – so meine Annahme.

Jedoch – Baustellen und Umleitungen erschwerten uns die Suche. Irgendwann nervte mich das derart, dass ich einfach den an manchen Stellen ungültigen, aber nicht abgedeckten Wegweisern folgte. Im Zentrum saß ich fest. Ein Polizist hielt mich an. Und anstatt mich zurück zu schicken, wie ich es befürchtet hatte, erklärte er mir haarklein den Weg durch die Baustellen, wie ich zum Hotel kommen könnte. Ich hatte zwar nicht alles verstanden, oder vielleicht war es auch zu viel gewesen – jedenfalls fuhr ich einen Weg, den ich glaubte, dass ihn der Polizist gemeint hatte. Regina jubelte plötzlich: „Da ist es", als ich mich noch vergeblich nach dem richtigen Weg umschaute. Erleichtert begaben wir uns nach dem Einchecken ins Restaurant und verwöhnten uns mit Pasta und Wein.

Kollegen aus der Technik meines Stammhauses in Deutschland besuchten mich gelegentlich. Diesen Besuch forderte ich manchmal an, um gute Unterstützung bei der Kundenbearbeitung zu bekommen. Wenn es Neuigkeiten vorzustellen galt, war der direkte Kontakt oft wirksamer als wenn ich, vielleicht nur mit Halbwissen bewaffnet, versuchte, Vorteile von Produkten oder Verfahren darzustellen, die auch mir neu waren.

Mein Fach war die Lackchemie. Meine Kunden waren Lackhersteller unterschiedlicher Ausrichtungen und mit ziemlich unterschiedlichen Schwerpunkten. Es gab Produzenten ausschließlich für Holzparkettlacke, dann für Möbel aus verschiedenen Werkstoffen, für Maschinenlackierungen, für Hausfassadenbeschichtungen und anderes mehr. Und jedes Fachgebiet erforderte die Verwendung anderer Lackrohstoffe mit speziellen, auf die Anwendung abgestimmten Eigenschaften.

Und diese Besuche meiner Kollegen boten natürlich auch Gelegenheit, mich technisch zu informieren, aber auch dazu, Freundschaften, die sich aus der beruflichen Zusammenarbeit entwickelten, zu pflegen und zu erweitern. Man kam per Flieger nach Bologna, Ancona, Turin oder Mailand, wie es zeitlich und örtlich eben für den ersten Kundenbesuch sinnvoll schien. Ich holte dann die Kollegen am Flughafen direkt ab.

Einmal kamen sie ausgerechnet an meinem Geburtstag nach Ancona, um dort einen Möbellackhersteller zu besuchen. Die geplante Visite sollte am Vormittag stattfinden, für nachmittags hatte ich einen Termin bei einem Kunden in San Marino – einen sogenannten Industrielackhersteller. Anlässlich meines Geburtstages plante ich für mittags, die Kollegen in ein besseres Restaurant im Ort einzuladen, anstelle in eine professionelle Mensa. Diese Mensen gibt es häufig in Italien in Industriegebieten. Sie sind entstanden aus von den Gemeinden betriebenen Küchen, die preiswertes Essen für die Arbeiter in den Industriegebieten anboten. So nach und nach übernahmen private Anbieter diesen Dienst. Die Essensauswahl dort ist reichhaltig, aber im allgemeinen durchschnittlich. Für den täglichen Bedarf jedoch durchaus befriedigend. Die Küche dort hatte den Namen „*La isola che c'è*" – die Insel, die es gibt, in Anlehnung an den Song von

178

Edoardo Bennato: „*La Isola che non c'è.*"

Leider zog sich sich der Besuch bei dem Möbellackhersteller so in die Länge, dass das Mittagessen ausfallen musste. Wir starteten unmittelbar nach dem Besuch in Richtung Norden. Und um pünktlich dort sein zu können, missachtete ich die in Italien auf Autobahnen gültige Höchstgeschwindigkeit von 140 km/h. Glücklicherweise wurde ich nicht ertappt und kam also zur rechten Zeit beim Kunden an. Die Kollegen hatten inzwischen Hunger bekommen, aber mir war doch Pünktlichkeit wichtiger gewesen und verweigerte ihnen sogar einen Kaffeestopp an einer Raststätte. Regina versorgte die Kollegen statt dessen mit Mineralwasser, Salzstangen und Erdnüssen. Wir holten eine kleine Feier abends im Hotel nach.

Regina begleitete mich oft auf meinen zahlreichen Reisen kreuz und quer durch Italien. Sie sagte: „Ich sitze lieber neben dir im Auto als alleine zu Hause." Nun, das stimmte nicht ganz, denn meine Bürokraft Antonella war ja da. Sie hatte nur zu arbeiten und daher keine Zeit für eine zwischenmenschliche Kommunikation.

Andererseits kam es selten vor, dass wir während unserer Visiten bei Kunden und Firmen, die es werden sollten, auch Städtebesichtigungen oder Besuche irgendwelcher kultureller Events einplanen konnten. So wurde Regina mit Sicherheit die deutsche Frau, die mehr Industriegebiete Italiens kennen gelernt hatte als jede andere.

Meine Rundfahrten nach Süden verband ich gelegentlich mit einem Besuch bei meinen Freunden Pietro und Lilliana, die in Latina, einer Provinzmetropole südlich von Rom, wohnten.

Schon Jahre vorher, noch bevor ich in das Land meiner Träume emigrierte, hatte ich, nach zwanzig Jahren Pause, Pietro einen Postkartengruß geschickt, den er prompt beantwortete. Das machte mir Mut. Ich nahm mir vor, neuerlich südlich von Rom in sein Heimatdorf zu reisen und Verbindung mit Pietro aufzunehmen. Brieflich kündigte ich mich und meine Tochter an, fragte, ob es ihm passe. Eine Antwort erhielt ich dieses Mal nicht, interpretierte das allerdings als Zusage. Ich wusste, dass Pietro nicht sehr schreibfreudig war.

Wir kamen also in Latina, wo er mit der Familie wohnte, Anfang August an und mussten uns erklären lassen, dass die Gesuchten in

Urlaub seien. Das entmutigte uns, meine Tochter Carola und mich, überhaupt nicht. Wir beschlossen, in Pietros Heimatdorf, hinauf in das Vorgebirge zu fahren, in der Hoffnung, ihn dort anzutreffen.

Noch nach mehr als zwanzig Jahren war mir der Weg hinauf im Gedächtnis. Als wir die engen Gassen durchfuhren, fragte Carola zaghaft: „Bist du sicher, dass wir richtig sind?"

„Solange es bergauf geht, sind wir richtig", war ich optimistisch. Ich wusste, dass Pietros Familie ganz oben wohnte, in einer Seitenstraße, die von der *piazza* abging. Und es hatte sich nichts verändert. Es war noch genau so, wie ich mich erinnerte.

Vor dem Haus stehend zögerte ich. Etwas Beklemmung stieg doch in mir hoch. Die nahm mir aber schnell ein Mann, der auf die Straße kam und der meiner Erinnerung nach Pietros Vater sein musste.

Ich sprach ihn an. Er sagte nur: „Rainer, bist du es?" Dann zeigte er auf meine Tochter und sagte: „So sahst du damals aus." Ich trug inzwischen Bart und hatte graue Haare bekommen. „Ich bin Costantino", stellte er sich vor. Es war Pietros Bruder, der jetzt aussah, wie der Vater damals.

„Kommt rein", forderte er uns auf.

Wir folgten ihm. Giovanna, die ältere Schwester, war da, sowie Costantinos Frau Aldina. Da erfuhren wir, dass die Mutter und auch der Vater nicht mehr lebten und dass Angela, die jüngere Schwester von Pietro, Bürgermeisterin des Ortes Cori, in dem die Familie lebte, geworden war und jetzt im Rathaus wäre.

Aldina war damals schwanger, als ich als Zwanzigjähriger im Jahr 1960 dort Gast war. Das Kind, es wurde ein Sohn und hieß Pacifico, war jetzt erwachsen und studierte Astronomie und Physik.

Man telefonierte und bald erschienen Pacifico und Natalino, der zweite Sohn von Aldina und Costantino. Und dann forderte uns Giovanna auf, zu bleiben und die Rückkehr von Pietro und seiner Familie bei ihnen im Haus abzuwarten. Carola wollte das nicht annehmen.

„Wenn wir das tun, beleidigen wir sie", überzeugte ich sie. Man quartierte uns im Elternschlafzimmer ein. Nachdem soweit alles geregelt war, bot uns der achtzehnjährige Natalino an, mit ihm zusammen Angela im Bürgermeisteramt zu besuchen und danach einen Rundgang durch den Ort zu machen.

Natalino bereitete Angela nicht vor, als er uns im Amt anmeldete. Es dauerte nur eine Sekunde, bis ihr aufging, wer wir waren. Wieder mal wurde mir bewusst, wie stark mein Besuch vor mehr als zwanzig Jahren im Gedächtnis dieser Familie haften geblieben war.

Natalino führte uns anschließend zu den historischen Sehenswürdigkeiten des Ortes, unter anderem alte Römertempel und andere Ruinen. Ich lernte dabei ein neues Idiom der italienischen Sprache: „*Tanti anni fa*" – vor vielen, vielen Jahren – was durchaus dem deutschen „Es war einmal" entsprechen dürfte.

Zurück zu meinen Geschäftsreisen in den Süden Italiens und meinen Besuchen bei der Familie meines Freundes Pietro in Latina. Es war jedesmal so, als ob wir zur Familie gehörten. Das Leben in der Familie ging ungebremst weiter, wir wurden eingeklinkt. Einmal erlebten wir es, dass Diego, Pietros Sohn, inzwischen auch sechzehn Jahre alt, zufällig allein zu Hause war, als wir ankamen. Ganz selbstverständlich bewirtete er uns mit dem, das Lilliana vorbereitet hatte, setzte sich zu uns und gab uns das Gefühl, nicht unwillkommen zu sein. Lilliana hatte eine Verabredung, hielt sie ein und hatte nicht den geringsten Versuch gemacht, für uns ihre Vorhaben zu verschieben oder aufzugeben.

Meine Pläne für Visiten bei Firmen hatte ich schon gemacht, besprach sie natürlich mit der Familie, und ansonsten hatten wir uns, Regina und ich, an die Tischzeiten zu halten. Das war werktags so, inklusive samstags. Für den Sonntag boten mir Pietro und Liliana an, mit ihnen zusammen nach Cori zu fahren, die Familie oder ein Event zu besuchen. Pietro hatte inzwischen die Nachfolge von Angela, seiner Schwester im Bürgermeisteramt, angetreten. Er hatte ein Event und eine Ausstellung in einem Museum organisiert, das die Erinnerung an die Mussolini-Vergangenheit in Cori, seinem Heimatort, wach halten sollte. Schüler stellten ein Erlebnis aus damaliger Zeit nach. Es war *la resistenza* – der Widerstand des Ortes gegen die deutsche Nazi- und Faschistenbesatzung und deren Gräuel in den Jahren 1943-44.

Der deutsche Wehrmachtsgeneral hatte in Frascati bei Rom sein Hauptquartier. Der ließ, als die Briten und die Amerikaner in Italien vordrangen, Orte in den Bergen besetzen, um von der Höhe die in der Ebene operierenden Alliierten zu bombardieren. Dazu gehörte auch Cori, das nicht weit entfernt von Frascati liegt. Eine beeindruckende

Geschichte über eine düstere Vergangenheit. Dabei erkannte ich, wie verwurzelt die patriotische *resistenza* im Volk der Italiener ist, dass sie im *mezzogiorno* – im Süden Italiens ebenso vorhanden und aktiv gewesen war, wie im meridionalen Norden des Landes, wo Mussolini letztendlich von der *resistenza* gefangen gesetzt und für seine Verbrechen bestraft worden ist. Und ich bemerkte weiter, dass diese *resistenza* in Italien noch lebendig ist, eine hohe Anerkennung und tiefen Respekt im Volk genießt, dass die Opfer, die sie gebracht hatte, im Gedächtnis sind und gewürdigt werden, dass sie entgegen der Mainstream-Propaganda unvergessen sind. Auch dies zu einer Zeit, als Berlusconi sich gerade wieder einmal das Premierminister- amt gekapert hatte.

Ein anderes Event, zu dem uns Pietro und Lilliana einluden und das wir anschließend zusammen besuchten, war erfreulicher. In Nor- ma, einem Nachbarort von Cori, gab es eine Sommerkonzertwoche. Am Sonntag sollte es ein Klavierkonzert sein, mit Kompositionen von Johann Sebastian Bach. Der Flügel stand in einem Burghof, dessen raue und aus großen Steinquadern bestehenden Mauern der Stimmung einen besonderen romantischen wie unvergesslichen Charakter ga- ben. Der vortragende Pianist, hervorragend und sogar weltbekannt, verstand es, den Werken des Komponisten Bach eine eigene Note zu geben. Und er kündigte jedes Stück an, beschrieb es und durchwirk- te seine Worte mit eigenen Interpretationen. Und einmal unterbrach er sich mitten im Vortrag, entschuldigte sich, dass er ein Stück ange- kündigt und nun etwas anderes angefangen habe. Er würde, wenn das Publikum es gestatte, noch einmal von vorne anfangen.

Die Rückreisen nahm ich als Gelegenheit wahr, weitere Kontakt- besuche einzuplanen, oder einfach Städte in der südlichen Toscana zu besichtigen. Von Rom kommend führte uns einmal die Landstraße nach Viterbo und weiter zum Lago di Bolsena, wo wir eine Nacht blieben. Mit dem See und dessen Umgebung verband uns gemeinsa- me Erinnerung. Ich hatte dort meine ersten Italienisch-Intensivkur- se absolviert und Regina hatte mich begleitet. Unser Ziel waren die Thermalquellen von Saturnia, wo wir in freier Natur und bei jedem

Wetter in dem siebenundzwanzig Grad warmen und abfließenden Wasser baden konnten. An manchen Stellen hatten Kaskaden Vertiefungen oder Höhlen ausgespült, in denen freies Schwimmen möglich war. Und bei niedriger Lufttemperatur war die Landschaft graugrün eingenebelt vom Dunst, der sanft aus dem Wasser aufstieg. Dann entstand eine Stimmung, die an Sagen und Fabelwesen erinnerte.

Bevor wir aber direkt zu den Thermalquellen kamen, durchquerten wir den Ort Pitigliano, an der *SR 74 (Strada Regionale)* gelegen, bekannt für seinen Wein und seine Lage. Er thront auf einem Hochplateau, einem Riesenbrocken, den vormals der Vulkan, der den Bolsena See schuf, ausgeworfen hatte. Oben im Ort hat man einen wunderbaren Blick über die Umgebung. Das war uns eine Pause wert und wir machten einen Spaziergang durch den Ort – und stellten fest, attraktiv ist nur die Aussicht von der Mauer vor dem Abgrund. Doch noch etwas fand ich interessant. An einer Hausmauer gab es einen handschriftlichen Hinweis mit einem Pfeil versehen. Dort stand *Gabi*. Wer war *Gabi*, fragte ich mich. Sollte hier in der Provinz vielleicht ...?

Wir wussten, Prostitution ist in Italien verboten. Das hieß aber nicht, dass sie nicht stattfand. Die Damen hatte ich schon mehrfach außerhalb der Städte, am Straßenrand von Nebenstraßen, aber auch an den Verbindungen zwischen den Zentren stehen sehen. Auch Bus-Haltestellen war ein genutzter Standort. Leicht bekleidet und sich unbeteiligt gebend, wackelten sie auf hohen Hacken dort auf und ab. Afrikanerinnen waren auch dabei. Oft hatten diese sich ihre Gesichter weiß gepudert. Sie sahen in der Dunkelheit fast gespensterhaft aus.

Neugierig geworden gingen wir also in die Richtung, in die der Pfeil zeigte ... und kamen an eine Tür. Darauf stand: *Gabinetto lui* und eine andere Tür trug die Aufschrift *Gabinetto lei*. Wir standen vor den öffentlichen Toiletten.

Umzug nach Torre San Patrizio

Ich hatte meine Pensionierung beantragt, hatte mich bei meinen Kunden verabschiedet. Natürlich fiel mir das nicht leicht, mich so einfach von Arbeit und Kundschaft zu trennen und erntete Mitgefühl. Mein größter Kunde, dessen Betrieb in der Nähe von Civitanova bei Ancona angesiedelt war, bot mir sogar an, ich könne zu ihm kommen und mich bei ihm in seinem Lacklabor nützlich machen. Das war natürlich etwas, das meinen endgültigen Ruhestand noch ein paar Jahre verschieben konnte – und ich nahm das Angebot an. Dazu weiter später.

Zunächst aber galt es, eine geeignete Wohnung in der neuen Umgebung zu finden. Gleichzeitig beschlossen wir, unser Domizil in Zappolino aufzugeben und zu verkaufen. Wir suchten also den Makler auf, bei dem wir es vor Jahren gekauft hatten. Der war natürlich erfreut darüber, ein zweites Mal mit dem gleichen Objekt Geld zu verdienen – sogar noch mehr. Die Immobilienpreise waren einerseits in die Höhe geschossen – es war noch vor dem Crash 2007-2008, andererseits hatten wir ja einiges an Restaurierung investiert. So sahen wir dem Wechsel also gelassen entgegen und begannen zu packen. Platz für Pakete gab es genug, denn unsere geräumige Scheune nahm die Lagerung klaglos hin.

Komplizierter gestaltete sich das Finden einer neuen Behausung in der Provinz Marken, bei Civitanova. Als Feriengebiet hatte die Region ein anderes Preisniveau für Immobilien als die ländliche Idylle bei uns zwischen Bologna und Modena.

Zunächst hatten wir uns eingebildet, wir könnten mit der Summe, die wir in Zappolino mit unseren Haus erzielen würden, etwas Nettes mit einem Blick auf das Meer erwerben. Und das, was man uns für unser Budget anbot, waren vom Erdbeben geschädigte Ruinen, die in einem Gestrüpp von wilden Brombeeren lagen, oder aber enge Etagenwohnungen, aus denen es keinen Auslauf für unsere beiden Katzen gab. Die waren ja freien Ausgang gewohnt. So verlagerte sich ganz automatisch unser Horizont weiter ins Innere des Landes, bis nach Torre San Patrizio, das etwa 20 Autominuten von meinem zukünftigen Arbeitsplatz und vom Meer entfernt gelegen war und eine Autostunde bis zu den alpinen 2.200 Meter hohen Sibillinischen Bergen, wo es sogar Skipisten gab. Dort fanden wir in einem sanften Tal gelegen etwas, das unseren Wünschen bezüglich Größe und Lage entsprach. Es war ein Einzelhaus, eine ehemalige *casa colonica*. Das waren Häuser von ehemaligen Landpächtern, die auf Großgrundbesitz von einem kleinen bäuerlichen Betrieb lebten.

Die Fernsicht war trotz Tallage wunderbar, weil das Gelände zum Meer hin sich öffnete. Erst später begriffen wir, dass in dieser Gegend der Einheimische auf den Hügeln wohnt und nicht im Tal, denn dort wurde das Land für den Anbau genutzt – wegen des dort vorhandenen Wassers. Viele kleine Bäche – *torrente* – durchzogen das Land, hatten es geformt und der fruchtbare, lehmige Boden gab viel her.

Der Ortsteilteil von Torre San Patrizio, für den wir uns entschieden hatten, nannte sich *Contrada Chiaro* – Tal des klaren Wassers, das in der Tat oberhalb unseres neuen Eigentums üppig aus dem Hang sprudelte. Bereiche von Gemeinden heißen im Süden Italiens fast immer *Contrada,* was ein wenig an Siena erinnert, wo die verschiedenen Stadtbereiche – *Contraden* – jede mit eigenen Farben, jährlich ihren Wettkampf, ihre Pferderennen austragen.

Die ganze *Contrada Chiaro,* also jener Ortsteilteil von Torre San Patrizio, war einst, noch vor dem Weltkrieg II, eine einzige Latifundie, ein Großgrundbesitz, der aufgeteilt und an kleine bäuerliche Familien verpachtet war. Die wiederum bewohnten auf ihrem Pachtgelände von eigener Hand errichtete und ihrem Bedarf angepasste Häuser. Sie hießen im Sprachgebrauch Koloniehäuser – *casa colonica*. Nach dem Krieg verließen viele Kleinbauern ihre Häuser auf dem Land, um in die Städte zu ziehen. Der Großgrundbesitzer übernahm in der Regel unentgeltlich diese Wohnhäuser, verkaufte sie, wenn er konnte, oder ließ sie verfallen.

Wir sahen bald, jetzt auf diesem Umstand aufmerksam geworden, rundherum in der Landschaft stehende, halb verfallene Ruinen, die einst den Kleinpächtern gehört hatten. Hier hatten wir endlich die zersiedelte Landschaft Italiens vor Augen, auf Grund der offenen Landschaft und des fehlenden Waldes. In Zappolino war die Landschaft schroffer und mit Wald durchsetzt. Einzeln stehende Häuser in der Landschaft gab es dort seltener.

Einige dieser Häuser, meist jene in privilegierter Lage, zum Beispiel auf der Höhe oder direkt neben einem *torrente*, mit reichlich ebenem und fruchtbaren Ackerland, kauften sich Rückkehrer aus den Städten und wandelten sie langsam um in einen *agritourismo*, einen ländlichen Gastbetrieb. Weiter vorne hatte ich diese besondere Spezialität Italiens schon beschrieben. Auch solche Höfe fanden sich in unserer neuen Umgebung, die wir später ausgiebig frequentierten.

Solch ein bewohntes *casa colonica* bot der Makler uns an. Der aktuelle Eigentümer war eine südamerikanische Familie aus Venezuela mit vier Töchtern. Natürlich waren wir neugierig, wen wir da vor uns hatten, als wir das Haus mehrmals besichtigten, denn die Entscheidung, welches Objekt es denn sein soll, fällt man nicht einfach

so, jedenfalls meistens nicht. Aber Ramón, den Mann in der Familie von fünf Frauen, bekamen wir anfangs nicht zu sehen. Angeblich war er immer beruflich unterwegs. Er betrieb eine Landschaftsgärtnerei, wie man uns erklärte und verband seinen Dienst auch mit dem Gartenservice. Klang logisch, aber es erschien uns dennoch seltsam, denn unsere Besichtigung hatten wir frühzeitig angekündigt. So führte uns seine schöne Tochter Vanessa durch das Haus.

Später, als wir uns für den Kauf entschieden hatten und noch einmal dort waren, sogar noch dort übernachteten, um vertragliche Dinge und entscheidend, die Haustechnik zu besprechen, erfuhren wir Merkwürdiges: Die Töchter Vanessa, Erika, Angelica und Krischna sowie die Ehefrau Consuelo hatten Ramón fortgeschickt, damit er die Verhandlungen nicht störe, nicht torpedieren könne. Das Ganze erschien uns doch ziemlich merkwürdig, so wollten wir mehr wissen und fragten weiter.

Dabei hörten wir, Ramón war Anhänger einer indischen Heilslehre, hatte deswegen seine jüngste Tochter Krischna genannt, die er abgöttisch liebte, und die nicht aus dem Haus wollte. Ramón seinerseits hatte sich im Haus einen Meditationsraum mit Altar sowie Guru-Bild eingerichtet, in dem er stundenlang verbrachte und Inspirationen für seine Arbeit, seine Landschaftsgärtnerei sammelte. Diesen parfümierten Raum hatte Vanessa uns bei den Besichtigungen vorenthalten. War Ramón doch zu Hause gewesen, so überlegten wir, und hatte während unserer Besichtigungstermine nur meditiert? Wir erfuhren es nie, die Damen schwiegen sich darüber aus. Dafür erfuhren wir weitere Familieninternas: Ramón wollte zurück nach Venezuela, Consuelo, seine Frau sowie die Töchter Vanessa, Erika und Angelica, die schon das Haus verlassen hatten und ein eigenes Leben führten, wollten bleiben. Uns war sofort klar, wer sich da durchsetzen würde: die fünf Damen.

Ja, dieses Objekt war wirklich mehr als nur ein Haus und ein Garten. Es war sowohl der Firmensitz von Ramóns Gartenbaubetrieb als auch Wohnhaus. Es war Werbe- und Vorzeigeobjekt für eventuelle Kundschaft des Ramón, wie auch großes privates Familiendomizil. Es stand inmitten eines etwa fünftausend Quadratmeter großen Gartens, von dem Ramón zwei Drittel zu einem parkähnlichen Schaugar-

Befestigungsanlagen, Torre San Patrizio

ten mit automatischer Bewässerung umgearbeitet hatte bzw. von seinem Neffen José hatte umarbeiten lassen.

José wohnte ebenfalls dort, war bei Ramón angestellt. Natürlich nur vorübergehend, so berichtete man uns, denn auch José wollte, das wunderte uns schon nicht mehr, wieder zurück nach Venezuela. Uns dämmerte bald, das José in einem ungesicherten, prekären Arbeitsverhältnis stand. Gutmütig machte er die ganze Arbeit, während Ramón sich mit Planung beschäftigte, was eigentlich nur aus Telefonieren bestand.

Trotz solcher Ungereimtheiten, ja Verdachtsmomente, dass mehr dahinter stand als das, was wir erfahren konnten, beschlossen wir, den Schritt zu wagen, das Anwesen zu kaufen. Denn alles, was wir bis zu diesem Zeitpunkt angesehen hatten, waren Ruinen, war ungepflegt, oder einfach zu klein. Der Makler bereitete also den Kaufvertrag vor, machte den Termin beim Notar. Dabei erfuhren wir auch, wie und was zu bezahlen sei: direkt und beim Notar mit einer Art Wechsel. Das sind Schecks, für die eine Bank eine Bürgschaft, eine gesicherte Garantie abgibt.

Die Gepflogenheiten beim Abschluss von Kaufverträgen in Italien kannte ich ja, hatte das schon einmal erlebt. Mich wunderte nur, wie die Kaufsumme aufgeteilt war: es sollten zwei Schecks sein: mit je einmal etwa 1/3 und einmal etwa 2/3 der Kaufsumme.

Vorher hatten wir unserer Domizil in Zappolino verkaufen können, so dass wir der geforderten Abwicklung des Kaufvertrages entsprechen konnten. Wir baten also unsere Bank in Castello di Serravalle, uns diese zwei Schecks anzufertigen. Und bei dem Notar in Civitanova erfuhren wir auch den Grund für diese Vorgehensweise: ein Banker saß bei Vertragsabschluss dabei und kassierte gleich den Scheck mit einem Drittel der Kaufsumme. Jetzt endlich konnte ich mir die vielen Ungereimtheiten erklären: Ramón war pleite gewesen, er hatte seinen Bankverpflichtungen nicht mehr nachkommen können. Er hatte verkaufen müssen, weil die Bank ihm angedroht hatte, ihn zu pfänden. Jahre später sprachen sich, inzwischen zu Freunden gewordene Bekannte aus dem Ort mir gegenüber offen aus: „*Hai salvato Ramón dal fallimento*" – „Du hast Ramón vor dem Konkurs gerettet!"

Nun, das war zwar nicht sehr erfreulich für mich, aber der Kauf hatte mir zumindest nicht unmittelbar geschadet. Damit konnte ich leben.

Nach dem erfolgten Notartermin führte Ramon uns und seine Familie aus in eine Trattoria und spendierte ein *pranzo* – ein Mittagessen. Er bestellte den besten Wein, den das Haus anbot, mit Namen: *Lacrima di Morro d'Alba* - die Träne von Morro d'Alba. Es ist ein mundiger köstlicher rubinroter Rotwein mit einer fruchtig-trockenen Geschmacksnote, die ein wenig an Rosen erinnert. Wir lernten erstmalig einen typischen Rotwein aus der Umgebung unseres neuen Domizils kennen, dessen Anbauzone vom Küstenstreifen abgewandten Hanglagen von der Gemeinde Morro d'Alba umfasst. Umliegende Gemeinden in der Provinz Ancona gehören auch noch dazu. Dieser Wein hatte uns gefangen, hatte uns versöhnt mit unguten Gedanken, ob das alles so richtig gewesen war und wir nicht besser in Zappolino geblieben wären.

Die Trennung von Ramón und seiner Familie war anfangs nur halb. Und damit musste ich anfangs auch noch leben. Es war die Tatsache, dass Ramón nicht verschwand. Seine Frauen hatte er ausquartiert, hatte eine Wohnung für sie gefunden. Er selbst zog mit José um in einen Wohnwagen, den er auf ein Viertel des gesamten Grundstückareals stellte, den er vom Verkauf ausgenommen hatte. Von dort dirigierte er seine Geschäfte und ließ José arbeiten.

Die Eigentumsübertragung dieses etwa 1.200 Quadratmeter messenden Stücks an mich sollte später erfolgen. Ramón hatte darum gebeten, bleiben zu dürfen, bis er ein auf seinem neu erworbenen Mini-Bauernhof mit zwei Hektar Land und eine Ruine bewohnbar gemacht hatte.

Wir zogen also um. In Zappolino hatten wir eine Spedition beauftragt, dessen Fahrer des Lastwagens Luigi hieß. Der war ein fröhlicher und mitteilsamer Mensch, der meinte: „Das muss alles wie am Schnürchen klappen, denn am Tag nach dem Umzug will ich heiraten. Deshalb habe ich einige fleißige Afrikaner engagiert, die bei der Beladung helfen werden."

Diese Helfer waren flott und hatten auch offene Augen. Sie kamen mit eigenem kleinen Lkw. In der Scheune und darunter im ehemaligen Stall stand einiges, das wir zurück lassen mussten oder wollten. Dafür interessierten sich die afrikanischen Helfer, die flott alles, das stehen bleiben sollte, auf ihren Lkw aufluden. Das sollte später in einem Container, wenn dieser beladen war, nach Ghana befördert werden.

Und dennoch wurde der Riesen-Lkw voll bis unter das Dach. Luigi verabredete abschließend mit uns noch den Treffpunkt in Torre San Patrizio und weg war er.

Wir, dabei war auch meine Tochter Carola, die uns schon seit Tagen beim Packen behilflich gewesen war, verließen also unser leeres Domizil morgens um 5 Uhr. Unsere Katze Juli saß vorne bei ihr auf dem Schoß und sah ruhig und gelassen dem Kommenden entgegen, während unser Kater Mäxchen hinten bei Regina auf einem Kissenberg lag. Er war nicht so standhaft wie Juli, was das Autofahren anbetrifft. Deshalb hatten wir ihm ein beruhigendes Medikament verabreicht. Dennoch litt er, jammerte am Anfang., und so mussten wir unterwegs einige Tücher entsorgen.

Etwa zeitgleich kamen wir mit Luigi an und fanden seinen parkenden Lkw in einem Kreisverkehr im Ort. Der nahm derart viel Platz ein, dass der öffentliche Bus im Kreisel den Weg links herum nehmen musste, was der Busfahrer grinsend quittierte. Zur Adresse *Contrada Chiaro* musste ich Luigi geleiten, denn ein Navi hatte er nicht.

Ich berichtete bereits, eine *Contrada* ist ein Stadtgebiet, ein Flächenbereich in einer süditalienischen Gemeinde, zu dem es mehrere Zufahrten geben kann und die alle den gleichen Namen tragen. Daran dachte ich in jenen aufregenden Augenblicken nicht und lotste den Riesen-Lkw prompt in eine abschüssige Einfahrt mit dem Straßenschild *Contrada Chiaro*, von der ich glaubte, sie führe zu unserem Haus. Als ich meinen Fehler bemerkte, war es zu spät. Luigi war bereits hinter mir – und sah das gelassen. „Ich wende unten auf dem Hof", war sein Kommentar.

Der stellte sich als eng heraus, eigentlich zu eng am Hang für den Lkw. Glücklicherweise kam gleich der Inhaber hinzu, dem ich erklären musste, wer ich bin und was passiert war. Und freundlich, gar nicht theatralisch lamentierend wies er Luigi an, wie er zu rangieren hatte.

Eine schmale Passage zwischen zwei Einzelhäusern des Hofs bot sich an als Wendehilfe. Nur leider überspannte ein dünnes Elektrokabel zwischen den beiden Häusern in niedriger Höhe die Durchfahrt.

Luigi fuhr dort hinein, bis sich das Kabel vor seiner Windschutzscheibe spannte. Mir wurde flau und sprang vor den Lkw, um Luigi zu stoppen. Aber Luigi stand schon. In dem Moment ging ein Fenster in dem Haus auf und die alte Bäuerin beugte sich heraus, mit Arm und krummen Zeigefinger auf das Kabel weisend und verzweifelt und heiserer Stimme rufend: *„La luce, la luce"* – „Das Licht, das Licht."

Luigi schien jedoch ganz entspannt, öffnete seine Lkw-Tür, blieb oben stehen und hob das Kabel auf das Dach seiner Fahrerkabine, setzte sich wieder hinein und fuhr soweit vor, dass er hinten Platz zum Drehen gewann. Das Kabel rutschte beim Rückwärtsfahren einfach wieder vom Dach und blieb unbeschädigt. Der Bäuerin sah man die Erleichterung an und mir erging es ebenso.

Endlich auf unserem Hof angekommen, wurde schnellstens entladen. Es war ein strahlend blauer 3. März 2008, ein Montag. Um Fahrer Luigi nicht zu lange festzuhalten – er wollte doch am nächsten Tag heiraten und war ohne seine Afrikaner gekommen – beschlossen wir in Anbetracht der trockenen Witterung, die Pakete draußen abzusetzen, während die Möbel gleich, aber ungeordnet parterre im Salon – einem ehemaligen Stall – abgestellt wurden. Mittags war der Lkw fast leer. Wir wollten essen gehen, beziehungsweise ein Restaurant aufsuchen. Bedacht hatten wir nicht, dass in Italien die meisten Gaststätten aber montags geschlossen sind. Nach einer vergeblichen Rundfahrt, auf der wir vor diversen geschlossenen Trattorien standen, besann ich mich auf meine alte Erfahrung. Das Personal in Tankstellen hat oft Ortskenntnis und das kann man nutzen. Dort erfuhr ich: Der *Agritourismo delle Rose,* ganz in der Nähe unseres neuen Domizils, hatte montags geöffnet, dafür aber dienstags geschlossen. Wir waren gerettet. Nachmittags konnten wir Luigi nach Hause entlassen, damit er am nächsten Tag auch pünktlich vor den Altar erscheinen würde.

José, der Neffe von Ramón, wurde im Laufe der nächsten Monate zu einem Freund. Er half uns bei der Arbeit im Garten, was wir nicht umsonst annahmen. Und so begann José zu reden, und wir erfuhren, dass nicht nur er, sondern auch sein älterer Bruder schon bei Ramón „in die Lehre" gegangen, die Arbeitspferde gewesen waren und das Geschäft des Ramón am Leben gehalten hatten. Der ältere Bruder war inzwischen wieder zu seinen Eltern bei San Christóbal in Venezuela zurückgekehrt.

José dagegen hatte inzwischen die Absicht, in Italien zu bleiben und, ermutigt durch unseren Zuspruch, mahnte er bei Ramón Verbesserungen an, wie unter anderem eine Bezahlung für seine Arbeit, neben freier Logis und Kost.

Manchmal, wenn José uns besuchte, nachdem Ramón schon auf seine Landwirtschaft umgezogen war, machte er uns *Arepas*, runde Fladen aus weißem Maismehl, die in seiner Heimat traditionell zu fast zu allen Mahlzeiten gegessen werden. Maisprodukte wie *Arepas* haben in Venezuela die Bedeutung wie in Italien die Pasta.

José erbat von uns weißes Maismehl, das er in einer Schüssel mittels Zugabe von Wasser und etwas Salz zu einem Teig knetete. Er formte mit der Hand aus dem Teig Kugeln, um sie danach zu handflächengroßen Fladen zusammenzudrücken. Im Anschluss frittierte er die Fladen in der Pfanne mit Olivenöl und servierte sie direkt aus der Pfanne heraus. Dazu gegessen wurde luftgetrockneter Schinken oder *stracchino*, ein kurz gereifter Schichtkäse, eine Spezialität der Lombardei.

Der Name *stracchino* stammt vermutlich aus jener Zeit, als die Milcherzeuger ihre Kühe im Herbst von dem Hügelland, dem Apennin oder dem Voralpenland dann in die Ebene trieben. Aus dieser Milch von *stracch* – lokale Dialektbezeichnung schlapp gewordener Tiere – wurde der Käse hergestellt. Heute ist er ein Industrieprodukt.

Ramón hatte uns inzwischen endlich sein Reststück verkauft. Ich musste noch einmal hart mit ihm verhandeln, weil mir seine Preisvorstellung unrealistisch erschien. Schließlich war das Stück einfach nur Ackerland. Er hatte allerdings auf diesem Stück die Zentrale für die Gartenbewässerung, den Brunnen und eine 30 Kubikmeter umfassende unterirdische Zisterne für das Gartenwasser installiert. Seine Frau Consuelo griff ein, überzeugte ihren Mann, mir entgegenzukommen. So einigten wir uns auf halbem Weg.

Consuelo hatte uns schon zu Anfang imponiert, hatte sie doch die Last gehabt, mit wenig Geld vier Mädchen großzuziehen. Ramón hatte zwar in der Familie für finanziellen Rückhalt gesorgt, hatte aber auch gleichzeitig Haus und Garten modernisiert, ja bewohnbar gemacht.

Er war vor Jahren mit der Familie und mit Nichts, außer mit seiner akademischen Ausbildung zum Landschaftsarchitekten, aus Venezuela nach Italien emigriert. Und die Familie war dann mit Ramóns sympatischer Schlitzohrigkeit doch weit gekommen, hatte eine baufällige *casa colonica* zu einem bewohnbaren Haus hergerichtet, hatte einen parkähnlichen Vorzeigegarten mit computergesteuerter Bewässerung angelegt.

All das hatten wir natürlich erkannt und gesehen. Dennoch wollten wir für Ackerland nicht den Preis wie für ein Baugrundstück bezahlen, was Ramón zuletzt auf Druck von Consuelo eingesehen hatte. Leid tat er uns dann doch, als er beim Akt der Unterschrift beim Notar berichtete, dass er seine Einnahme vom Verkauf des Stückes Land an mich an die *Agenzia Entrate* – dem Finanzamt – weiterreichen musste, da man ihn steuerlich in eine höhere Steuerklasse als Landwirt eingestuft habe und nicht als steuerlich subventionierter *coltivatore diretto* – als Kleinbauer (über die Beziehung Kleinbauer zu Landwirt hatte ich ja schon bereits berichtet).

Blick auf Ancona

Das Leben in Torre

Der große parkähnliche Garten war eine Herausforderung. Wir waren ja nur zu zweit, hatten keinen Neffen oder anfangs sonst jemand, der die Riesenanlage hätte pflegen können. Allein die Lorbeerhecken waren Respekt einflößend. Der Lorbeer in der Gegend wächst prächtig, ja wie Unkraut, braucht keinen Winter zu fürchten und verbreitet sich einfach so. Die Vögel halfen fleißig mit, die Lorbeer-Beeren zu verbreiten. Es war ja nicht nur Rasenmähen. Vieles von den Vorzeigeanlagen war für uns überflüssig und ich gestaltete um, so dass alles hinterher wirklich mit einem Aufsitz-Rasenmäher in zwei Stunden wieder ordentlich aussah.

Die Bewässerung war eine geniale Einrichtung. Sprinkler, mit Leitungen unter dem Rasen verbunden, erhoben sich nach dem Startbefehl aus dem Boden und veranstalteten sehenswerte Wasserspiele. Fehlte nur noch die passende Musik dazu. Manche unserer Gäste hüpften und sprangen unter und über die Fontänen, nahmen sie als sportliche Challenge, um möglichst wenig nass zu werden. Wir dachten zum Schluss tatsächlich daran, dafür einen Preis auszuloben.

Und der Aufsitzrasenmäher war unsere zweite Attraktion. Laurin, der junge Sohn von Marcus und Anette, die uns im Sommer besuchten, umrundete unser Haus damit in Rekordzeit. Und es war ihm natürlich eine Freude und Ehre, den Rasen zu mähen. Aber nicht, wie man das macht: Streifen für Streifen, und das zu jeder sich bietenden Gelegenheit. Nein, sogar unseren Hausmüll oder den Küchenkompost brachte er mit dem Rasenmäher weg. Die Mittagspause hat er aber beachtet.

Telefon-Festnetz

Unserer Telefonanschluss in unserer Zeit in Torre San Patrizio gibt Anlass zu einer besonderen Geschichte. Ramon, der noch mit seinem Neffen in seinem Wohnwagen bei uns auf dem Hof wohnte und ständig telefonierte, hatte natürlich ein Mobiltelefon der neuesten Entwicklung. Das kam für uns nicht in Frage. Zu teuer, da wir doch immer noch gelegentlich nach Deutschland telefonieren mussten. Also beantragten wir bei der Telecom ein Festnetztelefon. Man antwortete uns: „Kein Problem, das bekommen Sie in drei Wochen. Die Anschlussgebühr beträgt 96 Euro."

Regina und ich schauten uns erstaunt an und fragten uns: „Sollten die sich gebessert haben?" Als dann die Techniker auf unseren Hof kamen, erfuhren wir die ganze tragische Wahrheit. Die Männer vom Service-Dienst von Telecom – die waren von einem sogenannten Vertragsunternehmen – schauten in die Luft und fragten, wo denn die Telefonleitung sei.

„Die müsst ihr vom Bauernhof nebenan hierher verlegen", war unsere schon etwas kleinlaut gewordene Antwort.

„Das geht so einfach nicht", teilte man mit. „Dazu müssen Masten aufgestellt werden."

Wir wollten aber nicht aufgeben: „Das macht ihr doch jeden Tag, oder?"

„Gelegentlich", gab man zu. „Aber erst, wenn die Genehmigung von den Bauern vorliegt, auf deren Feld die Masten gepflanzt werden sollen. Darum werden wir uns kümmern. Sie hören von uns." Die Herren verließen fast fluchtartig unseren Hof, nachdem sie uns ihre Handy-Nummer übergeben hatten.

„Glaubst du das?", fragte ich Regina.

„Warten wir es ab, vielleicht klappt es ja", wollte sie mich trösten. „Geben wir ihnen drei Monate."

Nach dieser gegebenen Zeit rief ich die Firma an. Zuerst war denen unser Anliegen völlig unbekannt, bis ich endlich den Techniker sprechen konnte, der bei uns gewesen war. Seine Auskunft war niederschmetternd: „Der Antrag liegt bei Telecom, kümmern müssen die sich, wir sind nur die ausführende Firma."

„Kann man den Vorgang irgendwie beschleunigen?", war meine

schon verzweifelte Frage.

„Vielleicht sprechen Sie selbst die Bauern an. Sie sind Nachbar. Ihnen wird man da möglicherweise eher entgegenkommen als der anonymen Telecom", riet mir der Techniker. Und er gab mir noch eine neue Information: „Wenn wir Masten aufstellen müssen, wird Telcom für jeden Anschluss, der daran hängt, 200 Euro neben der normalen Anschlussgebühr von 96 Euro berechnen. Sind sie damit einverstanden?"

Die Kosten waren mir inzwischen fast gleichgültig geworden und stimmte zu, denn sein Vorschlag, uns selbst zu kümmern, hatte mich elektrisiert. Das war natürlich etwas, an das ich noch nicht gedacht hatte und sprach mit Regina darüber.

„Gehen wir es an", beschloss sie.

Wir begannen also, uns in der Nachbarschaft umzuhören und zu erfragen, wem welches Land gehöre, sprachen bei Nachbarn vor, schrieben sogar Briefe an eine Landeigentümerin, die in Assisi wohnte.

Das Ergebnis war zunächst deprimiernd. Wir bekamen weder irgendeine Zusage noch eine Antwort auf unsere schriftliche Anfrage. Erst nachdem ich die Frau in Assisi telefonisch erreichen konnte, bequemte sie sich zu einem unbegründeten „Nein".

Inzwischen war ein ganzes Jahr nach unserem Antrag vergangen. Wir sahen nicht den geringsten Schimmer, dass wir jemals ein Festnetztelefon bekommen würden.

„Schauen wir uns die Situation zur anderen Seite hin an. Unsere Nachbarn wollen auch einen Anschluss haben", kam mir die Idee. Ja, wir hatten Nachbarn. Etwa achtzig Meter entfernt neben unserem Haus gab es noch eine ehemalige *casa colonica*, einen ehemaligen kleinen bäuerlichen Betrieb, der vor dem Krieg von Unterpächtern auf dem Land der Latifundienbesitzerfamilie bewirtschaftet worden war. Inzwischen wohnte dort eine Familie, die sich mit Arbeiten für die dort heimische Schuhindustrie über Wasser hielt. Über deren Grundstück müsste die Leitung gezogen werden. Leider war unser emotionale Draht zu diesem Nachbarn gerissen. Ein ewig bellender Hund war die Ursache. Aber darüber mussten wir nun darüber hinwegsehen. Daher suchten wir das Gespräch und wurden überrascht. Erstmalig stimmte jemand unserer Bitte zu und genehmigte, dass Telefonmasten auf beiden Grundstücksgrenzen gesetzt werden könnten. Dazwischen sollte der Draht so den Garten überspannen. Die Nachbarsfamilie verband das mit der Hoffnung, den Anschluss gratis zu bekommen. Darüber diskutierten wir aber nicht mit denen. „Sie werden es schon sehen", meinte Regina. „Telecom kennt da keine Verwandten."

Nun stand der nächste Schritt an. Etwa 400 Meter entfernt querte eine Telefonleitung die *Contrada Chiaro* – unsere Straße – und führte hinauf zum *Agritourismo Pomod'oro*. Das Restaurant besuchten wir bei nächstbester Gelegenheit und erklärten dem Inhaber Massimo unsere Sorgen, denn das Land, über das die Leitung verlief, gehörte ihm.

„*Lungo la strada non ci vedo svantaggio per me*" – „Längs der Straße sehe ich keinen Nachteil für mich", war seine Entscheidung, nachdem wir zusammen hinausgegangen waren und von oben die Lage besichtigt hatten. Unser Haus lag gut sichtbar unterhalb im Tal, der Verlauf der Straße war erkennbar. Am Straßenrand stand Buschwerk, in das die Pfähle gepflanzt werden konnten.

„Der ganze Acker gehört mir aber nicht", schränkte Massimo ein. „Zweihundert Meter gehören noch der ehemaligen Latifundienfamilie. Die Frau wohnt in Assisi."

Kaum hatten wir also Hoffnung geschöpft, brach sie für uns schon wieder zusammen. Wir erklärten Massimo, dass wir von der Seite schon eine Absage erhalten hatten. Aber der winkte ab. „Das geht trotzdem. Ihr müsst nur beantragen, dass die Leitung am Straßenrand unterirdisch verlegt wird."

Wir informierten sofort die Telecom-Vertragsfirma, die überrascht reagierte und anscheinend solch eine geniale Idee außerhalb ihrer Möglichkeiten angesiedelt hatte. Wahrscheinlich hatte dort niemand darüber nachgedacht, oder man ging dort ganz einfach davon aus, dass solche Extrakosten niemand zahlen würde.

Nach unserer Zusage für Teilübernahme der Kosten, veranlasste die Firma anschließend das Einholen der Genehmigungen von Massimo und der Gemeinde. Nach ziemlich genau zwei Jahren nach unserem Antrag bekamen wir endlich unser Festnetztelefon und Internet mit zugesagten 7,5 MB Übertragungsrate. Dass nicht einmal das geliefert wurde und oft weniger als 2,5 MB möglich war, war uns nach diesen Erfahrungen schon fast egal.

Müllentsorgung

Anfangs dachten wir: kennen wir, denn an den Straßen in der Gemeinde standen große Sammelbehälter mit Klappdeckel herum. Die fraßen alles, womit man sie fütterte. Nachteil war nur, dass man seinen Unrat selbst dorthin karren musste, aber das kannten wir schon von Zappolino, wo das System einwandfrei funktioniert hatte. Das lag aber daran, dass genug Sammelbehälter aufgestellt waren. In Torre dagegen waren diese Container meist stopfvoll, wenn man dorthin kam und selbst entladen wollte. Dann stanken sie vor sich hin, waren Magnet von Ungeziefer und Ratten. Es waren zu wenig aufgestellt und sie wurden zu selten entleert.

Selbst Autoreifen fand man gelegentlich darin, worüber ich mich wunderte, denn der Reifenhändler – der *gommista* – nimmt sonst Gebrauchtreifen normalerweise bei Neukauf zurück. Aber es gab auch Autoreifen in Supermärkten für die Bastler und Schrauber. Deren Gebrauchtreifen landeten dann in der Landwirtschaft, dienten als Beschwerung von Abdeckfolien über Strohballen auf Feldern, oder sie landeten in den Müllbehältern.

Nun waren mir meine Reifen, die noch bei mir lagen, zu schade für die Entsorgung. Ich hatte inzwischen meinen Firmenwagen, den ich noch einige Zeit behalten durfte, zurückgegeben, war damit nach Deutschland gefahren, um ihn bei meinem inzwischen ehemaligen Arbeitgeber auf den Hof zu stellen. Vier Winterreifen hatten allerdings im Gepäckraum des Autos keinen Platz mehr gefunden. Ich sah das allerdings nicht als ein Problem, denn ich dachte zuversichtlich, unser inzwischen zum Freund gewordener Gianni, Schrauber und *gommista,* würde da schon helfen. Und das war ein Fehlschluss, wie sich hinterher herausstellen sollte. Über ihn will ich in folgendem Abschnitt berichten.

Soziale Kontakte, Freunde gewinnen

In Torre angekommen, mussten wir dort neue Freunde und Bekanntschaften suchen. Ich hatte meine sozialen Kontakte bei meiner inzwischen schon angedeuteten Arbeit, Regina dagegen war alleine zu Hause, hatte tagsüber niemanden, mit dem sie sprechen konnte. Deshalb versuchten wir bald, Bekanntschaften aufzubauen. Zunächst stellten wir uns bei unserem Nachbarn in der *Contrada Chiaro* vor, also da, wo wir unser neues Domizil genommen hatten.

Links von uns, vierhundert Meter entfernt, lag eine kleine Landwirtschaft, die von dem betagten Ehepaar Angelo und seiner Frau Gianna betrieben wurde. Wir trafen freundliche und offene Menschen an. Sie luden uns sogar ein, gelegentlich zum Wurst- und Schinkenessen zu ihnen zu kommen. Einmal kam es sogar dazu. Leider war die Unterhaltung doch etwas mühselig, denn die beiden sprachen ausschließlich Dialekt, eine Mundart, die weit entfernt von dem war, was wir in Zappolino gelernt hatten. Wörter wurden oft nur halb ausgesprochen und bekamen eine andere Betonung. Aus *„venire"* – *„kommen"* – wurde *„vení"*, aus *„pagare"* – *„bezahlen"* – wurde *„pá"* und anderes mehr. Auch Namen wurden halbiert. *„Claudio"* wurde zu *„Clá"*, *„Romina"* wurde zu *„Romí"* usw.. Harte Konsonanten wie *„t"* oder *„p"* wurden zu weichen Konsonanten und umgekehrt. Es war manchmal erheiternd, nur das viel verwendete Wort *„pronto"* zu hören, mit dem man sich in Italien allgemein am Telefon meldet. Es wurde zu einem genuschelten *„brondo"*. Der aber Hochitalienisch sprechende Italiener spricht das im Allgemeinen hart und betont aus: *„Prrrónto!"*

Angelo hatte seine Einkünfte von der Tierzucht: Gänse bevölkerten seinen Hof, die im August geschlachtet wurden und die er im eigenen großen Backofen garen ließ und dann verkaufte. Im August-September wird in dieser Gegend die Gans gegessen. Es gibt sogar öffentliche Festivitäten, veranstaltet von einigen Pfarreien, auf denen man ausschließlich Gans essen kann.

Kaninchen gab es auch bei ihm, die dann zu Zeiten Platz machen mussten für die nächste Generation. Dann kam Angelo zu uns und fragte: *„Vú conie?"* – *„Willst du ein Kaninchen?"* Wir kauften gelegentlich eins, manchmal auch zwei. Regina machte ihm zur Bedingung, Lieferung ohne Kopf und mit abgezogenem Fell. Das Fleisch war unvergleichlich zart und köstlich.

Stolz zeigte er uns auch sein Rind und natürlich seine Schweine. Es war eine Mischrasse, irgendwie Kreuzung aus Wildschwein und Hausschwein. Wenn für diese Tiere die Zeit gekommen war, kam ein Schlachter auf den Hof und dann standen den ganzen Tag die großen dampfenden Kessel auf offenem Feuer im Hof, in denen Kochwürste bereitet wurden.

Leider ging unser Versuch schief, mit unserem direkten Nachbarn eine gewisse freundschaftliche Nähe aufzubauen. Der Mann hatte offensichtlich eine notorische Furcht, in der offenen Campagna, wo wir wohnten, beraubt zu werden und hielt sich deswegen einen großen Wachhund. Das arme Tier lag den ganzen Tag, Sommer wie im Winter, angekettet auf seinem Platz und verbellte alles und jeden, der oder das die *Contarda Chiaro* entlang kam: Autos wie auch Radfahrer, Wanderer, sogar den Schäfer mit seinen 500 Schafen. Das war natürlich mehr als nervig und das sagten wir ihm auch.

Wir beschlossen also, andere Kontakte zu suchen. Und da hatten wir Glück. Regina sah zufällig bei einem Einkauf in einem Supermarkt auf dem Parkplatz ein Auto aus Göttingen.

In der Provinz in der Nähe von Torre war ein Auto mit deutschem Kennzeichen eher eine Ausnahme. Die fand man mehr an der Küste. Sie wartete, bis sich eine Frau dem Pkw näherte und Regina sprach sie auf Deutsch an: „Wie kommt denn ein Auto aus Göttingen hier her?" Die verblüffte Antwort in italienischer Sprache war: „Ja aber – ich wohne hier!" und dann weiter in Deutsch: „Und was machen Sie hier?"

Regina konnte die gleiche Antwort geben: „Ich wohne hier!"

Der Kontakt war schnell hergestellt. Die beiden Frauen verabredeten sich.

Teresa und Horst wohnten in Rappagnano, in einer Nachbargemeinde von Torre, allein in einem zauberhaften, im Grünen gelegenen Haus, noch abgeschiedener als wir. Horst hatte ein Händchen für den Garten, hatte selbst Wein angelegt, versorgte sich und Teresa mit Gemüse, hatte Olivenbäume, die im November beerntet wurden und pflegte jede einzelne kleine wilde Orchidee, die in seiner Wiese sprießte.

Teresa war italienischer Abstammung, war seinerzeit als Kind mit der Familie nach Deutschland gekommen, sprach Italienisch gleichermaßen wie Deutsch und noch den salentinischen Dialekt (Salerno bei Napoli), wenn sie gelegentlich mit ihrer Mutter in Göttingen telefonierte.

Das Haus hatten die beiden von einer Kleinbauernfamilie in der Nachbarschaft gekauft, dessen Familienoberhaupt ein uraltes Männlein war, der aber noch wacker mit seinem ebenso uralten Fiat Panda die engen Straßen hin zu seinem Hof unsicher machte.

Zu dieser Familie hatten Teresa und Horst eine quasi freundschaftliche Beziehung aufgebaut, indem sie dem alten Mann im November bei seiner Olivenernte halfen, und den Ertrag mit der eigenen Ernte vereinigten. Das alles lieferten sie beim *frantoio* – der Ölpresse – ab und erhielten danach das Öl aus eigener Ernte.

Das war schon spannend, den Betrieb der Ölpresse zu besichtigen, zu sehen, wie die mit Blattwerk vermischte Ernte gereinigt wurde, wie der Kalander daraufhin die Oliven samt Kernen zermatschte, wie dieser Brei anschließend auf 'zig Sisaltellern von etwa siebzig Zentimetern aufgetragen wurde, wie diese Teller in die Spindelpresse gestapelt wurden und schließlich ein Öl-Wassergemisch seitlich herabfloss. Das Flüssigkeitsgemisch wurde sofort in eine Zentrifuge geleitet, aus der kontinuierlich reinstes Olivenöl floss. Es war wie ein Wunder.

Olivenölproduktion war ein Haupterwerb der Bauern in dieser Gegend. Und im November wollten alle ihr Öl. Das wäre natürlich für den kleinen Ölpressbetrieb einfach eine Überforderung gewesen, wenn die Bauern alle auf einmal kämen. Der Vorgang musste also gestreckt werden. Ergo: der *frantoio* vergab im voraus einen Termin an die Bauern, an den sie sich halten mussten, egal wie das Wetter war. Und das konnte im November in dieser Gegend auch schon mal ungemütlich sein.

Teresa und Horst schalteten sich ein, halfen dem kleinen uralten Männlein bei seiner Olivenernte, die er alleine nicht mehr geschafft hätte. Und im Gegenzug bekamen sie Einladungen von dessen Familie, lernten auch seine ebenso uralte Frau Maria kennen. Sie hatte, wie sie selbst zu ihrem neunzigsten Geburtstag gestand, in ihrem Leben noch nie die Adria gesehen. Und genau das war der Grund gewesen, warum man die Geburtstagsfeierlichkeit in eines der Küstenrestaurants verlegt hatte.

Gianni, der Schrauber und *autoelettrico*, war ein Sohn von Maria und dem uralten Bauern, den wir eines Tages bei Teresa und Horst zu Hause kennen lernten. Er hatte eine kleine Werkstatt in Monte

San Pietrangelo, wiederum eine Nachbargemeinde von Torre. Dieser Gianni war genial. Neues gab es selten bei ihm, außer wenn man Autoreifen brauchte. Meistens reparierte er. Er war mit der Elektrik und Elektronik genau so vertraut wie mit der Mechanik von Autos.

Und natürlich sammelte er Oldtimer, besaß schon einen Fiat Belila von 1933. Ein Gefährt, das noch eher eine Kutsche war und weniger ein Auto. Er half uns oft mit unserem eigenen Santa Fé, den wir ja als Gebrauchtwagen erwarben, nachdem wir unser Firmenauto zurückgegeben hatten. Gianni war verheiratet mit einer Frau, die eine lockige wilde Haarpracht hatte wie eine Afrikanerin sowie noch zwei ganz quirlige Töchter. Uns schien er war jedes Mal froh, in der Werkstatt zu sein, denn er nannte seine Frau zum Scherz *la mia belva* – meine Bestie und seine beiden Töchter nannte er *belvette* – kleine Bestien.

Und nun zurück zu der begonnenen Geschichte über meine Autoreifen. Mit dem Gedanken im Hinterkopf, Gianni würde die Reifen abnehmen, bot ich sie ihm bei passender Gelegenheit an – und erhielt eine Absage. Da war ich fassungslos. Die Reifen waren neu, waren nur wenige Kilometer gelaufen. Gianni begründete, dass er sich damit außerhalb der Garantie begebe, was er nicht wagen wolle. Und Entgegennahme für die Entsorgung käme ebenfalls nicht in Frage, denn er müsse Buch führen über jede Rücknahme und jeden Verkauf. Und das wäre durch Kassenbelege kontrollierbar. Das hatte ich nicht erwartet und war nun ratlos, weil sich mir ein schier unüberwindliches Hindernis entgegenstellte bezüglich simpler Entsorgung meiner Autoreifen. Nun wurde mir nun auch klar, warum manchmal Autoreifen in den Müllbehältern lagen.

Gianni gab mir einen Tipp: „Am Supermarkt, Richtung Fermo, gibt es eine Firma, die Autoreifen zerhäckselt und das Produkt für die Gewinnung von Straßenasphalt verkauft. Versuche es dort.“

Also machte ich mich auf den Weg dorthin und erlebte wieder eine Überraschung.

Als ich, endlich bis ins Büro vorgedrungen, meine Autoreifen anbot, erfuhr ich, dass man meine Reifen nicht annehmen könne.

„Ja, warum denn das nicht?“, wollte ich schon wütend geworden wissen.

„Wir haben dafür keine Formulare", gab man mir bekannt „Wir nehmen Reifen nur von Großlieferanten, zum Beispiel *gommista* oder Gemeinden, die Reifen aus ihrem Müllberg aussortiert haben."

„Wozu braucht ihr Formulare, zum Teufel, ihr seid ja noch bürokratischer als die Deutschen! Soll ich die Reifen in irgendeinen Graben werfen, wie es manche Ihrer Landsleute tun, damit sie wieder von der Müllentsorgung aufgesammelt wird, um dann hier zu landen?", fauchte ich den armen Angestellten an. Der duckte sich sichtlich, das ganze Büro war in diesem Moment mäuschenstill, acht Augenpaare starrten mich entsetzt an. Das war anscheinend eine ungeheuerliche Behauptung, bis sich der Mensch am Schalter aufrappelte und mir zugestand: „Deponieren Sie einfach und ohne Aufsehen die Reifen neben meinen unten geparkten Golf. Ich werde alles Weitere formlos erledigen."

Hu, geschafft, denn ich wollte die Reifen ja nicht einfach in die Landschaft schmeißen und fuhr erleichtert nach Torre zurück. Aber die Geschichte fand dann noch eine Fortsetzung.

In den Gemeindebüros sprach mich der Angestellte im technischen Büro an, als ich dort wegen eines Anliegens vorstellig wurde: „Wir haben von Ihnen gehört. Man hat von der Reifenentsorgungsfirma angerufen und uns Ihr Auftreten dort berichtet, und man hat gefragt, ob Sie nun tatsächlich In Torre San Patrizio wohnen. Der Bürgermeister hat jetzt aufgrund dieses Vorgangs entschieden, schnellstmöglich eine Sperrmüll-Sammelstelle einrichten zu lassen und das Entsorgungssystem zu reformieren."

Ich staunte nicht schlecht, hatte ich mir schon nach wenigen Monaten in der Gemeinde einen Namen gemacht.

Der Sammelplatz wurde nun eingerichtet. Die großen Mülltonnen an den Straßen verschwanden auf einmal. Manche Anwohner an den Stellen, wo sie standen, atmeten auf: der vor sich hin stinkende Abfallcontainer war weg. Die Haushalte erhielten von der Gemeinde verschiedene kleinere Sammelbehälter, die an bestimmten Tagen in der Woche an den Straßen standen. Ein bekanntes und bewährtes System. Nur zu uns in der *campagna* kam der Müllwagen nicht. Wir mussten alles in verschieden farbige Säcke sammeln, inklusive des nicht mehr verwertbaren Abfalls und selbst samstags, von 10-12 Uhr, zum Sammelplatz fahren. In diesen kurzen zwei Stunden stauten sich dort die privaten Pkws, denn etliche Personen wohnten außerhalb des Siedlungszentrums der Gemeinde. Nicht wenige, die im urbanen Bereich wohnten, nutzten nun die neue Gelegenheit, Sperrmüll jeder Art fortzubringen: alte Möbel, Elektroschrott, Autoreifen, Alteisen und sonstige Metalle, Altöl, Frittenöl, Batterien, Akkus, Grünschnitt aus dem Garten. All das wurde unsortiert gebracht. Der Platzwart – es war nur einer – hatte es wirklich nicht leicht, um in den zwei Stunden alles ordnungsgemäß unterzubringen. Und dann musste er in der Hektik noch aufschreiben, wer was gebracht hatte.

Ich hatte schnell raus, was wohin gehörte. Bald kümmerte sich der Platzwart nicht mehr um mich, ließ mich entladen. Meinen Namen kannte er schon auswendig. Ich winkte nur und konnte mich schnell entfernen. Er behandelte mich wie einen Freund. Zu ihm komme ich noch einmal später.

Frische Fische

In Torre und Umgebung fuhr einmal die Woche ein Fischhändler von Haus zu Haus. Wir hörten seine Glocke und seinen Ausruf schon von Weitem: *„Pesci freschi – pesci freschi"* – „Frischen Fisch, frischen Fisch," den der Händler des nachts auf dem Fischmarkt in Civitanova eingekauft hatte, und nun in seinem kleinen Kühlwagen unter die Leute brachte. Der *ferramenta,* der Inhaber des Haushaltswaren- und Eisenwarenhandels, ulkte einmal, als ich dort im Laden stand und der Fischhändler vorbeifuhr: „Frischen Fisch – weil es frisch ist heute Morgen." Vielleicht hat er ja mal Pech gehabt. Wir dagegen hatten nie etwas auszusetzen. Oft kaufte Regina *calamari* - kleine Tintenfische, die sie ausnahm. Sie zog das Fresswerkzeug heraus und damit gleichzeitig die Innereien, danach noch den kalkhaltigen Schild.

In den Beutel wurde eine Mischung aus Ricotta, Kräutern und etwas Knoblauch geschoben. Zubereitet wurde dies in einer heißen Pfanne mit etwas Öl und kam danach sofort mit Weißbrot auf den Tisch. Einfach und doch vorzüglich.

Dorfklatsch

Man kennt ja die Saga vom Friseur, dem alles und noch viel mehr während den stundenlangen Sitzungen vertraulich berichtet wird. Dieser flüstert es natürlich genau so vertraulich, unter dem Siegel der Verschwiegenheit jedem aus dem Dorf, dem Stadtteil ins Ohr, der es hören will oder auch nicht. So einen zentralen, unverzichtbaren Punkt in Torre gab es auch. Nur war es nicht der Friseur. Den gab es nicht in der kleinen Gemeinde. Aber den *ferramentista* – einen Eisen- und Haushaltswarenhändler. Er hatte wirklich alles, außer *alimentari* – Lebensmittel. Im Frühjahr gab es bei ihm Setzkartoffeln, Setzzwiebeln, im Herbst Rasensaat, oder Pellets für den Pelletofen, den wir uns angeschafft hatten. Es gab Werkzeug, Maschinen, einzelne Nägel oder Schrauben, Kordel, elektrische Kabel in Bedarfslänge, Lacke, Zäune in jeder Ausführung. Er hatte speziellen Schaum zum Füllen und Isolieren. Dazu geeignete Acryl- oder Silikonmatsche in Kartuschen zum Dichten und Verkleben.

Selbstverständlich war da alles, was man an Rohren für die Wasserversorgung und -Entsorgung, Anschlussstücken und anderes mehr brauchte. Es war praktisch ein kleiner Minibaumarkt. Und nicht, dass man selber suchen, mit einem Einkaufswagen durch Gänge fahren musste. Dafür war das Geschäft einfach zu klein. Der Inhaber oder seine Frau standen hinter dem Tresen, sie bedienten und berieten. Dort setzten sie Batterien in Taschenlampen oder in andere Batterie betriebene Geräte ein, nahmen Ketten von Kettensägen entgegen und schliffen sie Glied für Glied auf einer speziellen Vorrichtung scharf. Und das Beste: in Civitanova, in der nächst größeren Stadt, gab es einen Riesenbaumarkt deutscher Provenienz. Mit dem konnte unser *ferramenta* locker konkurrieren. Er war in allem preiswerter als der großer Fachmarkt. Und die gesparten Fahrtkosten konnte ich noch hinzurechnen.

Nun, dieser *ferramenta* nahm sich auch Zeit für seine Kunden. Der Laden stand manchmal voll mit Leuten. Er jedoch reparierte hinter seinem Tresen in aller Ruhe eine Uhr oder schärfte eine Kette von einer Kettensäge.

Man kam ins Reden. Das war einfach selbstverständlich, das Natürlichste von der Welt. Und um dieses noch auf die Spitze zu treiben, war manchmal der Schwager des *ferramenta* anwesend und sprach freundlich lächelnd jeden an, beteiligte sich am Gespräch. Nichts, aber garnichts blieb so unkommentiert. Und ich ließ mich beraten über vieles, was Reparaturen oder Modernisierung am Haus betraf. Von ihm konnte ich auch erfahren, wer mir helfen konnte, etwa ein Maurer oder eine Hilfe im Garten. Ich erfuhr, mit wem Ramóns Töchter zusammen waren und noch mehr.

Beim Arzt

Das Reden miteinander erlebte ich auch im Wartezimmer beim Doktor. Dort war es immer voll. Es gab keine Voranmeldungen, keine Arzthelferinnen, die den Betrieb organisierten. Man kam rein in das Wartezimmer und fragte möglicherweise wegen der Orientierung nach dem zuletzt Angekommenen. Möglich war es nur dann, wenn gerade eine Pause entstanden war, weil jeder neugierig guckte, wer da hinzu kam.

Morgens um 9 Uhr wurde die Praxis geöffnet. Der Arzt kam in der Regel gegen 9.45 Uhr, wenn das Wartezimmer schon voll war und nahm als erstes von den Patienten, die nur ein Rezept haben wollten, die *tessera* – die Karte von der *SSN*, die Staatliche Krankenkasse, entgegen. Das war mindestens die Hälfte der Wartenden. Die Rezepte schrieb er sofort und reichte sie danach herum. Das war ein Vorgang, der mindestens eine halbe Stunde dauerte und danach ging der Praxisbetrieb los.

Dass dies so war, musste ich zunächst einmal erfahren, machte Fehler bezüglich der Vorgehensweise beim Arzt und zog daraus meine Rückschlüsse: Ich ging, wenn es sein musste, erst gegen Mittag zum Arzt. Da war das Wartezimmer schon fast geleert. So brauchte ich nur noch maximal eine Stunde zu warten, um mir eine Überweisung für Untersuchungen zu holen, die alle im Krankenhaus in Fermo, der Provinzhauptstadt, durchgeführt wurden. Und dort ging dann die Warterei erst recht los, weil immer wieder Einlieferungen kamen, die vorgezogen wurden.

Einmal erlaubte ich mir, einer Krankenschwester im Krankenhaus zu sagen, dass wohl zu wenig Personal vorhanden sei. Die Antwort, die ich bekam, war betrüblich: „*No, no, voi siete troppi*" - „Nein ihr seid zu viele." Ob sie das nun wirklich so gemeint hatte? Ich schrieb diese Antwort eher ihrer Überarbeitung zu und vermutete gleichzeitig, dass es wahrscheinlich in anderen Krankenhäusern ähnlich und nicht besser sein würde.

Wir richten uns in Torre San Patrizio ein

Das Erste, was wir unternahmen, noch bevor ich Beschäftigung während meines Rentnerdaseins angenommen hatte, war das Auskundschaften einer wichtigen Frage: wo kann man gut Essen gehen? Dazu gehörte sowohl das Austesten von verschiedenen Pizzeria-Restaurants, wie auch traditioneller Trattorien für den „festlichen Abend".

Als Pizzeria empfahl uns Vanessa, die Tochter von Ramón, das Lokal Koala, im nächsten Tal in Richtung Fermo gelegen, der Provinzhauptstadt. Alle ihre Schwestern, bis hin zur jüngsten, der Krishna, hätten da schon im Service gearbeitet.

Der Wirt, so stellte sich heraus, radebrechte etwas Deutsch. Er hatte als Jugendlicher in Deutschland gearbeitet und freute sich, mal wieder Deutsch sprechen zu können. So hörten wir etwas über ihn und seine Familie. Sein Sohn, erfuhren wir, sei mit Krishna befreundet gewesen, was aber jetzt beendet sei, denn inzwischen hätte er in Bologna ein Studium begonnen: Sinologie.

„Warum denn das?", wollten wir wissen.

China gehöre die Zukunft, behaupte sein Sohn und weiter erklärte er: „In dieser Gegend rund um Civitanova ist die größte italienische Schuhindustrie beheimatet. Die Beschäftigten sind fast alle Chinesen. Sie sind die billigsten Arbeiter. Das Logo: „Made in Italy" müsste jetzt ergänzt werden durch den Zusatz: „By Chinese workers."

Jetzt konnten wir uns auch erklären, warum wir speziell an der Küste so viele chinesische Supermärkte oder Haushaltswaren-Märkte gesehen hatten.

Die Pizzeria Koala besuchten wir öfters. Der Wirt hatte sich noch eine Besonderheit ausgedacht: er funktionierte seine Pizzeria um als *Birreria* – Bierlokal – und bot bayerische Spezialitäten an, zum Beispiel selbst gebackene Salz-Brezeln, die wir probieren sollten. Wir ermutigten ihn, weiterzumachen und nicht aufzugeben.

Vanessa, Ramóns Tochter, kümmerte sich in liebenswürdiger Weise um uns. Und das kam so: Bald nach unserer Ankunft in Torre, musste ich einen Zahnarzt aufsuchen. José schickte mich zu Giorgio, der mit

Vanessa liiert war. So schloss sich der Kreis. Vanessa und ich blieben über Giorgio in Kontakt. Auf diesem Weg erhielten wir auch eine Einladung zum Anlass eines Dorffestes in Magliano, wo sie wohnten. Das lag in direkter Nachbarschaft zu Torre. Auf der *piazza* des Ortes Magliano entdeckten wir den unscheinbaren Eingang zu einer Osteria. Bei näherem Hinsehen fanden wir auch den Namen des Lokals: Osteria dell'Arco. Vanessa erklärte, dass man dort Fleischgerichte spitzenmäßig angerichtet bekommen würde.

Bei nächster Gelegenheit probierten wir das kleine Lokal aus. Die Menü-Karte hatte einige Seiten, war trotzdem nicht sehr umfangreich. Man sah, dass sie schon sehr oft durch viele Hände gegangen war. Eine Spezialität des Hauses war, wie man lesen konnte, T-Bone Steaks, am offenen Kamin im Restaurant gegrillt.

Schon, wie wir vom Wirt an einen Tisch verwiesen wurden und wie er uns die Menü-Karte reichte, fiel uns seine Affektiertheit auf, und ich verpasste ihm gleich einen Spitznamen: der Scharfrichter. Mich ritt daraufhin der Provokateur. Humpelnd und auf meine neuen, an diesem Tag erworbenen Schuhe weisend, versuchte ich meine Langsamkeit zu entschuldigen. Und da zeigte er seinen trockenen Humor. Er blickte nur kurz nach unten und meinte grinsend, das seien eher Fußballschuhe im Stil der Dreißiger Jahre.

Besuche empfangen

Inzwischen hatten wir unser Haus soweit hergerichtet, dass es ein separates kleines Zweizimmerappartement mit Bad und Küche enthielt. Wir wollten an Feriengäste vermieten. Mein erster Versuch war, eine Exfreundin von Pieros Sohn dafür zu gewinnen, dass sie unsere Logis in ihrer Ferienagentur fronte mare mit anbot.

Zunächst machte sie uns Hoffnung, zog sich dann aber kommentarlos zurück, bzw. ließ nichts mehr von sich hören. Uns bedrückte das aber nicht, gab es ja noch mehr Möglichkeiten. Wir boten bei eBay an, das klappte. Wir bekamen erste zahlende Gäste – supergut!

Aber so recht war das auch nicht nach meinem Geschmack. Zu viel Aufwand mit relativ wenig Ertrag. Etwas anderes kreiste in meinem Kopf. Um das zu erklären, muss ich etwas ausholen.

Schon seit meiner Jugend war ich Anhänger der Amateurastronomie und hatte mir noch in Zappolino eine entsprechende Ausrüstung gekauft. Zwei Teleskope, Fotoausrüstung und was sonst noch dazu gehört und begann damals mit der Sternenfotogafie. Leider ist das ein ziemlich einsames Hobby, wenn man niemanden hat, den die gleiche Leidenschaft umtreibt. Regina konnte ich bedauerlicherweise nicht dafür gewinnen, bei Bedarf eine längere Zeit mit mir am späten Abend oder nachts am Teleskop zu sitzen und vielleicht eigene Beobachtungsprojekte zu verfolgen. Das einzige Mal, dass wir eine gemeinsame Observation durchführten, war die Sonnenfinsternis am 20. März 2015. Das war aber auch tagsüber und nicht nachts.

Ich annoncierte in meiner Sternenzeitschrift, um Gleichgesinnte zu interessieren. Und es gelang. Als erste meldeten sich Heinz und Hedwig aus dem Sauerland. Heinz war italienverliebt wie ich, war ein großer Liebhaber der italienischen Weine und stand mit mir morgens früh um 5 Uhr auf, um den Merkur und die Venus am Morgenhimmel vor der Sonne aufgehen zu sehen. Beide seiner Leidenschaften, der Wein und die Astronomie, in Verbindung speziell mit Abendsitzungen, brachte uns die Muße und Begeisterung, die Freundschaften entstehen lässt. Dennoch gab es einen kleinen Wermutstropfen: soll man von Freunden Geld annehmen? Natürlich nicht.

Hedwig hatte sich mit Regina angefreundet. Sie hatte umfassende Kenntnisse in der Kräuterkunde, betätigte sich auf diesem Feld auch pädagogisch. Mit unserem etwas verwilderten Garten hatte sie ihre Freude, fand sie dort auch seltene Gewächse und konnte Regina darüber aufklären.

Auf meine Anzeige in dieser Sternenzeitschrift meldeten sich als nächstes bei uns Petra und Heiko aus der ehemaligen DDR. Anfangs brachten sie auch ihre Tochter nebst Freund mit. Petra war Pädagogin und Heiko war beruflich IT-Spezialist. Das passte ja gut für mich, hatte ich doch viele Fragen bezüglich der Astrofotografie mit Computersteuerung. Es war unvermeidbar: Trotz unabhängigem Appartement mit eigenem Eingang, eigener Küche und Bad, stellte sich quasi sofort unser Tagesablauf so ein, dass wir gemeinsam kochten und zu Abend aßen – bei uns auf der Terrasse. Es wurde jeden Abend mindestens Mitternacht, bis die Runde sich auflöste. Es gab viel zu reden und manchmal guckten Heiko und ich auch in die Sterne. Wieder waren es Freunde, die wir am Ende der Ferienzeit verabschieden mussten. Es waren kostbare Kontakte und Verbindungen geworden, die uns mehr wert waren als Geld.

Natürlich kamen mehrfach auch meine beiden Töchter. Mit dem Flieger bis Ancona, wo wir sie abholten. Der Flughafen war in 45 Autominuten zu erreichen, was durchaus akzeptabel war. Nur einmal gab es wirklich Chaos. Eine der beiden war mit dem Flieger nur bis Venedig gekommen, sie hatte dort einen Leihwagen genommen, um dann den halben italienischen Stiefel längs der Adria bis zu uns zu fahren. Es sollte preiswerter sein als der Sprung bis Ancona.

Sie hatte eine Freundin mit ihrer kleinen Tochter und meinen Enkel sowie dessen Freund dabei. Das kleine Mietauto war voll.

Der Aufenthalt bei uns war harmonischer Stress. Ich hatte zu tun, denn ich musste eine Lastwagenladung Kies, die vor der Garage lag, auf dem Hof verteilen, während Töchterchen uns nachmittags zum Aperitif mit Aperol und Wein rief.

Zum Ende ihrer Ferien düste Töchterchen wieder los, hatte sie ja diese lange Strecke bis Venedig vor sich. Später erfuhren wir, was passiert war: bei Ancona Reifenpanne. Ein Reserverad befand sich nicht im Auto und mit dem Notfallkit, mit dem man bestenfalls bis zur nächsten Werkstatt kommt, schien die Weiterfahrt undenkbar. Ein Ersatzauto musste her. Hektische Telefoniererei, bis ein Taxi kam und sie bis zu einem Autoverleih brachte. Nach dem Umladen mit Höchsttempo los. Die Zeit wurde knapp und den Flieger mussten sie erwischen, denn noch am selben Abend sollten die beiden Jungs nach Schweden in eine Ferienverlängerung. Der Platz auf der Fähre war vorsorglich schon gebucht.

Ankunft am Flughafen zur Boardingzeit. Meine Tochter schickte die Freundin, ihr Kind und die beiden Jungs los und blieb beim Gepäck. Die vier hatten Glück, erwischten den Flug noch, während meine Tochter die nächste Maschine nehmen musste – natürlich nicht mehr mit dem alten Ticket.

Die Sparversion, die sie sich alle so schön ausgedacht hatten, war leider den Bach hinunter gegangen.

Bild oben: Ancona, Trajanbogen

Bild unten: Civitanova, Blick auf den Hafen und die Stadt

Meine Arbeit

Mit meiner Arbeit im Lacklabor bei der Firma in Civitanova kehrte ich wieder zu meinem Ursprung, zu meinem beruflichen Beginn zurück. Der Gründer dieser Lackfabrik hatte in den 1960er Jahren in einer Garage und einem Rührholz als Werkzeug angefangen. Mit Glück und Tüchtigkeit führte er und seine Familie das Unternehmen in die frühen Jahre nach der Jahrtausendwende und zu überregionaler Bedeutung. Jetzt begann die Zeit erster internationaler Kontakte.

Endlich stand man vor neuerlicher Planung. Bisher erfüllten Erweiterungen, die über das Maß hinausgingen, Provisorien zu sein, den Bedarf. Ein Neubau und Umzug auf ein von der Stadt Civitanova neu ausgewiesenes Industriegelände sollte helfen. Das war ein monströses Unterfangen, denn Produktion und der daran hängende Betrieb musste weitergehen. Das Unternehmen löste das Problem portionsweise, indem es nach Fertigstellung einzelner Betriebssegmente diese aus der alten Fabrik ausgliederte und in die neue Umgebung integrierte.

Schon Jahre vor meinen ersten Umzugsplänen nach Torre San Patrizio hatte ich im Jahr 1991 diese Möbellackfabrik kennengelernt, da mich mein erster Arbeitgeber in Cavezzo bei Modena im Jahr 1990 freigestellt und ich mich in Civitanova beworben hatte. An anderer Stelle berichtete ich schon darüber, dass ich Cavezzo wieder verlassen musste.

Es kam zu einem Gespräch, das jedoch ohne Ergebnis blieb. Aber das war nicht misslich, wie ich es später, etwa zur Jahrtausendwende einsah, denn mein Außendienst bot mir auch die Möglichkeit, Kontakte nach dort zu pflegen, dort Angemessenes anzubieten und gelegentlich abzuliefern.

Im Bestreben, im Kontakt zu dieser Firma weiterzukommen, half mir aber Piero, der jüngste Sohn des Firmengründers und gleichzeitig Entwicklungschef der Lackforschung. Piero war während meines ersten Vorstellungsgespräches vom Vater hinzugerufen worden. Ihn hatte ich wohl mit einer meiner Antworten ziemlich beeindruckt. Daran erinnerte er sich offenbar jedes Mal gerne, wenn ich zu Besuch kam.

Aber das war es nicht alleine, weshalb sich zwischen uns eine gewissermaßen professionelle Freundschaft entwickelte, etwa so eine Freundschaft, wie sie zwischen zwei Menschen entstehen kann, die gemeinsame Interessen verbindet. Und das hatte sich ergeben, denn ich hatte das Glück, Piero einen Rohstoffvorschlag zu machen, der ihm neue Wege für seine Lackforschung eröffnen sollte.

Aber zunächst zu meinem Vorstellungsgespräch und wie ich Piero kennenlernte. Es war noch zu einer Zeit, als dieser quasi noch in der Lehre bei seinem Vater war, der sowohl das Labor wie auch den Gesamtbetrieb administrativ leitete. Piero wollte natürlich die Gelegenheit nutzen, um von einem ausgebildeten Lacktechniker etwas zu lernen und stellte mir die Frage, welches denn das wichtigste Lackprüfinstrument sei.

Diese Fragestellung brachte mich doch etwas aus der Fassung, denn so etwas gab es meiner Meinung nach nicht. Natürlich müssen Lacke geprüft werden, das heißt, ihre Eignung wird im Abgleich auf ihre Anwendung hin beurteilt und mit Kennwerten versehen. Und je nach Nutzung eines Lackes sind dessen Eigenschaften unterschiedlich, was wiederum Einfluss hat auf die Art der Prüfung bzw. den Charakter des Prüfinstruments.

All das ging mir durch den Kopf, als Piero seine Frage stellte. Welche Antwort wollte ich nun geben? Mit einer langen Erklärung, so schien mir, war im Augenblick weder Piero noch mir gedient.

Intuitiv, vielleicht ohne zu überlegen, hob ich den Daumen und zeigte auf den Nagel: „Das ist es", erklärte ich. „eine Lackierung prüft man durch Kratzen mit dem Daumennagel. Eine Münze tut es statt des Daumennagels auch."

Noch nach 20 Jahren amüsierte Piero sich über mich, wenn ich meinerseits darüber staunte, welche Fortschritte seine Lackforschung unter anderem Dank Einsatz modernster Technik gemacht hatte, indem der seinen Daumen nach oben in die Luft hielt und lachend antwortete: „*Anche grazie del mio più avanzato strumento*" – „Auch dank meines fortschrittlichsten Prüfinstrumentes."

Zurück zu meinem oben erwähnten Rohstoffangebot. Dem ging etwas Entscheidendes voraus. Schon zu Beginn meiner Außendiensttätigkeit erkannte ich, dass ich auf dem italienischen Markt nur mit innovativen Lackrohstoffen Erfolg haben würde, denn italienische Kapazitäten für traditionelle Lackrohstoffe gab es rund um Mailand genug. Den Preiskampf dagegen würde ich aber nicht bestehen können. Über Alternativen nachdenkend hatte ich die Idee für ein modernes, wasserlösliches Produkt. Und das wiederum diskutierte ich mit einem Chemiker meines Arbeitgebers, der das Potential solch eines Konzeptes schnell erkannte und mir schon nach überraschend kurzer Zeit ein erstes Muster übergeben konnte. Und das präsentierte ich Piero.

Bei meinem nächsten Besuch in seinem Labor gab mir Piero mit zwei Worten zu verstehen, was er davon hielt, also kurz und bündig: „*E'utile*" – „Es ist brauchbar."

Das war, gemessen an dem, was sich später daraus entwickelte, in hohem Grade Tiefstapelei. In dem Moment jedoch ließ es mein Herz höher schlagen und erst recht, als Piero gleichzeitig eine Probemenge über einige hundert Kilo bestellte. Ich war so glücklich darüber, dass ich versprach, über diesen Erfolg im Markt zunächst zu schweigen, denn es gab noch mehr Adressen in Italien, die ich besuchte.

Piero passte der neue Rohstoff in seine persönliche Vorstellung für ein modernes Produktsortiment und er nahm ihn in seine Lackforschung auf. Darüber vergingen natürlich Jahre, und während dieser Zeit war der Moment gekommen, dass die Lackfabrik in Civitanova in neue und erweiterte Produktionskapazitäten umzog.

Voller Stolz präsentierte mir Piero nach dem Umzug das neue Laborgebäude, das ausschließlich der Lackforschung diente. Es enthielt neben dem modern ausgestatteten und in Sektionen unterteilten Forschungslabor mehrere Konferenz- und Schulungsräume, eine Anwendungstechnik, in der alle nur denkbaren Maschinen für die

Lackverarbeitung genutzt werden konnten und für die Prüfung neu entwickelter Lacke bereit standen.

Es war ein längliches, schönes Gebäude, das von einer Architektin geplant worden war, die zur Eigentümerfamilie gehörte. Sie hatte geschickt die Längsseite in Richtung Nord-Süd ausgerichtet. Oben vom Labor hatte man bei klarer Sicht einen freien erhebenden Blick auf die schneebedeckten Sibillinischen Berge. Vom Dach aus sah man auf der anderen Seite auf die Adria hinaus.

Mir entfuhr bei der Besichtigung die Bemerkung, von der ich annahm, sie sei spaßig: „Was muss ich dir bezahlen dafür, dass ich hier arbeiten kann?" Piero grinste nur, aber Jahre später, als ich endlich in Rente ging und mich bei ihm verabschieden wollte, quittierte er meine Bemerkung mit dem Angebot, noch ein paar Jahre bei ihm meine Rente aufzubessern. Was daraus wurde, hatte ich eingangs dieses Kapitels schon berichtet.

Ich kam in ein Labor, das mit motivierten und kreativen jungen Lacktechnikern und Lacktechnikerinnen besetzt war. Mit meinen veralteten Kenntnissen konnte ich den jungen Kollegen und Kolleginnen wahrhaftig nichts mehr beibringen. In diesem Sinne war ich irgendwie fehl am Platz. Aber Piero löste das Problem, indem er mir Projekte gab, die ich aus meiner Biografie heraus bearbeiten konnte. Auch gab er mir Programme, die ich zusammen mit den jungen Kollegen/Kolleginnen verfolgte. Auf diese Weise trug ich doch noch etwas zu verwertbaren Ergebnissen in der Produktentwicklung dieser Firma bei. Ein wunderbares Gefühl – mein Traum ging weiter!

In dieser Zeit wandelte sich die Beziehung zwischen Piero und mir von einer professionellen Freundschaft in eine Art Wohlwollen mir gegenüber. Ich spürte das einerseits am Stil, wie er mir Aufgaben gab, andererseits näherte sich Piero mir auch privat. Das war natürlich sehr achtbar, war mir doch bekannt, dass Italiener im allgemeinen Grenzen setzen im Verhältnis zu Personen, die nicht zur Familie gehören. Ich würdigte das im Stillen und freute mich darüber.

Im Gleichklang mit meiner Aufnahme durch Piero in sein Team, entwickelte sich auch meine Beziehung zu allen anderen Kollegen und Kolleginnen. Auch hier entstand eine berufsmäßige Freundschaft, frei von Eifersucht und Mobbing. So gesehen fiel ich, obwohl ein Fremder, im übertragenen Sinne in ein Daunenkissen.

Im Sommer also, kurz vor der Sommerpause, lud Piero seine Yacht-Besatzung zu einer Garten-Grillfete ein, zu der auch Regina und ich eine Einladung bekamen. Er gab mir aber mit, ich solle meinen selbstgemachten Grappa mitbringen, von dem ich aus unserer Zeit in Zappolino noch reichlich Reserve hatte.

Anfangs hatte ich ja schon von meinem eigenen Weinbau berichtet. Italienische Freunde, die mir halfen, brachten mich auch dazu, das Naturerzeugnis Weintraube voll zu nutzen. Und dazu gehörte der Brand. Nachdem ich erfahren hatte, dass es ein weit verbreiteter Ritus war, den selbst Gebrannten auf den Tisch zu stellen, begann auch ich damit. Als Chemiker waren mir freilich die Naturgesetze wohl bekannt, die dafür Anwendung finden mussten. Ich besorgte mir eine Destille und wandelte zunächst den Trester um in Brand, später auch den nicht getrunkenen Vorjahreswein. Mit drei Durchgängen entstand ein hochreines, prozentiges Produkt, das ich noch mit Anis würzte, der dem letzten Durchgang zugesetzt wurde. Nach Verdünnung mit demineralisiertem Wasser ein Genuss.

Die 750 ml-Flasche, die ich mitbrachte, war schon leer, als das Grillen begonnen hatte. Ich sah das als ein positives Zeichen und nahm mir vor, bei nächster Gelegenheit wieder eine Flasche mitzubringen. Die obige Andeutung, dass Piero mit den Männern seiner Yacht im Garten feierte, lässt natürlich bestimmte Rückschlüsse zu. So ging es auch mir. Ich erfuhr Erstaunliches. Natürlich besaß Piero, heimisch an der Adriaküste, eine Segelyacht, der seine Leidenschaft galt und natürlich nahm er mit seiner Crew an Regatten teil. Das weckte meine Neugier und ich fragte weiter. Ja, man nahm auch an international gemeldeten Wettbewerben teil, die sogar Weltmeisterschaften austrugen. Und ich erfuhr Einzelheiten über Vorfälle, Handycaps aber auch Erhebendes, über die ich von Piero niemals etwas erfahren hatte. Hier also war sie wieder, die *bella figura*, über die ich oben schon berichtete. Ich war noch nicht Freund genug, um mit mir darüber zu sprechen. Das allerdings betrübte mich in keiner Weise, lebte ich schon lang genug in Italien, um das zu respektieren.

Insgesamt arbeitete ich knapp fünf Jahre in Pieros Lackforschung, bis ich endlich im Sommer 2013 auch da meinen Abschied nahm, um mir als Rentner endgültig meine Zeit selbst einzuteilen. Langweilig wurde es nicht. Haus und Garten sorgten schon dafür.

Zu meiner Demission hatte Piero mich und sein Laborteam zu einem Abschiedsessen im Club Vela – dem Yachtclub – eingeladen. Reden wurden gehalten, gelobt wurde ich für Fähigkeiten, die ich an mir gar nicht kannte und man nahm mich ehrenhalber für immer und ewig auf in das Team der Firma. Ich war gerührt. Und zum Abschied schrieb das Team mir u.a. in mein Tagebuch:

„L'importante lezione che tu ci lasci e il valore e l'onore per questo lavoro, il rigore del metodo, e la spinta che muove a conoscere sempre più a fondo i complicati fenomeni dei legami chimici. Onorati, che tu Rainer instancabile giramondo, abbia scelto, per un buon tratto delle tua strada, il nostro paese, ti salutiamo con un arrivederci." –

„Die Lektion, die du uns hinterlässt, ist die Wertschätzung für unsere Arbeit, ist die Bestimmtheit der Methode, ist der Schub der notwendig ist, um in die Geheimnisse der Chemie einzutauchen. Geehrt, dass du, Rainer, du unermüdlicher Weltenbummler, einen guten Teil deines Lebens in unserem Land verbrachtest, verabschieden wir dich mit einem Aufwiedersehen." – Es war soweit. Ein neuer Abschnitt sollte für Regina und mich beginnen.

Wir denken an Rückkehr

Als wir in 1989/1990 nach Italien gingen, folgte Regina mir, natürlich gerne und freiwillig, hatte sie doch ein Faible für dieses Land, so wie ich. Aber mein Fernweh war heftiger, tiefer gehender als ihres.

Jetzt in Torre fühlte sie Heimweh, wollte zurück nach Hamburg. Und dieses Mal wollte ich ihr folgen, obwohl mir der Entschluss schwer fiel, meine Wahlheimat nach so vielen Jahren zu verlassen.

Regina argumentierte, dass der Sommer für sie inzwischen mit zunehmendem Alter zu heiß sei. Immerhin hatten wir in den sechs Jahren, die wir in Torre wohnten, jeden Sommer zwischen Anfang Juni bis Ende August Tagestemperaturen, die fast kontinuierlich um oder über 30 Grad Celsius lagen. Das war in Zappolino auch so gewesen, aber dort hatte ihr die Temperatur noch nicht so zu schaffen gemacht. Jetzt wollte sie wieder in kühlere Gefilde. Aber nicht nur die Temperaturen im Sommer waren der Grund für ihren Wunsch, denn ein weiteres Manko machte ihr zu schaffen. Es waren auch die weniger gewordenen sozialen Kontakte. Horst und Teresa hatten ihr Haus verkauft und waren nach Göttingen zurückgekehrt, zu ihrer dort noch lebenden Familie. Im Sommer kam zwar Besuch, aber der ging irgendwann auch wieder. Im Winter wurde es still. All das bedeutete: Haus verkaufen!

An dieser Stelle möchte ich etwas erklären, dass vielleicht so manchem Auswanderungswilligen in Deutschland nicht so bewusst ist: natürlich konfrontiert einen das Leben in Italien mit den gleichen Problemen wie anderswo. Man muss arbeiten, wohnen, sich kleiden, manchmal zum Arzt gehen, mit den Behörden klar kommen. Und man muss sich die sozialen Kontakte suchen, die das Leben lebenswert machen. Das sind Selbstverständlichkeiten, die jedem klar sind, der Deutschland verlässt und beispielsweise nach Italien geht. Aber dann geht es los: wie löse ich manche Komplikationen? Alleine die Frage, wie finde ich Arbeit in Italien, raubt einem den Schlaf. Oder jene, eventuelle Probleme mit den Behörden zu lösen, kommt einem vor wie ein Gordischer Knoten oder der Weg durch ein Labyrinth.

Das Endergebnis ist durchaus vergleichbar mit jenem in Deutschland. Aber für das Dahinkommen braucht man Geduld und Gleichmut. Die Welt in Italien ist eben spiegelverkehrt – aus unserer Sicht. Natürlich ist es umgekehrt genau so.

Dem Urlauber erscheint der Italiener freundlich und offen, kontaktfreudig, unkompliziert, ja sogar achtsam. Gerade als Autofahrer fiel mir dieses Merkmal besonders auf. Ich berichtete ja bereits darüber. Und der Urlauber denkt: wie angenehm, hier könnte ich leben.

Und dann und nicht zuletzt die Frage der sozialen Kontakte. Ich sprach ebenfalls schon diesen Wesenszug italienischer Mentalität an: die Kontaktfreudigkeit, ja die Sorgfalt und Behutsamkeit, wie der Italiener dem Deutschen begegnet. Man ist verleitet zu glauben, dass es leicht sei, Freunde zu finden – wenn man erst das Haupthindernis, das Erlernen der Sprache überwunden hat. Nein, ins Wohnzimmer lässt der Italiener im allgemeinen nur die Familie. Bekanntschaft pflegt der Italiener auf der Straße – en passant. Man trifft sich auf der piazza oder in der caffébar.

All das hatten wir inzwischen gelernt. Für mich war mittlerweile die Kommunikation in Italienisch auch kein Problem mehr, was eher für Regina der Fall war, hatte sie nicht im Arbeitsleben gestanden wie ich. Nur leider waren wir in Torre so ziemlich in Distanz zu städtischem Leben gelandet, das uns eher lag. Und auch deshalb beschlossen wir, unser Haus wieder zu verkaufen.

Und das war ein Unterfangen, das sich als sehr zäh erwies. Nicht, dass unser Haus nicht attraktiv genug aussah – nein, erstens war der Immobilienmarkt in Italien nach der Krise 2008 zusammengebrochen und zweitens suchten sich in dieser Situation eventuelle Käufer die absoluten Kuchenstücke aus dem größer gewordenen Angebot heraus. Ein Immobilienmakler, den wir um Vermittlung baten, berichtete, dass selbst solche Objekte in absoluter Spitzenlage im Preis auf die Hälfte des ursprünglichen Anschaffungswertes gefallen seien. Das machte nicht sehr viel Mut. Dennoch mussten wir es versuchen und hofften, das eventuell Kleininvestoren aus Mitteleuropa, wo die Immobilienpreise stiegen anstatt zu fallen, sich interessieren könnten.

Horst und Teresa hatten mit einem britischen Makler, der in Civitanova seinen Sitz hatte und der sich auf den britischen und niederländischen Markt spezialisiert hatte, erfolgreich verkaufen können. Monate vorher berichtete Horst uns, dass er etliche Besichtigungen von Leuten erlebt habe, die in Wirklichkeit gar nicht interessiert waren. Er nannte sie Besichtigungstouristen.

Diesen britischen Makler baten wir um Assistenz. Er kam gerne, inspizierte und machte einen Preis, der deutlich unter unserem Anschaffungspreis lag. Ich rechnete mir aus, dass wir damit quasi im eigenen Haus zur Miete gewohnt hatten. Leider gab es keine Alternative und wir willigten ein.

In den folgenden Monaten, nein es dauerte drei Jahre, erlebten wir das, was Horst uns erzählt hatte: einen regelrechten Besichtigungstourismus.

Es war schon manchmal lächerlich, mit welch kleinkarierten Argumenten man erklärte, warum man sich leider nicht für den Kauf entscheiden konnte. Es war offensichtlich: diese Leute suchen das Superschnäppchen.

Regina reiste in dieser Periode gelegentlich für längere Aufenthalte nach Hamburg, während ich in Torre blieb, weiter für Ortstermine zur Verfügung stand und die Gartenarbeit machte.

Bedauern, dass wir nun den Ort verlassen wollten, erntete ich hier und da. Der *ferramenta* drückte mir die Hand, wünschte uns mit etwas belegter Stimme alle Gute, ebenso der Platzwart von der Müllentsorgung. Er setzte noch eins obendrauf. Denn als ich gerade am letzten Tag mein Bankkonto löschte, fuhr er zufällig mit seinem Müllauto vorbei, als ich die Bank betreten wollte. Er hielt an, schraubte das Fenster vom Fahrerhaus herab und winkte mir mit den Worten *ciao carissimo* grinsend zu. Ich bekam das sentimentale Gefühl, dass ich im Begriff war, von zuhause in die Fremde zu ziehen.

Glücksfee Toffie

Inzwischen konnten wir das Haus vermieten, wobei wir die Einliegerwohnung behielten. Und dabei hatten wir nicht einmal dafür annonciert.

Dafür hatten wir in der Umgebung mündlich Propaganda für einen Verkauf gemacht. Unter anderem hatten wir unsere Absicht auch dem Wirt Massimo im *Agriturismo Pomod'oro*, auf dem Hügel oberhalb von uns gelegen, bekannt gegeben mit der Bitte, wenn einer seiner Gäste ihn auf eine erwerbbare Immobilie ansprechen würde, uns nicht zu vergessen.

Und tatsächlich, Massimo hielt Wort. Im Frühjahr des Jahres 2015 klingelte er und stand mit seinem Freund Pasquale und dessen Lebensgefährtin Valentina vor der Tür. Ob wir denn vermieten würden.

Natürlich wollten wir, da der Verkauf noch auf sich warten ließ. So nahmen wir zunächst diese Ersatzlösung an. Das junge Paar hatte die Absicht, zunächst für eineinhalb Jahre bleiben. Während dieser Zeit könnten wir uns weiter um den Verkauf bemühten, so argumentierten sie, denn sie suchten nur eine Übergangslösung.

Das Paar hatte einen winzigen Hund, mit einem beige-weiß meliertem Fell den sie Miele – Honig – nannten. Er kläffte jeden an, den er nicht kannte oder der in sein Revier eindrang. Natürlich aus sicherer Distanz. Wir hatten also die Wohnung vermietet, aber nicht den großen Garten. Für Pasquale war Gartenpflege, außer Rasen mähen, aus beruflichen Gründen nicht möglich und Valentina wollte sich lieber nicht verpflichten, weil sie eine Arbeitsstelle suchte.

Die Arbeit für meine etwa 5.000 qm Land blieb an mir hängen. Ich nahm also Hilfe für Hecken und Bäume beschneiden und teilte mir die verbleibenden Aufgaben ein. Dazu gehörten die Pflanzenpflege,

Unkraut entfernen und vieles mehr, wofür ich das Frühjahr und den Herbst einplante. In der dazwischen liegenden Zeit würde ich nach Hamburg wechseln und erste Umzugspakete befördern. Möbel wollten wir nicht mitnehmen – nur den Hausrat. Der war auch ein Berg, für den mehrere Fahrten notwendig wurden, was jedoch nicht das größte Problem war. Vielmehr vorrangig die Frage: was nehmen wir mit, was nicht? Darüber vergingen einige Wochen. Doch endlich war es soweit: nachdem wir im Spätsommer 2015 vermietet hatten, fuhren Regina und ich mit einem voll beladenen Auto nach Hamburg – und mit unserer alten Katze Juli. Die kannte ja das Autofahren und nahm das klaglos hin. Freunde im Allgäu, die uns auch mehrfach in Torre besucht hatten, boten uns Logis. So konnten wir die Fahrt in zwei erträglichen Etappen meistern. Ende März des nächsten Jahres ging es wieder von Hamburg gen Süden, wieder mit unserer alten Juli im Auto. Angekommen merkten wir doch, dass sie das Reisen nicht mehr wollte. Sie versteckte sich daher in der Wohnung, ging nicht mehr raus, obwohl sie das Revier kannte. Wir blieben sechs Wochen, Regina machte Pakete.

Ich nahm mir in dieser Zeit den Garten vor – und bekam unerwartet Hilfe. Ein mir bis dahin unbekanntes schwarzes und namenloses Katzenmädchen, mit einem wunderbar karamell-farbenen Schimmer auf dem schwarzen Fell, gesellte sich zu mir, kroch mir, während ich kniete, von hinten durch die Beine und beäugte neugierig, was ich mit meinen Händen bewegte. Könnte es sein, dass ich ein Mäuschen aufstöberte?

Bald merkte ich, dass sie zur Nachbarschaft gehörte, zu jener, die eigentlich nicht so recht was von uns wissen wollte. *Buongiorno* war das einzige, was wir austauschten. Die Katze sah ich auch dort auf dem Hof.

Nur mit der Tochter Chiara, die in einer Eisdiele beschäftigt war, wechselte ich ein paar Worte. Von ihr erfuhr ich, dass die Katze ihnen zugelaufen war, aber dass ihre Mutter sie eigentlich nicht wollte, nicht ins Haus ließe und auch nicht füttere. Dafür raube sich die Katze vom Hundefutter immer mal etwas. Eine Kastration käme für ihre Mutter auch nicht in Frage, da sie das Geld dafür nicht ausgeben wollte.

Natürlich gaben wir dem Kätzchen etwas und je öfter wir das taten, desto öfter kam sie. Nur leider mussten wir uns nach sechs Wochen von ihr verabschieden, packten unsere alte Juli wieder ins beladene Auto und verließen Torre.

Im Herbst machte ich die Fahrt alleine. Unsere inzwischen achtzehn Jahre alte Katze sollte nicht mehr die Mühsal der Fahrt auf sich nehmen müssen, daher blieb Regina bei ihr in Hamburg.

Unten angekommen war ich noch keinen Tag im Haus, da hatte ich schon Besuch: von der kleinen schwarzen Katze. Es war rührend für mich, wie sie sich vertrauensvoll zu mir gesellte und nicht mehr aus den Augen ließ. Auch dieses Mal sprach ich mit Chiara, der Tochter von nebenan und erfuhr, dass die Katze inzwischen Junge gehabt hätte und ein schwarzer Kater übrig geblieben war. Auf meine wiederholte Frage, ob ihre Elten nicht eine Kastration der Katze vornehmen lassen wollten, winkte sie ab: „Sie kennt inzwischen das Revier und sie wird sich durchbeißen." Ich sah das zwar nicht so, aber was sollte ich machen?

Also versorgte ich sie die sechs Wochen, die ich blieb und verabschiedete mich dieses Mal nach dem Ende meines Aufenthaltes mit etwas Traurigkeit von ihr.

Das Jahr 2017 kam. Im April war ich wieder unten und so, als ob sie auf mich gewartet hätte, war sie am gleichen Tag bei mir. Sie war etwas rundlich geworden. War sie schwanger?

Das Futter, was ich ihr draußen vor der Tür hinstellte rührte sie nicht an. Wieso das, so fragte ich mich. Als ich dann aber einen dicken grauen Kater vor dem Napf sitzen sah, wurde mir einiges klar. Also holte ich den Napf in die Küche, machte die Tür zu. Jetzt fraß sie. Danach schickte ich sie wieder nach draußen.

Aber je öfter ich das machte, je länger blieb sie in der Wohnung, eroberte sich den Bettvorleger und rührte sich nicht vom Fleck. Ich hätte sie nach draußen tragen können, brachte das aber nicht fertig. Und nun begriff ich endlich, sie sucht einen Platz, wo sie ihre Kinder bekommen könnte.

Und wenn sie mal draußen war, sie musste ja mal aufs Klo und dafür verließ sie den Garten und ging auf Feld, schloss ich die Tür. Eigentlich wollte ich, dass sie sich draußen arrangierte.

Eines morgens, um sechs Uhr, wurde ich durch Getöse und heftiges Stühlerücken wach. Oberhalb meines Schlafzimmers war eine Terrasse, auf der ein Liegestuhl stand. Darauf nächtigte die kleine Schwarze regelmäßig, wie ich von unseren Mietern erfahren hatte. Unglücklicherweise hatte sie von zwei Rüden Besuch bekommen. Miele, die kleine Hündin unserer Mieter war läufig und war deshalb im Haus eingesperrt. Das reichte aber nicht, um die Rüden fern zu halten.

Nun hatten sie die Katze entdeckt und machten Jagd auf sie, bekamen sie aber nicht, da sie eine Stelle gefunden hatte, wo die Hunde nur von vorne an sie heran konnten. Und da trauten sie sich nicht mehr, verließen aber die Terrasse nicht. Ich musste sie vertreiben und nahm daraufhin die Schwarze mit in die Wohnung, setzte sie auf einen Korbsessel. Das war ein Fehler, bald saß sie auf meinem Bett. Andererseits, Glück hatte ich doch mit ihr, entdeckte ich niemals eine Zecke und niemals kratzte sie sich hektisch, was ja ein untrügliches Zeichen für Flöhe ist.

Sie hatte inzwischen das volle Vertrauen zu mir gefasst, begleitete mich ab jetzt auch nach draußen, bleib bei mir. Und wenn Miele kam und sie wütend, aber in gehöriger Distanz ankläffte, saß sie seelenruhig zwischen meinen Füßen, schaute nach oben, als wenn sie sagen wollte: „Guck dir den Angeber an."

Im Mai kamen meine beiden Töchter Claudia und Carola zu Besuch. Sie sagten, sie wollten Abschied nehmen vom Haus. Es gab zwar immer noch keinen konkreten Käufer, aber das könne ja schnell gehen, so meinten sie. Ich wünschte ihren Spruch in Gottes Ohr.

Claudia fand endlich einen Namen für mein Kätzchen: Toffie! Weil es ein so schön karamellbraun schimmerndes, schwarzes langes Fell hatte. Ich fand den Namen passend und dabei blieb es.

Anfang Mai, an einem Sonntag, brachte ich meine beiden großen Mädchen wieder zum Flughafen. Sie meinten, sie wären ja zu gerne noch ein paar Tage geblieben, um die Geburt der Katzenkinder mitzuerleben. Claudia deckte einen Stapel Decken auf das Bett bevor sie sich verabschiedete.

Als ich vom Flughafen zurückkam, sah ich, dass bei Toffie die Wehen begonnen hatten. Sie schob mit dem Kopf am Deckenstapel, jammerte. Um 20 Uhr war es soweit. Unter Geschrei kam das erste

Katzenkind. Zu meinem Erstaunen war es nicht schwarz sondern dreifarbig bunt. Toffie leckte alles trocken und verschluckte danach die Nachgeburt. So ging das noch zwei Mal. Eines der Kinder war sogar schwarz.

Ich hatte einen Korb vorbereitet, in den ich die ganze Familie mit der Decke, auf der sie lagen, hineinhob. Dort verblieben die vier die Nacht und die nächste Zeit.

Zwei Tage später kam Besuch – Richard, mein Immobilienmakler. Er habe jetzt einen Käufer gefunden, sagte er. Gab mir bekannt, dass seine Frau Jane in Kürze vorbeikäme und die Verkaufsabwicklung mit mir besprechen wolle. Ich war platt. Auf einmal und so schnell hatte sich was ergeben. War die Katze meine kleine Glücksfee gewesen?

Nun wollte ich Toffie versorgt wissen. Die Nachbarschaft fiel aus. Chiara machte mir unmissverständlich klar, dass eine Übernahme von Toffie und den Katzenkindern von ihrer Mutter aber abgelehnt werden würde.

Jane, die Gattin meines Maklers Richard war hin und weg, als sie Toffie und die Kleinen sah. Sie wolle mit ihrem Mann sprechen, versprach sie mir. Richard stellte die Gegenfrage: „Wir haben zwei Hunde und dann noch zwei Katzen. Wie stellst du dir das vor?"

Also Fehlanzeige. Und so ging das weiter. Jeden, den ich fragte, erklärte mir, warum und weshalb gerade in diesem Moment eine Übernahme von Toffie und ihren Kindern nicht möglich sei. Oder es gab überhaupt keine Antwort. Selbst eine Tierärztin, die ich ansprach, konnte mir nicht weiterhelfen. So lief mir die Zeit davon, denn bald wollte ich zurückfahren.

Die Eigentumsübertragung an den Käufer war für den Oktober festgesetzt. So blieben noch ein paar Monate, die ich in Hamburg verbringen wollte. Also rief ich Regina an und wir einigten uns darauf, Toffie und ihre Kleinen mit nach Hamburg zu bringen.

Ich besorgte mir einen passend großen Transportkorb und nachdem ich gepackt, das Auto mit Umzugspaketen beladen hatte, versetzte ich die kleine Familie und verließ Torre ziemlich kopflos. Die Sorge, ob der Transport reibungslos verlaufen würde, trieb mich um. Und das besetzte meinen Gedanken so sehr, dass ich Dinge vergaß, die ich unbedingt mitnehmen wollte, unter anderem mein geliebtes Laptop. Pasquale, unser Mieter, war so freundlich, mir das Vergessene zu schicken. Er hatte beruflich mit Logistik zu tun, so dass diese Aktion für ihn kein Aufwand war.

Die Fahrt nach Hamburg war überraschend problemlos. Toffie blieb bei ihrem Nachwuchs und jammerte nicht. Natürlich machte ich öfters Pause, öffnete den Korb, so dass sie heraus konnte, das Wageninnere zu inspizieren. Rast machte ich wie immer im Allgäu. Dort bekam ich mit meiner Fracht ein separates Zimmer im Keller. Die zehnjährige Tochter des Hauses befasste sich ganz rührend mit Toffie. Sie legte sich neben dem geöffneten Korb auf den Teppich und las der Bande aus dem Buch Catwarrier vor.

In Hamburg angekommen mussten wir unsere Wohnung in zwei Katzenreviere teilen. Toffie vertrug sich nicht mit unserer alten Juli. Jetzt kam es darauf an, die Katzenkinder aufwachsen zu lassen und wir bemühten uns, für Toffie und ihrem Nachwuchs ein liebevolles Zuhause zu finden. Das ergab sich glücklicherweise nach acht Wochen. Wir nahmen Abschied und Juli war glücklich, endlich wieder ungehindert durch das Haus streifen zu können, ohne von Toffie angegiftet zu werden.

Epilog

Im Herbst waren wir wieder in Torre, um endlich unsere Episode mit unserem Hausverkauf abzuschließen. So erfreulich es war, die Bürde und die Verantwortung für das Haus und den Garten an einen jungen Holländer abzugeben, so wehmütig nahm ich Abschied. Wollte ich den Schnitt wirklich?

Unseren Hausrat und vieles Bewegliche, das wir nicht dalassen wollten, stand nun auf Paletten gestapelt im Lager der Firma, in der ich fünf Jahre während meines Rentnerdaseins gearbeitet hatte. Es sollte später abgeholt werden. Piero bot mir diese Gelegenheit gratis an und sagte: *„Telo abbiamo promesso. Sei ancora uno di noi"* – „Wir hatten es dir versprochen. Du bist noch einer von uns."

Und er fügte ergänzend hinzu: *„Forse ti serve la roba in Italia"* – „Vielleicht brauchst du es in Italien noch."

Und damit hatte er etwas angesprochen, was ich noch nicht gedacht, geschweige denn formuliert hatte. Piero kannte mich anscheinend besser als ich mich selbst. Er hatte zu meinem Abschied gesagt, ich sei ein Weltenbummler und ich möge ihn und seine Firma nicht vergessen. Nein, das wollte ich wirklich nicht, aber irgendwie zur Ruhe kommen wollte ich auch. Aber so ganz? Ich war mir nicht sicher. Trotzdem schloss ich mein Bankkonto in Torre.

Auf dem Weg zur Bank hielt der Müllwagen neben mir. Ich deutete es schon kurz an. Als mich der Fahrer und Platzwart vom Wertstoffsammelplatz freundlich grüßte und mir einen guten Weg für die Zukunft wünschte, war ich gerührt. Selbst zu ihm hatte sich während meiner Zeit in Torre eine besondere Beziehung entwickelt und dass sogar der Müllfahrer extra anhielt, um zu grüßen, gab mir doch das Gefühl, etwas dagelassen zu haben. Damit hatte ich nicht gerechnet.

Und es gab noch etwas, womit ich, ja auch Regina nicht gerechnet hatten. Es waren Kundgebungen des Unverständnisses, warum wir Italien den Rücken kehren wollten, um in Hamburg wieder Fuß zu fassen. Die große Frage, wollten wir das wirklich?

Venedig, kleine Brücke und Wohnviertel

Wie uns Italiener sehen

Der folgende zitierte Artikel von J. Müller-Meiningen, erschienen in der Allgäuer Zeitung, beschreibt sehr interessant die jeweiligen Sichtweisen beider Länder zueinander:
Wenn von „Italienern" und „Deutschen" die Rede ist, dann handelt es sich dabei um ziemlich abstrakte Größen. Es gibt Südtiroler und Sizilianer, Menschen, die aus dem Bayerischen Wald oder aus der Hansestadt Hamburg stammen. Möglicherweise finden sich unter diesen Gruppen dann gar Leute, die überhaupt nicht den jeweiligen Klischees entsprechen, die man sich üblicherweise von ihnen erschafft.

Die Deutsche Botschaft in Rom jedenfalls wollte sich trotz dieser Risikofaktoren eine Vorstellung machen vom Bild, das Italiener von Deutschland haben. Das Ergebnis der Umfrage des Institutes Piepoli unter 1018 volljährigen Italienern fiel aber ambivalent aus.

So haben 62 Prozent der Italiener sehr viel oder großes Vertrauen in Deutschland. Die gerade in größten politischen Schwierigkeiten steckende Bundeskanzlerin schneidet noch besser ab. 64 Prozent der Befragten haben großes Vertrauen in Angela Merkel. Obwohl sie derzeit auch in Italien als besonders schwach wahrgenommen wird.

Aber das Deutschlandbild der Italiener ist auch von großer Skepsis gekennzeichnet. Viele Italiener halten Deutschland für eigennützig sowie unflexibel. Mehr als die Hälfte der Interviewten bewerten das Verhältnis der beiden Länder zueinander als „wenig positiv" (sind 42 Prozent) oder „gar nicht positiv" (10 Prozent).

Natürlich prägen zwischenstaatliche Historie und aktuelle Politik die Meinung über den jeweiligen Nachbarn. Zu denken ist etwa an die Wehrmachtsverbrechen aus dem 2. Weltkrieg und vor allem auf italienischer Seite entstandene Traumata, die (insbesondere deutsche)

Historiker seit den 1990er Jahren aufarbeiten. Die Ära Berlusconi setzte das deutsch-italienische Verhältnis einem erneuten Stresstest aus. Der umstrittene Staatschef hatte etwa den früheren Präsidenten des EU-Parlaments, Martin Schulz, als wohlgeeignet für die Filmrolle eines KZ-Kapos bezeichnet. Und angeblich soll er sich über Angela Merkel tatsächlich einmal in einem abgehörten Gespräch (je nach Übersetzung) sehr abfällig geäußert haben. Und wie sieht es heute aus? Die Populisten von Fünf-Sterne-Bewegung und Lega bezichtigen Deutschland einer verantwortungslosen Hegemonie in Europa. Und in Deutschland gibt es Politiker, deren liebstes Hobby zu sein scheint, Italien auf finanzpolitische und sonstige Verfehlungen hinzuweisen. Das wird in Italien sehr wohl wahrgenommen. Zuletzt sorgte in Italien ein Interview des deutschen EU-Kommissars Günther Oettinger vor der Parlamentswahl für Entsetzen. „Die Märkte werden die Italiener lehren, das Richtige zu wählen", wurde Oettinger zitiert. In Wahrheit hatte sich der Politiker differenzierter ausgedrückt. Das Zitat wäre so aber untergegangen.

Das Beispiel zeigt, dass gerade auch die Vermittlungsfähigkeit vieler Medien für das deutsch-italienische Miteinander mangelhaft ist. Immer wieder werden Stereotype aufgewärmt: Auf der einen Seite die liebenswürdigen, aber unzuverlässigen Italiener, im Norden die hochnäsigen und kühlen Rechthaber. Und doch gibt es bei uns eine heimliche Bewunderung der Italiener, die Robert Gernhardt einst treffend im folgenden Aphorismus beschrieb: „Italiener sein, verflucht / ich hab' es oft und oft versucht / – es geht nicht." Zugleich kursiert bei uns gern das Bild vom unzulänglichen, aber doch unwiderstehlichen Mittelmeerland, das zwischen dem unglücklichen Kapitän Schettino, der Mafia, eingestürzten Brücken und einer unwiderstehlichen Portion Spaghetti hin- und herpendelt.

Wie sieht nun das Resümee aus? Eines kann man konstatieren: „Die Italiener schätzen die Deutschen, aber sie lieben sie nicht Die Deutschen lieben die Italiener, aber sie schätzen sie nicht." So lautet die heute wohl immer noch zutreffende Beschreibung des Nachbarschaftsverhältnisses.

Zum guten Ende

Ich schätze Verallgemeinerungen der beschriebenen Art nicht, da ich nicht glauben kann, dass es einen Volkscharakter gibt. Es gibt dagegen ethnische Unterschiede, aus denen sich kulturelle Eigenheiten entwickeln oder herausbilden können.

Ich erwähnte schon, die italienische Welt ist *tutto un'altro mondo* – eine völlig andere Welt. Ein Einkäufer legte mir einmal seine Sicht auf die Beziehung von Italien zu Deutschland dar. Er meinte damit die Tatsache, dass der Italiener immer Wert auf *bella figura* lege, dieses aber auch dem Gegenüber zugestehe, und in seinem speziellen Fall von deutschen Lieferanten sogar erwarte, dass er dem italienischen Partner Raum für *bella figura* lässt.

Eine andere Tatsache, dass nämlich der Familienverband in Italien noch weitgehend intakt ist und immer noch hohen Stellenwert hat, ist eher auf die geschichtliche Entwicklung des industriellen Geschehens auf der Halbinsel zurückzuführen. Dessen Verlauf dort war nicht so radikal, nicht so imperial, nicht so zerstörerisch für Familien wie in Deutschland, wo die Konkurrenzsituation zu England von den reichen deutschen Industrie-Eliten hochgespielt wurde und was letztlich zu der Entwicklung beitrug, die unter anderem zu zwei Weltkriegen geführt hatte. Wie wir wissen, gehörten die Eliten des Vereinigten Königreiches zu den Gewinnern, was wiederum auch dort zu Verwerfungen in der Gesellschaft führte. Diese habe ich auch in meinem Buch „Vom Empire zum Brexit" schon beschrieben.

Solcher Art historisch zu begründenden Entwicklungen also, die nichts zu tun haben mit ethnisch-kulturellen Unterschieden, sei es Italien oder andere Länder betreffend, werden nach meiner Meinung zu oft und nachlässig miteinander gleichgestellt. Dies hieße aber Birnen mit Äpfeln zu vergleichen.

Das alles war mir, als ich den Beschluss fasste, nach Süden zu emigrieren, nicht bekannt. Meine Motivation war wohl einfach die Abenteuerlust, wobei es mir allerdings nicht schwer fiel, alles mir Unbekannte, auf das ich in Italien traf, vorurteilslos zu verinnerlichen. Das wiederum hatte möglicherweise seinen Ursprung in meiner Erziehung. Ich stamme aus einem humanistisch gesinnten und liberalen Haushalt. Mein Vater war nach dem 1. Weltkrieg von Pommern nach Westdeutschland emigriert, weil er dort Arbeit fand. Er kam als Kriegsheimkehrer aus Belgien und lernte meine Mutter im Westen kennen. Diese war eine von ihrem Vater verehrte und geförderte Tochter aus einer Handwerkerfamilie. Sie durfte schon früh, in 1918, die Lehre als Buchhalterin antreten, anstelle der damals noch üblichen Vorbereitungs-Szenarien für eine spätere Verehelichung. Das hat sie geprägt und diesen liberalen Geist bewahrte sie sich ihr Leben lang.

Mit diesem Hintergrund kam ich nach Italien und hatte nur einen Wunsch, mich dort beruflich zu bewähren und dort zu leben. Dass es mir gelang, so schnell problemlos eine Arbeit als angestellter Techniker in einer Möbellackfabrik zu finden, hat mich selbst überrascht. Denn das Zeitfenster der Annonce, auf die ich mich beworben hatte, war längst geschlossen.

Das Entwicklungslabor wurde mein Arbeitsplatz. Ich hatte diese Gelegenheit, Arbeitsabläufe kennenzulernen, Arbeits-Inbrunst sowie -Leidenschaft der Kollegen zu vergleichen mit dem, was ich kannte und stellte fest: Man war mit Intelligenz, Fleiß und Kreativität bei der Sache, man schloss angefangene Projekte ab, bevor man Feierabend machte. Die Einstellung zur Arbeit war auf Neudeutsch ausgedrückt: motiviert. Ich konnte nichts von dem feststellen, das man an deutschen Stammtischen für die Ultima Ratio verkündet, dass nämlich die Siesta in Italien zu lang sei und der Arbeitseifer zu gering.

Ja, die Mittagspause dauerte zwei Stunden, die Regelarbeitszeit betrug aber 8 Stunden – von 8 bis 12 und von 14 bis 18 Uhr. Meist aber blieben die Kollegen länger, ließen nicht den Griffel um 18 Uhr fallen. Und wenn man ging, verabschiedete man sich vom Kollegen, der noch blieb. Nein, ich konnte nicht bestätigen, dass eine weniger effektive wirtschaftliche Entwicklung Italiens im Vergleich zu Deutschland mit den oben beschriebenen Stammtischparolen zu erklären sei.

Aber wie sahen die italienischen Kollegen mich? Anfangs hatte ich noch Verständigungsprobleme, mein Italienisch war schlecht. Wäre es da verwunderlich gewesen, wenn Kollegen mich gemieden, mich schlichtweg übergangen hätten? Das Gegenteil war der Fall. Man kommunizierte ungebremst – anfangs in Schul-Italienisch, später in Dialekt. Und die Geschäftsleitung trug mir die Aufgaben auf, für die sie mich eingestellt zu haben glaubte. Man behandelte mich so, als sei ich ein italienischer Kollege und nicht so, als sei ich ein Guru von der Insel der Seligen. Und das war mir wiederum recht, denn ich wollte keine Sonderkonditionen.

Später, als ich meine Reisetätigkeit ausübte, speziell in Nord- und Mittelitalien, Technikern und Einkäufern in verschiedenen Firmen begegnete, traf ich auf offene Ohren. Ja, man wollte hören, was der deutsche Außendienstler so anzubieten hatte.

In manchen Firmen gelang es mir, Eingang als Lieferant zu finden. Das war aber nicht einfach, denn es mussten unterschiedliche Voraussetzungen erfüllt sein. Unter anderem musste es mir gelingen, zu überzeugen, dass Lieferfähigkeit und Preisstabilität gegeben war. Das war sozusagen eine der Grundvoraussetzungen. Und solches gelang mir aber nicht in allen Produktsparten, die ich anbieten konnte. Nur eine einzige Produktgruppe überzeugte dabei durchgängig, die der modernen wasserverdünnbaren Lackharze.

Man begegnete mir im Allgemeinen mit einer Art reservierten Respekt, einer gewissen Neugier und Offenheit. Ergebnisse von Prüfungen ließ man mich wissen und bot sogar Forschungs-Kooperation an, wenn Erwartungen an das Harz nur zum Teil erfüllt waren. Mir erschien es durchaus, dass man mich als deutschen Lieferanten wie einen gleichberechtigten Partner ansah, und nicht als einen Heilsbringer. Man gestand mir zu, eine *bella figura* zu machen.

Zum Abschluss noch ein paar Gedanken zu den Essgewohnheiten, ja zum Essen überhaupt in Italien. Alleine die Pizza als Fastfood ist ja schon legendär. Ja, ist sie der Spitzenreiter in der Beliebtheit schlechthin, verweist sie jede andere Fastfood in der Welt auf die Plätze. Und so muss man in Italien ziemlich lange suchen, um zum Beispiel einen

Burger-Imbiss, eine Döner-Stube, Asia-Food oder Ähnliches zu finden. Eine Pizzeria dagegen findet sich in Italien überall, quasi ohne dass man danach sucht.

Mindestens genau so oft kann man eine *caffé-bar*, eine *caffeteria* finden. Der Espresso, der „*caffé*", mit der Betonung auf dem „*é*", das dann fast wie ein „*ä*" gesprochen wird, aber nicht ganz. – Ja also der *caffé*, wie der Italiener den Espresso bezeichnet, ist, ich möchte mal sagen, das beliebteste Getränk überhaupt – wenn man es als solches bezeichnen will. Eigentlich ist er eher ein Kult, denn jeder kultivierte Italiener und auch andere, die sich für solche halten, trinken den *caffé* – an der *caffé-Bar* morgens zur *colazione* – zum Frühstück, mittags nach dem Essen und auch zu anderen Zeiten sowieso.

Und da jeder Italiener sich als Individualist sieht, hat sich aus dem *caffé* eine lange Liste von speziellen Zubereitungen entwickelt: *caffé lungo, caffé corretto* (mit Anis, mit Grappa), *caffé macchiato* (mit etwas Milch) *caffé latte, cappuccino* und noch viele mehr.

Das Essen allerdings wird nur mit einem unverfälschten *caffé* abgeschlossen. Jede andere *caffé*-Variante zu dieser Gelegenheit ist ein Sakrileg, Ketzerei. Ein *cappuccino* statt dessen? Oh, Gott bewahre.

Wenn man also als Nicht-Italiener in eine *caffé-bar* geht und will einen Espresso – also einen *caffé* – bestellen und spricht das Wörtchen so aus, wie man glaubt, dass es so korrekt sei, dann kommt prompt die Frage: „*liscio?*" Das heißt „*glatt*", bedeutet aber auch „unverfälscht" oder „pur". Ich habe das x-Mal geprobt und immer wieder erlebt, dass man schon das Fazit parat hatte: „Das ist doch nur ein Tourist, der eigentlich einen *cappuccino* will!" Nun, ich war ja nicht ein solcher und fühlte mich erst recht nicht so – und ärgerte mich. Später nahm ich es hin, weil es einfach nicht ging. Man muss dort geboren sein oder als ganz junger Mensch die Sprache erlernen, um die italienische Sprachmelodie nativ drauf zu haben.

Vor dem *caffé* kommt das Essen, das je nach Gelegenheit oft nur aus einem Pasta-Gericht oder aus mehreren Gängen besteht. Aber immer trifft man sich nach dem Mahl an der *caffé-bar*, gibt dort seinen Coupon ab, den man an der Kasse (im Mittags-Restaurant) erworben hat und erhält dafür seinen *caffé*.

Diese Lokalitäten haben eine Art Mensa-Funktion. Sie befinden sich in Industriegebieten, manchmal auch in Shopping-Zentren. Sie dienen ausschließlich den Arbeitern und Angestellten der Betriebe in der Umgebung als Mittagspausen-Lokalität: Punkt 12 Uhr mittags mit einem Schlag rammelvoll, was dann bis 14 Uhr dauert. Abends findet dort nichts statt.

Ähnliches gibt es auch auf dem Land. Hier sind Truck-Stopps beliebte Pausen-Lokalitäten mit guten und preiswerten Gerichten. Oft habe ich auf meinen Geschäftsreisen kreuz und quer durch Italien mittags nach am Straßenrand parkenden Lkws gespäht, weil die Trucker die guten Stellen kannten. Dort versammelten sie sich. Manche solcher Lokalitäten haben einen speziellen Lkw-Parkplatz neben dem Haus. So waren die richtigen und guten Anbieter leicht zu erkennen.

Der Italiener liebt seine Pasta. Deshalb gibt es keine „internationale" Küche in den Mittagslokalitäten. *Spaghetti, penne, tortellini, tagliatelle, mezzemaniche* und, und, und. Da ich sowieso als Nicht-Italiener immer wieder erkannt wurde, benutzte ich regelmäßig – auch von Spaghetti – immer Messer und Gabel. Niemals einen Löffel. Selbst, wenn man mir diskret für den Spaghetti-Verzehr einen hinlegte, schob ich diesen demonstrativ beiseite und sagte der Service-Kraft: „*No, non mi serve!"* - „Nein, brauche ich nicht." Ich drehte die Spaghetti über dem Teller auf die Gabel und nahm das Messer zu Hilfe, damit sie nicht abrutschten. Der bzw. die Italiener drehen die Spaghetti mit der Gabel im Teller auf. Nein, das wollte ich auch nicht. Regina, meine liebe Frau, die mich oft auf meinen Geschäftsreisen begleitet hatte, drehte gekonnt mit der Gabel im Teller und meinte jedes Mal vieldeutig zu mir: „Spaghetti Brunatti."

Das sagte sie immer mal wieder. Sogar noch Jahre später. Und einmal fragte sie außerdem: „Bist du immer noch so in Italien verliebt?"

Wohl eher als rhetorische Frage gemeint, dachte ich doch darüber nach. Hatte sich etwas geändert in Bezug auf meine Beziehung zu diesem Land? Ich war älter geworden, nachdenklicher, hatte erkannt, dass die Rückkehr nach Deutschland nicht mehr ausgeschlossen war. Angelegenheiten, die mit Altersversorgung und der eigenen Familie zu tun hatten, traten in den Vordergrund meiner Gedanken. Und so ergab sich schlussendlich das Ende meiner Zeit in meiner zweiten

Heimat sozusagen fast von alleine. Jedoch, ich bleibe dabei: Ja, wir hatten es gut dort unten, in diesem Land, wo die Zitronen blühen. Ich war und bin auch noch nach meiner Rückkehr nach Deutschland in dieses Land verliebt. Ein Italien der Palmen und Zypressen, der Regionen märchenhafter Landschaften und vom Tourismus noch nicht veränderten abgeschiedenen magischen Winkel. Ein Italien der gefühlt fast ewigen Sonne, der Menschen und ihrer Lebensart. Ihr Temperament, Stil, die Sprache, Kunst und Kultur begeistern.

Man denke aber nicht zuletzt an die leckere, genussvolle mediterrane Küche, sei es einfach Pasta, Pizza, Polenta oder besondere Spezialitäten. Daran erinnere ich mich sehr gerne, auch an die Vielfalt der Weine und anderer Getränke.

Das Fazit meiner Zeit in Italien ist: Ich habe erkannt, dass sich zwar nicht alle meine Erwartungen erfüllt haben, und dass sich meine Einstellung zu dem Land von einer euphorischen, ja fast rauschhaften Attitüde gewandelt hat zu einer realistischen Anschauung, weniger enthusiastisch, dafür aber solide.

Ich habe gelernt, dass es etwas anderes ist, in dem Land zu leben als es nur zu bereisen. Ich bin froh darüber, seine Widersprüche seine Komplexität, seine Behinderungen des Lebens kennengelernt zu haben. Ich habe erlebt: Die Menschen in Italien lösen jeden Ärger über Widrigkeiten auf. Statt zu hadern, tun sie etwas, was im Italienischen *si arrangia* heißt, man arrangiert sich und das recht gestenreich. Ja, sie und ihr Land sind es wert, dass man sie schätzt.

So bin ich schlussendlich glücklich darüber, dass meine Sehnsucht nach Italien die Begegnung mit der Wirklichkeit überlebt hat und nicht im Müll gelandet ist, wie so manches im Leben. Für mich könnte mein Abenteuer Leben in Italien im Prinzip weiter fortdauern – noch ewig und drei Tage.

Bildquellenangaben

004	Rocca di Vignola, Modena - CC (Wiki)
012	Stadion dei Marmi / 1960 - Olympia-Stadion Rom, 1960, CC (Wiki) Niederlande - Foto: Harry Pot / Anefo
029	Bologna, Basilika San Petronio und Piazza Maggiore, CC-BY (Wiki), -SA 3.0, Foto: Goldmund 100/Luca Volpi
034	Unser Land, Kirschbäume im Frühling, Foto: Brunath
040	Castello di Serravalle, Foto: Gabriele Fatigati
041	Panoramaaufnahme der Anlage Castello di Serravalle
051	Sonnenblumenfeld in der Nähe, Foto: Brunath
062	Unsere Terrasse in Zappolino, Foto: Brunath
069	Calanchi di via San Michele, F.: Wainer Gibellini
073	Unser Weinanbau, Foto: Brunath
084	Besondere Sorte: Der Pignoletto, Foto: Brunath
095	Bologna, Palazzo Nettuno, CC BY2.5 (Wiki), F.: Patrik Clenet
104	Villa Stagni, Crespellano (Velsamoggio), F.: Maria Grisanti
107	St. Apollinaris, Nähe von Castello di Serravalle
126	Fermo, CCBY-SA.2.0 (Wiki)
132	Detail, Castello di Serravalle, Foto: Paolo Seghedoni
138	Mantua, Piazza Sordello und Palazzo Ducale, CCBY-SA 4.0 (Wiki) Foto: Carlo Alberto Magaghini / Curid 43483909
144	Modena, Rathaus und Dom, CC (Wiki)
153	Riomaggiore, CCBY-SA 3.0 (Wiki), Foto: Bernd Gehrmann
165	Verona, Brücke, CC (Wiki)
167	Mille Miglia, Foto: Brunath
173	Radrennen bei uns vorbei in Zappolino, Foto: Brunath
174	Neapel, Castel dell' Ovo, CCBY-SA 2.0 (Wiki), F.: Maritè Toledo
177	Turin, CC (Wiki), Foto: Curid-31074264
186	Torre San Patrizio, Marche, Befestigungsanlagen, CCBY 3.0 (Wiki) Foto: Lucas Migliorelli
193	Ancona, Bildrechte: Stadt Ancona/Fotograf Paolo
211	Ancona, Trajanbogen, Bildrechte: Stadt Ancona/Fotograf Paolo Civitanova, Marche, Blick auf den Hafen und die Stadt, CC (Wiki), Foto: Adriano Gaspari / Flickr upload / Threecharlie
228	Venedig, kleine Brücke und Wohnviertel, Foto: Dieter Kindel